TIETOISUUDEN LAAJENTAMINEN

syvämeditaation avulla

Heidi Kassara

TIETOISUUDEN LAAJENTAMINEN
syvämeditaation avulla

Tietoisuuden laajentaminen syvämeditaation avulla
© 2025 Heidi Kassara
Taitto: Heidi Kassara
Kansi: Kari Jokinen
Takakannen kuva: Ari Korkala, Studio Valoisa Nauris
Kustantaja: BoD · Books on Demand, Mannerheimintie 12 B,
00100 Helsinki, bod@bod.fi
Kirjapaino: Libri Plureos GmbH, Friedensallee 273, 22763 Hampuri,
Saksa

ISBN: 978-952-80-9593-4

SISÄLLYS sivu

ALKUSANAT 5

Osa 1 Tietoisuuden laajentaminen syvämeditaation avulla 9

1 JOHDANTO 9

2 TIETOISUUDEN LAAJENTAMINEN 18

Tietoisuus s. 18, Tietoisuuden laajentaminen s. 22, Henkinen olemuspuoli s. 24, Minä, sielu, mieli ja ego s. 37, Henkiset aistit s. 42

3 SYVÄMEDITAATIO 53

Mitä on meditaatio? s. 55, Meditaation hyöty s. 59, Aihemeditaatio s. 63, Meditaatio vaihe vaiheelta s. 67, Ennen aloittamista s. 68, I Aloittamisvaihe s. 70, II Keskittymisvaihe s. 77, III Meditaatiovaihe s. 79, IV Syvämeditaatiovaihe s. 83, V Lopettamisvaihe s. 88

LOPUKSI 92

Osa 2 Tietoisuuden laajentaminen meditaation ja aiheiden avulla 95

KIRJALLISUUTTA 171

LIITE 1. Ihmisen seitsemän päächakraa 172

Kuviot:

Kuvio 1. Heidi Kassara: Ihmisen henkiset "kehot" eli aurat (s. 25)
Kuvio 2. N. Kassara: Ihmisen seitsemän päächakraa (s. 32)

Kuva

Kuva 1. Heidi Kassara: Meditaation asento (s. 72)

ALKUSANAT

Olisin halunnut tämän kirjan nimeksi **"Siivoa sielu siistiksi"**, jolla tarkoitan, että ihminen itse valitsee itselleen tärkeitä aiheita, työstää niitä meditaation avulla, oppii tuntemaan ja kehittämään itseään ja laajentaa näin tietoisuuttaan ja yhteyttä Minään, Korkeampaan Itseen. Tajusin hyvin pian, että tuskin kukaan ymmärtäisi, miksi kirjan nimi olisi "Siivoa sielu siistiksi".

Olen kirjoittanut meditaatiosta artikkeleita ja kolme kirjaa, joihin olen tuonut itselleni rakkaan henkisen kehityksen menetelmän: aihemeditaation. Kirjoitin näihin kolmeen kirjaani, "Henkinen Kehitys" (BoD 2018), "Mietiskely – Tie itsensä tuntemiseen" (KustannusHD 2018) ja "Henkinen polku kohti valaistumista" (Basam Books 2023), meditaatiosta ja erityisesti siitä, kuinka aihemeditaatiota voi käyttää itsensä tuntemiseen, kehittämiseen, yhteyden luomiseen Minään ja lopulta valaistumiseen.

Olen itse pitänyt kehittelemääni aihemeditaatiota hienona tapana kehittää itseäni. Olen kuitenkin huomannut, että se ei olekaan ollut toisille samalla tavalla käänteentekevä idea. Olen joutunut pohtimaan, miksi näin on. Tajusin, että olen markkinoinut aihemeditaatiota painottaen meditaatiota, kun sen sijaan olisi pitänyt kertoa siitä, että meditaation ja erityisesti aihemeditaation avulla opitaan tietoisesti tuntemaan, muuttamaan ja hallitsemaan itseä sekä laajentaman tietoisuutta kohti valaistumista, kun sielua siivotaan aihe ja asia kerrallaan.

Haluan nyt korjata asian kertomalla, miten sielua siivotaan aiheiden avulla erityisesti meditaation viimeistä vaihetta, syvämeditaatiota hyödyntäen. Samalla saan kertoa meditaation tavoitteista ja siitä, kuinka hienoa on meditoida vaihe vaiheelta ja aihe aiheelta rikastuttaen elämää, oppia ymmärtämään itseä ja kaikkea, mitä ympäristössä on. Lisäksi sen voi tehdä yksin kotona ja maksamatta kalliita kurssimaksuja.

Olen ollut todella hämmentynyt, miten meditaatiota markkinoidaan, mutta ei ymmärretä itsensä tietoista ja tavoitteellista kehittämistä. Eri uskontojen tai muissa itsensä kehittämistä tai meditaatiota opettavien ohjeissa itsensä tunteminen jää aika köykäiseksi ja sen varaan, mitä ihmiset ymmärtävät siitä. Usein se jää yrityserehdys menetelmäksi tai joidenkin hyvin yksinkertaisten lausumien varaan (esimerkiksi 8-osainen tie, kymmenen käskyä). Jokainen sitten itse saa pohtia, mitä se tarkoittaa tai ehkä kuunnella niitä, jotka ovat miettineet tai opiskelleet niitä kauemmin tai oppineet tulkitsemaan niitä.

Olen kuunnellut esitelmiä, olen käynyt messuilla kuuntelemassa luentoja ja lukenut kirjoista, kuinka olemme siirtymässä vesimiehen aikaan tai neljänteen tai jopa viidenteen dimensioon. Puhutaan ja kirjoitetaan siitä, kuinka ihmiskunta kokonaisuutena on valinnan edessä. On esimerkiksi tehtävä ratkaisuja ympäristön suhteen, toimia taloudellisten resurssien jakamiseksi tai väestön ongelmien ratkaisemiseksi. Päivittäin kuulemme edelleen sodista, pakolaisista, murhista, pedofiliasta jne. Koko ajan syytetään ja aiheutetaan huonoa omaatuntoa ja kysytään, miksi mitään ei tehdä tai ei tehdä riittävästi. Unohdetaan, että olemme maapallolla oppimassa ja erityisesti se, että täällä on ihmisiä hyvin eri henkisen kehityksen vaiheessa. Jotkut tarvitsevat oppiakseen sotia, nälkää, katastrofeja, köyhyyttä jne. Jotkut tarvitsevat yltäkylläisyyttä, rauhaa, koulutusta ja mahdollisuuksia kehittää itsessään korkeampia henkisiä kykyjä. On aivan mahdoton ajatus, että ihmiskunta kokonaisuutena siirtyisi korkeammille henkisille tasoille. Siksi on hyvä aloittaa maailman tutkiminen ja parantaminen itsestä.

Luin kirjaa, jossa puhutaan itsensä kehittämisestä luonteen jalostamisena, mikä on hyvin vaikea ymmärtää käsitteenä. Kirjassa on paljon hyviä ajatuksia, mutta niiden soveltaminen omaan henkiseen kehittämiseen vaatii lukijalta paljon.

Jokainen miettiköön itse, miten voi kehittää itseään kohti valaistumista. Tämän kirjan tarkoitus on tuoda eväitä luonteen jalostamiseen tai itsensä kehittämiseen, joka alkaa itsensä tuntemaan opettelusta ja tietoisesta vaihe vaiheelta tapahtuvasta työstämisestä meditaation avulla.

Aihemeditaatiossa voi itse edetä oman suunnitelman mukaan aihe kerrallaan itsensä tuntemisen ja kehittämisen tietä. Siinä meditaation keskittymisvaiheessa katsotaan aihetta (esimer-kiksi rakkaus) ja pohditaan, mitä aihe yleensä tarkoittaa, millainen on itse suhteessa aiheeseen ja miten voi muuttua ja kehittyä. Meditaatiovaiheessa tehdään kysymyksiä ja kuunnellaan intuitiivisia vastauksia aiheeseen liittyen. Kyse on ymmärtämisestä eli ymmärretään aihe ja oma itse laajentaen samalla tietoisuutta. Ymmärtäminen sisältää myös kaiken ihmisen ympärillä olevan ja erityisesti ihmissuhteet. Näin itsensä muuttaminen on tietoista ja mielenkiintoista. Siivotaan oma sielu ja kaikki mitä siellä on aihe ja asia kerrallaan! Koodataan oma sielu uudestaan ja luodaan uusia malleja!

Meditaation lopullisena päämääränä on syvämeditaation avulla kokea oma Minä eli Ikuinen itse ja lopulta myös Korkein, mitä joku nimittää Jumalaksi, toinen Alkulähteeksi, Pyyteettömäksi Rakkaudeksi tai Kaikkeuden Ikuisuuden Herra. Vaikka syvämeditaatio on vain meditaation viimeinen vaihe, niin tietoisuuden laajentamisessa se on pidettävä mielessä koko ajan.

Lukija, onnea matkaan sielun siivoamiseen, koodaamiseen ja mallien luomiseen syvämeditaation ja tietoisuuden laajentamisen avulla kohti valaistumista!

Tampereella, 25.3.2025

Heidi Kassara

Osa 1 Tietoisuuden laajentaminen syvämeditaation avulla

1 JOHDANTO

Miksi me täällä maapallolla olemme?
Miksi me ylipäätänsä elämme?
Mistä tulemme ja minne kuoltuamme menemme?
Kuka sen kertoa voi?
Kuuntele hiljaa sisintäsi.
Kysy vaikeat kysymyksesi.
Vastaus on siellä jossain.
Lähempänä kuin arvaatkaan.

Nuo neljä kysymystä ja neljä ohjetta ovat olleet nuoruudestani lähtien keskeisiä elämäni polulla. Kysymyksiin olen lähtenyt etsimään vastauksia ja niitä olen löytänyt noudattaen ohjeitani. Koen, että jokaisen ihmisen tulisi tietoisesti kysyä elämänsä tarkoitusta, lähteä etsimään vastauksia ja ohjeita sekä elää niiden mukaan. Niitä voi etsiä kirjoista, lehdistä, toisilta ihmisiltä, omaa ja toisten elämää havainnoimalla, kuuntelemalla luentoja ja haastatteluja, osallistumalla erilaisille kursseille, netistä tai pohtimalla itse.

Luin Voi Hyvin lehdestä (10/2022, 30) artikkelia, jossa näyttelijä Hannu-Pekka Björkman kertoo venäläisen Fjodor Dostojevskin (1821–1881) sanoneen, että ihminen on salaisuus ja että elämän tarkoitus on tuon salaisuuden selvittäminen. Tapio Kuosma (2016) kirjoittaa, että Dostojevski on ilmaissut sen näin: ”Ihminen on salaisuus. Jos koko elämäsi ratkot tuota salaisuutta, älä sano käyttäneesi aikaa hukkaan".

Sain Dostojevskin sanoista ahaa-elämyksen, koska jo nuorena tajusin, että elämäni tarkoituksena on henkinen kehittyminen ja tietoisuuden laajentaminen kohti valaistumista. Kun olen noita kysymyksiä siitä lähtien selvittänyt, huomasin, että olen kokenut elämäni tarkoituksen salaisuutena. Lähdin etsimään vastauksia ja mietin, miten voin kehittää itseäni henkisesti. Lukiessani teosofisia kirjoja, ymmärsin, että henkinen kehittyminen ja tietoisuuden laajentaminen ovat prosessi, mikä tarkoittaa itseni tuntemisesta sekä kehon, tunteiden, ajatusten ja tekojen hallintaa ja muuttamista. Sen voi tehdä monella tavalla kuten lukemalla itsensä tuntemiseen tähtääviä kirjoja, liittymällä henkisiin yhdistyksiin tai käymällä kursseja sekä seuraamalla niistä saatuja ohjeita. Yhtä hyvin voi edetä psykoterapian avulla tai jollain muulla itsensä kehittämiseen tähtäävällä menetelmällä.

Kokeilin monia itseä kehittäviä menetelmiä, mutta mikään niistä ei tuntunut niin hyvältä, että olisin jaksanut noudattaa ohjeita riittävän pitkään. En siis edistynyt kovinkaan hyvin. Kehittymistä tapahtuu toki ihan arjessa ja kaikessa, mitä elämässä tapahtuu. Pian ymmärsin kuitenkin, että paras keino siihen on meditaatio, johon olen yhdistänyt itseni tuntemisen ja kehittymisen. Olen siitä lähtien lisännyt ja syventänyt tietojani ja taitojani siinä ja kehittänyt menetelmää, jota olen tähän asti sanonut aihemeditaatioksi, mutta viime aikoina olen halunnut syventää sitä ja sen opettamista. Korostaakseni meditaatiota itsensä tuntemisen keinona ja sen päämäärää, olen nimennyt sen nyt syvämeditaatioksi, jossa tietoisuuden laajentaminen onnistuu hienolla tavalla. Meditaatio on prosessi, jonka viimeinen vaihe on syvämeditaatio ja koko meditaation päämäärä eli yhdistyminen Minään ja lopulta Korkeimpaan.

Henkisen kehittymisen idea ja jopa meditaatio kuuluvat moniin henkisiin ja uskonnollisiin suuntauksiin, joilla on olemassa niihin erilaisia ohjeita. Usein meditaation opettelu ohjataan alkamaan keskittymisen ja hiljentymisen harjoittelulla. Tavoitteeksi otetaan ehkä stressin vähentäminen, energian saaminen tai vain hiljaisuuden kokeminen. Lopullisena päämääränä voi olla esimerkiksi parempi ja stressitön elämä, henkisen ja korkeamman olotilan saavuttaminen. Toki tällainen meditaatio on arvokasta, mutta syvällisemmän siitä saa, jos ottaa mukaan tietoisuuden tietoisen laajentamisen. Liian usein meditaatio on vain hiljentymistä, rentoutumista ja stressin purkamista, ehkä jonkin aiheen pohdiskelua. Henkinen kehittyminen jää silloin kohtalon ja arjessa tapahtuvien sattumusten ja kokemusten sekä kohtalon varaan.

Monilla meditaatiota ohjaavilla on ihmisen henkistä kasvua edistäviä ohjeita. Niitä ovat tehneet henkisesti edistyneet ja valaistuneet opettajat, gurut, mestarit ja adeptit. Niitä noudattamalla pääsee henkisessä kehittymisessä eteenpäin. Ongelmana on usein, että ne kuitenkin jäävät ulkokohtaisiksi, eikä niitä osata sisäistää ja noudattaa. Niitä ei työstetä eikä meditaatiota osata hyödyntää. Niistä tulee ulkoisia periaatteita ja vain, koska joku auktoriteetiksi ymmärretty niin sanoo. Lisäksi monet ohjaajat osaavat ohjata enemmän meditaation tekniikkaa kuin sitä, mitä meditaatiossa oikeasti tapahtuu, miten siinä tietoisesti edetään sekä miten sitä voi hyödyntää itsensä kehittämisessä ja tietoisuuden laajentamisessa.

Lähdin jo nuorena etsimään vastauksia, mitä meditaatio oikeastaan on, miksi meditoidaan ja miten sitä kannattaa tehdä. Nämä ovat edelleen tärkeitä kysymyksiä kaikille, jotka haluavat aloittaa meditoimaan ja niillekin, jotka jo meditoivat. Niistä kannattaa aloittaa.

Kun nuorena ja innokkaana menin ensimmäiselle meditaatio-kurssille, sain keskittymistä helpottavan mantran eli henkilökohtaisen sanan, jota toistamalla pääsee tilaan, jossa eivät tunteet eivätkä ajatukset häiritse. Opin sen helposti. Se on hyvin miellyttävä ja rentoutunut tila. En kuitenkaan tiennyt, miten edetä siitä. Koin, että olin suu auki jonnekin henkiseen enkä tiennyt, mitä sieltä tipahtaa. Lopetin meditoinnin, kunnes olin saanut riittävästi tietoa, miten se tehdään turvallisesti.

Kun ymmärsin meditaation mahdollisuutena lisätä itseni tuntemista ja tietoisuuden laajentamista, lähdin etsimään tietoa. Minua auttoi tässä paljon, kun kirjoitin meditaatiosta artikkeleita ja lupauduin pitämään esityksiä ja kursseja. Silloin oli pakko tehdä tiedosta ja ohjeista kuulijoille looginen ja selkeä sekä osata perustella, mitä tehdään ja miksi.

Kun olen nyt miettinyt meditaatiota ja itsensä tuntemista tarkemmin, niin ymmärrän, että keskittyminen, jossa on hiljaisuus ja jossa eivät tunteet eivätkä ajatukset häiritse, on vasta meditaation alku. Parasta meditaatiossa on sen viimeinen vaihe eli se, mitä itse nimitän syvämeditaatioksi. Siinä voi syventää valittua meditaation aihetta, olla ensin yhtä valitun aiheen ja lopulta oman Minän kanssa ja sen kautta yhdistyä Korkeimpaan. Monet mietiskelevät saavuttaakseen tämän meditaation viimeisen vaiheen, mutta silloin he jäävät paitsi siitä rikkaudesta ja hyödystä, mitä voi saavuttaa, kun keskittymis- ja meditaatiovaiheissa syventää tietoja ja ymmärrystä aiheista ja laajentaa tietoisuuttaan itsestä ja ympäristöstä.

Henkinen kehittyminen ei lopu siihen, että ihminen kokee oman Minän ja saavuttaa yhteyden Korkeimpaan. Se on vain merkki siitä, että on edennyt tiettyyn vaiheeseen. Jotkut ihmiset kertovat valaistuneensa. Sitä he ovat ehkä pieneksi hetkeksi tai pysyvästi. Monet kuitenkin unohtavat, että elämän tarkoituksena ei ole saavuttaa valaistumista, vaan tarkoituksena on kehittyä henkisesti eli kerätä kokemuksia ja kasvaa niiden myötä kohti valaistumista.

Kun Jumalkipinämme eli Minä syntyi, se sai ”vaatteekseen” kausaali- eli syykehon, joka oli silloin vielä puhdas valkoinen taulu (tabula rasa). Jokaiseen fyysiseen elämään synnyttyään se sai aina uuden henkisen olemuspuolen eli käyttövälineen, joka koostuu eri värähtelytaajuisista olevista eetteri-, astraali- ja mentaalikehoista ja jonka avulla se kasvaa henkisesti. Pikkuhiljaa jälleensyntymien ja kasvattavien kokemusten myötä kausaalikehoon tulee energiaa ja värejä, mitkä kertovat henkisestä kasvamisesta. Olemme syntyneet oppimaan ja kasvamaan maapallolle, jossa on aivan ainutlaatuiset mahdollisuudet siihen.

Jotta meditaation perimmäisen tavoitteen eli yhteyden omaan Minään sekä Korkeimpaan voi saavuttaa ja jotta osaa pitää yhteyden kokoaikaisesti ja tietoisesti mukana arjessa ja keskellä elämää, on tehtävä tietoista henkistä työtä. Sitä voi tehdä monella tavalla, mutta tietoinen ja järjestelmällinen itsensä havainnointi ja muuttaminen eli uusien mallinen luominen, koodaaminen ja sielun siivoaminen siistiksi "kellarista vintille" auttaa eniten. Kun sen tekee meditaatiota apuna käyttäen, voi tehdä hyvin paljon lyhyessä ajassa. Se on myös mielenkiintoinen, helppo ja todella halpa tapa. Tämä kirja on toivottavasti siinä apuna.

Tietoisuuden laajentaminen tarkoittaa tässä kirjassa sitä, että ihminen syvämeditaatiota apuna käyttäen lisää tietoaan ja ymmärrystään itsestään ja ympäristöstään ja näin etenee tietoisesti henkisessä kehityksessään eteenpäin.

Koska meditaatio ja varsinkin sen viimeinen vaihe syvämeditaatio on keskeistä tietoisuuden laajentamisessa, itsensä tuntemisessa, Minään yhdistymisessä ja tietoisessa kehittämisessä, niin esitän ne siten, kuin itse ymmärrän. Meditaatio ei välttämättä ole kaikille tuttua, joten esitän sen tässä kirjassa vaihe vaiheelta ja perustellen, miksi mitäkin kannattaa tehdä. Opettajana tiedän, että aiemmin meditoineetkin hyötyvät varmasti ja syventävät tietojaan, koska meditaatiotekniikoita ja tavoitteita on erilaisia.

Koska olen ollut ammatiltani leikkausosaston sairaanhoitaja ja hoitotyön ammatillinen opettaja, niin olen kokenut, että tarvitsen meditaatioon selkeät ja vaihe vaiheelta etenevät loogiset ohjeet. Koska en löytänyt niitä meditaatiota käsittelevästä kirjallisuudesta, tein ohjeet itse. Olen jakanut meditaation viiteen vaiheeseen ja vielä oppimista helpottaviin 12 askeleeseen (ks. s. 67).

Kun halutaan ymmärtää, mitä on tietoisuuden laajentaminen, on selvitettävä monia siihen liittyviä asioita ja käsitteitä. Henkisellä alalla on nykyisin vallalla monenlaisia suuntauksia. Osallistuin syksyllä vuonna 2022 ja alkuvuonna 2023 henkisen alan messuille. Halusin tietää, missä mennään henkisellä alueella Suomessa ja millaisista asioista ihmisille kerrotaan.

Eniten minua kiinnitti huomio, että puhutaan käsitteillä, joita ei määritellä eikä kerrota, mitä niillä ymmärretään. Tarjotaan maistiaisia esimerkiksi tietynlaisesta meditaatiosta, energia-työskentelystä tai naisen voimasta. Puhutaan aurasta ja auran puhdistamisesta, auran aukkojen sulkemisesta, chakrojen avaamisesta, herkistymisestä rummutuksen avulla tai siitä, että mitään muuta ei tarvita kuin, että rakkaus valitaan pelon sijaan. Messuilla oli paljon esillä myös ravintoasiat ja muut fyysiseen terveyteen vaikuttavat hoidot, joiden avulla esitetään ratkaistavaksi paitsi fyysiset niin myös henkiset ongelmat. Kuulijan on vaikea ymmärtää, mitä hänen oikeastaan kannattaisi tehdä, jotta pääsee eteenpäin henkisellä polulla.

Jäin miettimään monia asioita. Mitä tarkoittaa ja mitä ihmiselle oikeasti tapahtuu, kun puhdistamme auraa käsillämme tai suljemme auran aukot? Mitä auraa puhdistamme ja kuinka pysyvää tuollainen puhdistaminen on? Puhutaan paljon myös chakroista eli energiakeskuksista, niiden puhdistamisesta ja laajentamisesta ilman, että tuodaan esille, mitä silloin oikeasti ihmisessä tapahtuu, miksi sellaista tehdään ja kuinka pysyvää se on. Miten tuo kaikki kehittää ihmistä ja mikä on sen tarkoitus ja hyöty? Voiko ja saako karmaa puhdistaa tai poistaa toinen ihminen tai itse jollain pikatempulla, mantraamalla tai käskyllä?

Auran tai chakrojen puhdistaminen voi olla ihan hyvä asia, kunhan perustellaan, miksi sitä tehdään, miten se tehdään oikein, mikä vaikutus sillä on henkisellä polulla sekä kuinka pysyvää tällainen on. Samoin rakkauden valitseminen pelon sijaan auttaa, kunhan kerrotaan, kuinka se tehdään ja miten se sopii kaikkeen siihen kokonaisuuteen, mitä meidän tulee oppia ja selvittää päästäksemme eteenpäin.

Tein muutama vuosi sitten pienen tutkimuksen henkisen alan tarjonnasta internetissä ja hämmennyin todella paljon. Toki on hyvä, että tarjontaa on, mutta kotisivuilta oli todella vaikea saada ymmärrystä, mitä oikeasti tarjotaan. Eräällä kotisivustolla oli tarjolla kaikenlaista henkistä, mutta siellä ei ollut mitään tietoa, kuka tarjoaa, missä on kotipaikka tai mihin tarjonta perustuu eli kuka sen on kehittänyt ja kuka vastaa siitä. Jotkut myös markkinoivat kurssejaan enkeleiden tai ylösnousseiden mestarien varjolla.

Kun mietin henkisen alan messujen, internetin ja jopa kirjojen antia, niin huomaan, että ne tarjoavat paljon ja hienojakin asioita, mutta siinä käy helposti niin kuin itselleni, että tein jotain aina hetken ja totesin, että se ei sopinut minulle tai että kyllästyin siihen. Tärkeintä on selvittää, mitä itse haluaa saavuttaa henkisellä polulla, tehdä lista niistä ja valita alkuun yksi tai muutama asia. Sen jälkeen miettiä tavoitteet ja keinot, joiden avulla pääsee eteenpäin.

Tarkoitukseni ei ole sanoa, että tietoisuuden laajentaminen ja syvämeditaatio sielun siistimiseksi, koodaamiseksi ja uusien mallien muodostamiseksi, niin kuin ne nyt esitän, sopisi kaikille. Ehkä tässä on kuitenkin joitain eväitä. Olisi hienoa, jos ihmiset osaisivat kysyä, vaatia perusteluja ja vastauksia, mitä tehdään ja miksi. On myös tärkeää osata rajata pois sellaisia asioita, mitkä eivät sovi itselle. Olemme yksilöitä ja eri vaiheessa henkistä kehitystä eikä mitään kaikille sopivaa henkistä polkua ole. On kuitenkin lohduttavaa tietää, että on myös olemassa universaaleja kaikille yhteisiä henkisiä lainalaisuuksia. Niitä kannattaa etsiä.

Tämä kirja on pitkän prosessin ja vuosien kehittelyn tulos. Olen käsitellyt meditaatiota luennoilla, työpajoissa, useammassa artikkelissa ja ainakin kolmessa kirjassa. Joka kerta olen kehittänyt sitä lisää. Sen huomaa siitäkin, että nyt kirjoitan ja painotan tietoisuuden laajentamista ja syvämietiskelyä.

Olisi paljon ihmisiä, joita haluan kiittää ketään erikseen nimeltä mainiten. Haluan kuitenkin kiittää viime vuosien hyviä ystäviäni, joiden kanssa olen voinut tehdä henkistä työtä, sekä kaikkia niitä toimijoita, jotka tekevät henkisen alan työtä. Kiitollinen olen myös muille ystäville ja muutamille läheisille sukulaisille. He kaikki ovat olleet elämässäni mukana ja erityisesti peilinä elämäni oppipolulla. He ovat lisänneet tietoa ja ymmärrystä elämästä ja siten laajentanet tietoisuuttani.

Suurimmat kiitokset annan nyt kuitenkin henkisille oppailleni, jotka ovat kärsivällisesti opastaneet minua henkisellä polullani, kouluttaneet, koetelleet ja auttaneet artikkelieni ja kirjojeni kirjoittamisessa sekä henkisten asioiden opettamisessa.

Kirjan tavoite ja rakenne

Tämän kirjan tavoitteena on kuvata tietoisuuden tietoista laajentamista kohti henkisiä ulottuvuuksia ja valaistumista syvämeditaation avulla.

Tietoisuuden tietoinen laajentaminen tarkoittaa prosessia ja henkistä työskentelyä eli sielun siistimistä, uudelleen koodaamista ja uusien mallien luomista menetelmällä, jossa valitaan meditaatioon aiheita, joiden avulla laajennetaan tietoisuutta lisäämällä itsensä tuntemista, tietämystä ja ymmärrystä valitusta aiheesta ja ympäristöstä vaihe vaiheelta.

Keskeiset kysymykset, joihin tässä kirjassa pyritään tuomaan vastauksia, ovat:
- Mitä ovat tietoisuus ja tietoisuuden laajentaminen?
- Miksi tietoisuuden laajentaminen on tärkeää?
- Miten tietoisuutta voi laajentaa meditaation avulla?
- Mitä ovat meditaatio, aihe- ja syvämeditaatio?
- Miten edetään meditaatiossa vaihe vaiheelta?

Kirjassa on kaksi osaa.

Osassa 1 käydään asioita läpi teoreettisesti. **Luku 1** on johdanto. **Luvussa 2** selvitetään, mitä kirjassa ymmärretään tietoisuudella ja sen laajentamisella ja miten tietoisuuden laajentamista voi tehdä tietoisesti meditaatiota apuna käyttäen. **Luvussa 3** selvitetään meditaatiota ja erityisesti syvä-meditaatiota, jonka avulla voi lisätä itsensä tuntemista ja hallintaa sekä laajentaa tietoisuutta.

Osassa 2 on 104 harjoitusta eli erilaisia aiheita meditaatiota varten ja itsensä tuntemisen, kehittämisen ja tietoisuuden laajentamisen avuksi. Aiheita on 104 eli vuodeksi ja kaksi aihetta viikkoa kohden. Siitä on hyvä jokaisen jatkaa itse. Nämä aiheet ovat vain esimerkkejä, joista voi aloittaa, mutta jokainen voi valita aiheita oman tarpeen ja kokemuksen mukaan.

2 TIETOISUUDEN LAAJENTAMINEN

Tietoisuus s. 18, Tietoisuuden laajentaminen s. 22, Henkinen olemuspuoli
s. 24, Minä, sielu, mieli ja ego s. 37, Henkiset aistit s. 42

Tietoisuus

Jotta voi ymmärtää tietoisuuden laajentamista, on kysyttävä,
mitä on tietoisuus. Siihen kysymykseen ei ole helppo vastata.
Parhaiten voi aloittaa katsomalla, mitä muutamissa lähteissä
ymmärretään tietoisuudella.

Kotimaisten kielten kielitoimiston sanakirjassa määritellään
tietoisuus seuraavasti:

> "Tietoisuus tai tajunta viittaavat sanojen jokapäiväisessä
> merkityksessä joko yksilön kullakin hetkellä kokemien
> aistimusten, elämysten, tunteiden, muistikuvien ja
> ajatusten kokonaisuuteen tai yksilön tietoisuuteen itsestään
> ja ympäristöstään." (Kielitoimiston sanakirja 2022.)

Kielitoimiston määritelmässä käsite tietoisuus kuvataan
ihmisen kokemusten kautta eli sitä, mitä ihminen kokee, kun
hän on tietoinen. Hän kokee ja aistii jotain, hänellä on
elämyksiä, tunteita, muistikuvia ja ajatuksia. Tietoisuus itsestä
ja ympäristöstä näin kuvattuna kuvaa tietoisuutta jostakin, ei
kuitenkaan selkeästi sitä, mitä tietoisuus on.

MielenIhmeet-sivustolla on seuraavanlainen määritelmä:

> "Tietoisuus on henkinen prosessi, jonka kautta pystyt
> havaitsemaan yksilöllisyytesi ajatuksillasi, tunteillasi,
> muistoillasi, tuntemuksillasi ja ympäristölläsi. Tämän
> kyvyn ansiosta pystyt tunnistamaan, ymmärtämään ja
> arvioimaan omaa ja muiden olemassaoloa. Pohjimmiltaan
> tietoisuus on kokemus itsestäsi ja ympäröivästä
> maailmasta." (MielenIhmeet 2023.)

MielenIhmeet-sivustolla esitetään myös kuusi tietoisuuden tyyppiä: 1. **yksilöllinen** tietoisuus, 2. **sosiaalinen** tietoisuus antaa ihmisen tuntea muita ja yhteiskuntaa, 3. **emotionaalinen** tietoisuus viittaa kykyyn tulla tietoiseksi omista ja muiden tunteista, 4. **aikatietoisuus** on tietoisuutta ajan kulumisesta, 5. **psykologinen** tietoisuus on kykyä tutkia itseä ja analysoida paikkaa maailmassa, 6. **moraalinen** omatunto on tietoisuutta säännöistä ja moraalinormeista.

Määritelmä ja kuusi tietoisuuden tyyppiä auttavat ymmärtämään käsitettä tietoisuus. Siinä tietoisuus on prosessi, jossa viitataan havaitsemiseen ja jopa sisäiseen kokemukseen, ja sisältää ajatuksen ymmärtämisestä. Siinä on myös esimerkkejä, mitkä ovat keskeisiä, kun halutaan määritellä tietoisuutta, mutta käsitettä kuvataan ulkoisten asioiden kautta ei sitä, mitä tietoisuus on.

James Redfield kirjoittaa useammassa kirjassa oivalluksen polusta eli miten ihminen ja ihmiskunta etenee henkisellä polulla oivallusten kautta. Kirjojen "Yhdeksän oivalluksen tie" (1995) ja "Kymmenes oivallus" (1996) jälkeen hän kirjoitti kirjan, jonka suomalaisen käännöksen nimi on "Oivaltava tietoisuus" (1999). Redfield tuo esille kaikissa kirjoissaan, mutta erityisesti "Oivaltava tietoisuus"-kirjassaan, kuinka ihmisen tietoisuus on kehittynyt kautta historian. Hän nostaa esiin ihmisen kehittymisen tasolle, jolla ihminen kokee yhteensattumia ja synkronismia, jotka tuovat hänelle oikeaa tietoa juuri oikeaan aikaan. Ihmisen on ymmärrettävä, kuka ja millainen hän on, mikä on ihmiskunnan historia, mikä on hänen oma taustansa ja historiansa, mitkä kaikki vaikuttavat häneen. Redfield tuo myös paljon eväitä ihmisen tietoiseen kehittymiseen ja kehittämiseen. Juuri tällaiset kirjat ovat hyviä, kun ihminen haluaa kehittää tietoisesti itseään ja laajentaa tietoisuuttaan.

Erkki Lehtiranta (2017, 52–58) kirjassaan "Todellisuuden lukutaito" kirjoittaa, että tietoisuus on suurin seikkailumme. Lehtirannan mukaan tietoisuus on paras todellisuuden tutkimusväline ja voimme päästä sen avulla selville todellisuuden salaisuuksista, vaikkakin se vaatii työtä. Käsite tietoisuus tarkoittaa kirjaimellisesti kollektiivista tietoisuutta, "yhdessä tietämistä" eli jaettua tietämistä. Tämä on mielenkiintoinen näkökulma, koska syvämeditaatiossa (ks. luku 3) saamme erityisesti kosketuksen tähän jaettuun tietämiseen, minkä ymmärtäminen on tietoisuuden laajentamisen tärkein asia.

Lehtirannan kirjan pääpaino on nimensä mukaan todellisuuden lukutaidossa, mikä on hyvä ja suositeltava taito. Se voi olla ulkoisen tai sisäisen todellisuuden lukemista ja ymmärtämistä. Itsensä kehittämisessä ja tietoisuuden laajentamisessa tietoisuus ympäristöstä ja omasta suhteesta siihen on tärkeää, mutta kaikista tärkeintä on ihmisen oma tietoisuus itsestä ja sisäinen lukutaito, millä ymmärretään itsensä tuntemaan opettelua arjessa havainnoimalla ja meditaatiossa tietoa ja ymmärrystä itsestä syventämällä sekä sitä kautta kehittymistä. Siinä oma tietoisuus laajenee ja lopulta se käsittää ulkoisenkin todellisuuden.

Se, mistä ihmisen kannattaa aloittaa, on oma itse. Sokrateen sanat "tunne itsesi "ja Dostojevskin sanat, että "ihminen on salaisuus" ja että elämän tarkoitus on tuon salaisuuden selvittäminen, tarkoittavat, että aloita itsestä ja oman tietoisuutesi laajentamisesta.

Jaakko Muhonen (2020) kirjassaan "Ykseyden oppikirja" käsittelee tietoisuuden ulottuvuuksia. Siinä esitetään tietoisuuden viisi vaihetta ja kuvataan, millaisia ne ovat. Kirjassa on paljon eväitä ja jopa harjoituksia tietoisuuden laajentamiseen ja henkiseen kasvuun. Vaikka Muhosen koko kirja käsittelee tietoisuuden ulottuvuuksia, siinä ei määritellä tietoisuutta selkeästi, mutta sen voi ymmärtää, kun lukee koko kirjan ja erityisesti jostain lauseista kuten "henkinen olemus kirkastaa mielen, tunteet ja kehon. Ihminen syntyy uudelleen ja astuu Valon maailmaan" (emt., 5). Tietoisuuden laajenemisen voi ymmärtää näinkin, etenemisen tietoisuuden ulottuvuuksien vaiheissa kohti valaistumista.

Tietoisuuden laajentamisella voidaan tarkoittaa myös metamorfoosia, mikä on muodonmuutos eli prosessi, jossa koostumus ja rakenne muuttuvat. Sellaista tapahtuu paljon luonnossa, esimerkiksi perhosella, kotiloilla, ravuilla tai simpukoilla (Suomisanakirja 2022). Tietoisuuden laajentaminen on juuri tällainen muodonmuutosprosessi, jossa ihminen tietoisesti ja tavoitteellisesti lähtee kehittämään itseään henkisesti sekä laajentaa tietoisuuttaan. Muhosen (2020) mukaan se on prosessi, jossa ihminen etenee tietoisuuden tasolta toiselle.

Paljon henkisessä kehittymisessä puhutaan gnosiksesta. Gnostilaisen Seuran mukaan gnosis tarkoittaa "tietoa, tietoisuutta, tuntemista, syvää ymmärrystä, sisäistä tietoisuutta" (Gnostilainen seura 2023). Tässä on hyvä luonnehdinta tietoisuudelle ja sille tilalle, mitä syvämeditaatiossa tavoitellaan. Tämä pysyvä muuntunut tietoisuuden tila on henkisen kasvun eräs päämäärä.

Jokaisen on hyvä miettiä, mitä hän itse ymmärtää tietoisuudella, jotta osaa ajatella, mitä tarkoittaa sen laajentaminen. Kun katsoo eri lähteitä, niin tietoisuuden määritelmistä nousee kaksi siihen liittyvää määrettä: tietää ja ymmärtää. Sitä voi kutsua myös tiedostamiseksi. Näin tapahtuu myös syvämeditaatiossa, jossa tietoisuus on välitöntä ja intuitiivista tietoa ja ymmärrystä siitä, mihin ihmisen tarkkaavaisuus kulloinkin kohdistuu. Se on tässä kirjassa myös lähtökohtana. Asiaa käsitellään lisää luvussa 3, jossa on enemmän tietoa syvämeditaatiosta.

Kun halutaan edetä henkisessä kehityksessä, niin on tärkeää ymmärtää, että siihen kuuluu olla tietoinen kaikesta eli tietää ja ymmärtää kaiken, mitä on itsessä ja suhteessa ympäristöön. Vain siten pystyy siivoamaan sieluaan, luomaan uusia malleja ja koodeja sekä kehittymään askel askeleelta kohti valaistumista.

Tietoisuus on välitöntä ja intuitiivista tietoa ja ymmärrystä siitä, mihin ihmisen tarkkaavaisuus kulloinkin kohdistuu.

Tietoisuuden laajentaminen

Kun elämän tarkoituksena on henkinen kehittyminen ja tietoisuuden laajentaminen, niin on hyvä miettiä, mitä niillä tarkoitetaan ja miten niitä voi hyödyntää osana omaa elämää.

Henkistä kirjallisuutta lukiessa voi huomata, että kaikki lähtee itsestä, oman kehon, tunteiden, ajatusten ja tekojen tuntemaan opettelusta ja hallitsemista sekä muuttamisesta. Alussa on ehkä vaikeaa ymmärtää, mihin kaikki lopulta tähtää. Meditaatio on oivallinen keino ja apuväline itsensä tuntemaan opettelussa ja tietoisuuden laajentamisessa. Ensimmäiseksi kannattaa lähteä etsimään tietoa sekä meditoimaan. Tietoa löytyy esimerkiksi henkisen alan ihmisiltä, yhdistyksistä, kirjallisuudesta, messuilta, internetistä ja kursseilta. Tätä vaihetta sanotaan perustan luomiseksi.

Pääpaino tiedon etsinnässä on paitsi tiedon saamisessa niin myös ymmärryksen lisääntymisessä. Mitä enemmän tieto ja ymmärrys kasvavat, sitä enemmän tietoisuus kasvaa. Siitä tulee lopulta elämän tarkoitus.

Meditaatio on käsittämättömän hyvä apu juuri tässä suhteessa. Siinä ei meditoida vain, jotta saisi rauhaa ja voisi kokea hyvää oloa, vaan laajennetaan tajuntaa ja tietoisuutta itsestä ja ympäristöstä. Päivittäiseen meditaatioon otetaan aihe tai asia kerrallaan ja pohditaan, mitä siitä tiedetään yleensä, mitä se on suhteessa itseen ja miten voi muuttua. Sitä voi myös nimittää sielun siivoamiseksi, uusien mallien luomiseksi tai koodaamiseksi. Jotkut puhuvat varjotyöskentelystä tai luonteen jalostamisesta. Sitä tehdään niin keskittymis- kuin meditaatiovaiheissa, joissa tietoisuus valitusta aiheesta kasvaa ja ymmärrys lisääntyy. Lopulta voi siirtyä syvämeditaatio-vaiheeseen, jossa ymmärrys lisääntyy intuitiiviseksi oivallukseksi ja jossa lopulta vallitsee hiljaisuus, rauha, ilo ja rakkaus.

Henkinen kehittyminen on hidas ja pitkä, monien elämien pituinen prosessi. Ihmisestä ei tule hetkessä kaikkitietävää ja ymmärtävää valaistunutta olentoa. Tarkoitus on saada tietoa, taitoa, kokemuksia ja viisautta syntymällä yhä uudestaan maapallolle, kunnes kaikki se, mitä pitää oppia ja voi oppia maapallolla, on opittu ja koettu. Kaikki se jäisi saamatta, jos ihminen koettaisi valaistua hetkessä. Ihminen kasvaa arjessa ja kaikessa mitä hän kohtaa, mutta hän voi edesauttaa henkistä kehitystä harjoituksilla, ja aihemeditaation avulla se onnistuu hyvin. Tarkoitus on kerätä kokemuksia ja viisautta sen suunnitelman mukaan, mitä itse kullekin on yksilöllisesti laadittu. Kyse on tietoisuuden laajenemisesta ja laajentamisesta vähä vähältä ja hitaasti kohti valaistumista, ei niinkään hetkessä tapahtuvasta valaistumisesta.

Tietoisuuden laajentaminen tarkoittaa tiedon ja ymmärryksen lisääntymistä ihmisestä itsestään ja ympäristöstä.

Henkinen olemuspuoli

Henkisen kehityksen ja kaikkien siihen liittyvien käsitteiden ymmärtämisessä sekä tietoisuuden laajentamisessa auttaa todella paljon, kun ihminen selvittää henkisen olemuspuolen (ks. kuvio 1, s. 25) ja jälleensyntymien elinkaaren.

Henkisellä olemuspuolella tarkoitetaan ihmisen auroja eli henkisiä kehoja, jotka ihminen saa uudet jokaisessa syntymässä. Fyysisen kehon lisäksi juuri tätä elämää varten muodostetaan uudet käyttövälineet, joita ovat eetteri- eli energia-, astraali- eli tunne- ja mentaali- eli ajatuskehot. Neljäs keho on kausaali- eli syykeho, joka on tärkein ja ihmisen pysyvin keho, Minän "vaate", mihin kerääntyy eri elämissä saadut opit ja missä näkyy ihmisen kehittyminen. Tietoisuus lisääntyy sitä mukaa kuin henkinen kehittyminen edistyy. Ihminen valaistuu vasta sitten pysyvästi, kun hän tietoisesti ja lopullisesti on yhtä kausaalikehon kanssa ja sen kautta yhteydessä Minään. Siihen ei ole olemassa pikakurssia. Mitä enemmän tietoisesti tehdään työtä ymmärryksen kasvattamiseksi, sitä nopeammin pääsemme "perille".

Tämän kirjan tavoitteena on tietoisuuden ja itsetuntemisen kautta opettaa löytämään kaikki se, mitä ihmisen on ymmärrettävä ja osattava juuri tässä elämässä. Osassa 2 on muutamia esimerkkejä siitä, mitä voi tietoisen meditaation avulla selvittää. Siitä on hyvä aloittaa. Keinona tässä esitetään aihemeditaatio, mutta yhtä hyvin tietoista työtä voi tehdä muullakin tavoin.

On tärkeää ymmärtää, mitä ihmisessä ja hänen tietoisuudessaan tapahtuu, kun hän henkisen kehityksen myötä etenee, ja erityisesti, mitä tapahtuu erilaisten harjoitusten myötä. Siksi on tarpeen selvittää itselle henkinen olemuspuoli ja siinä vaikuttavat kehot sekä ihmisen jälleensyntymien elinkaari.

Henkisen olemuspuolen kehojen ainesten laskeva kehityssuunta

C.W. Leadbeaterin (1909/1994; 1924) mukaan paitsi fyysinen keho, niin myös eetteri-, astraali- ja mentaalikehot muodostetaan käyttövälineeksi jokaiseen elämään sen mukaan, mitä ihmisen on tarkoitus oppia tulevassa elämässä (kuvio 1).

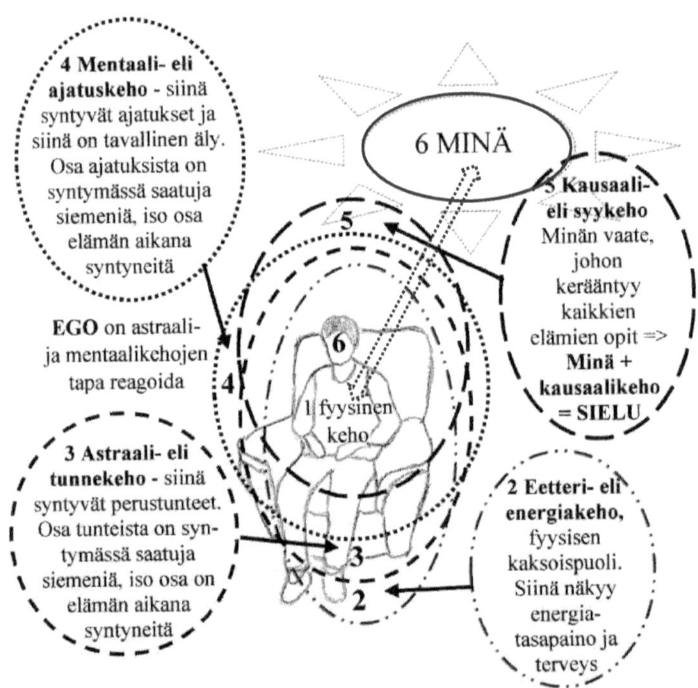

KUVIO 1. Ihmisen henkiset "kehot" eli aurat

Tietoisuuden laajentamisprosessissa auttaa paljon, kun ymmärtää, että nuo tähän elämään tehdyt kehot eli käyttövälineet muodostuvat eetteri-, astraali- ja mentaaliaineksista eli värähtelytaajuudeltaan erilaisista energioista ja värähtelyistä, joiden kehityssuunta on laskeva eli kohti fyysistä, kun taas ihmisen henkinen kehityssuunta on nouseva. Tästä tulee ristiriita. Ihminen usein samastuu näihin kehoihin ja niiden toimintoihin. Henkisen kehityksen myötä ihminen vähitellen ymmärtää, että hän ei ole nuo kehot, vaan hän on Minä, jolla on kehittyvä kausaalikeho kehityksen apuna.

Erityisesti astraali- ja mentaalikehojen aineksilla on osittainen tietoisuus, ja ne toimivat ja kehittyvät omien lakiensa ja kehityskaarensa mukaan. Niille ei ole mitään merkitystä, millaisia tunteet ja ajatukset ovat. Ne reagoivat niin negatiiviseen, positiiviseen kuin neutraaliin ärsykkeeseen. Voi jopa sanoa, että kaikki ärsykkeet ovat niille ravintoa. Sen sijaan, että ihminen valitsee omat tunteensa ja ajatuksensa, ne usein hallitsevat häntä egon muodossa, mikä näkyy siinä, että tunteita ja ajatuksia on vaikea hallita. Silloin saatetaan sanoa, että ego on syyllinen. Mutta niin sen ei tarvitse olla.

Tunteiden ja ajatusten hallinta ei ole aina helppoa, mutta joskus auttaa se, että mielessä näkee, kuinka tunteet ja ajatukset muodostuvat auraan energiakupliksi ja -koostumuksiksi. Aina kun tunnetaan ja ajatellaan jotain, niin energia niissä lisääntyy ja vahvistuu. Ei haluttua energiaa voi vähentää koettamalla torjua niitä tai suunnata tietoisuus muualle, mikä ei ole helppoa. Asiaa auttaa, kun päättää, millaisia tunteita tai ajatuksia ei halua. Meditaatiossa voidaan etukäteen valita, mihin tunteet ja ajatukset suunnataan, eli luodaan ns. vaihtoehtokupla. Esimerkiksi päätetään, että ei ärsyynnytä, vaikka joku provosoi. Hengitetään rauhallisesti, lasketaan kymmeneen ja suunnataan sisäinen katse vaihtoehtokuplaan, joka on yleensä jokin kaunis ja rauhallinen maisema. Näin energia vähenee kerta kerralta ja jonain päivänä huomataan, että hallitaan tunteet ja ajatukset eli ego paremmin.

Kausaali- eli syykeho

Kausaali- eli syykeho on Minän keho ja vaate, mihin kaikkien elämien kokemukset ja opit jättävät jälkensä. Kun ihmisen Minä syntyi, se sai kausaalikehon, joka oli alussa tyhjä, tabula rasa. Vähitellen monien elämien kautta se sai väriä ja kokemuksia. Pikkuhiljaa jälleensyntymien ja kasvattavien kokemusten myötä kausaalikehoon tulee energiaa ja värejä, mitkä kertovat henkisestä kasvamisesta. Kun ihminen syntyy uudelleen, niin suunnitelma tulevaan elämään tehdään sen pohjalta, mitä kasvattavia kokemuksia ihmisen on mahdollista ja tarpeen saada.

Kausaalikeho yhdessä Minän kanssa muodostaa ihmisen sielun. Minä vaikuttaa ihmiselämään juuri kausaalikehon kautta. Mitä kehittyneempi kausaalikeho on, sitä suurempi vaikutus sillä on. Minän vaikutus näkyy henkisessä olemuspuolessa monella tavoin, mutta erityisesti myös tietoisuuden lisääntymisenä ja tahdon kehittymisenä.

Henkinen kehitys tarkoittaa erityisesti sitä, että maaelämien aikana ihmisen sielu saa kokemuksia, väriä ja energiaa. Alussa sielu muodostuu sekalaisesta energiasta, koska ihminen ei ole vielä oppinut erottamaan ja tietoisesti valitsemaan korkeampia tunteita, ajatuksia ja värähtelyjä. Kokemusten kautta sielu oppii erottamaan ja tekemään hyviä valintoja. Tietoinen henkinen kehitys on juuri sitä, että opitaan itsetuntemuksen kautta sitä, mitä ei vielä ole opittu.

Henkinen kehitys tarkoittaa myös sitä, että ihminen oppii hallitsemaan henkisen olemuspuolensa kehoja eli alempaa itseään ja saamaan yhteyden sieluunsa eli Minään. Meditaation syvämietiskelyn tarkoituksena on oppia itsensä tuntemista ja lopulta luomaan tuo yhteys.

Kun selvänäköisesti katsotaan ihmisen auroja, niin kausaalikeho on se, jota kannattaa katsoa ja josta voi nähdä, millainen ihminen ja hänen sielunsa oikeasti on.

Mentaali- eli ajatuskeho ja ajatusten hallinta

Tietoisuuden laajentamistyössä yksi tärkeimmistä tehtävistä on oppia hallitsemaan ajatukset. Mentaali- eli ajatuskeho muodostetaan jokaiseen elämään uudestaan mentaali-ainemerestä sen mukaan, millainen ihminen sisimmässään on ja mitä ihmisen on tarkoitus tulevassa elämässään oppia ajatusten avulla.

Mentaalikehossa vaikuttaa ihmisen oma Minä kausaalikehon kautta, mutta ajatuksissa on paljon niitä mentaalikehon reaktioita ja ajatuskoostumia, joita ihmiselle karman mukaan on luotu tähän elämään "siemeninä" (malleina, koodeina), ja tähänastisen elämän aikana syntyneitä ajatuksia, joihin mentaalikeho on tottunut reagoimaan. Ajatusten hallinta on vaikeaa, mutta ei mahdotonta. Sekä tunteiden että ajatusten hallintaa voi harjoitella meditaation ja muiden päivittäisten harjoitusten avulla.

Mentaalikehossa muodostuvat tavalliset ajatukset ja siinä asustaa myös tavallinen äly. Se tulee fyysisen kuoleman jälkeen jossain vaiheessa häviämään, koska se kuuluu sille keholle, identiteetille, temperamentille ja persoonallisuudelle, mikä ihmisellä on tämänhetkisessä jälleensyntymässä. Koska tavalliset ajatukset muodostuvat mentaalikehossa, niin ne ovat vain käyttövälineitä. On virhe ajatella, että tavalliset ajatukset ovat yhtä kuin sielu tai Minä. Tosin ihmisen Minä ja sielu ilmentävät itseään usein juuri ajatusten ja alemman älyn kautta ja siten se voi tuntua enemmän omalta kuin tunteet.

Kausaalikehoon siirtyvät tämän nykyisen elämän opit ja siemenet eli kaikki se, mikä on kehittänyt ihmistä ja mitä hän on kokenut.

Mentaaliauran voi selvänäköisesti nähdä, mutta on hyvä muistaa, että siinä näkyvät ihmisen vaihtuvat ajatukset eikä sitä tule pitää ihmisen aurana.

Astraali- eli tunnekehokeho ja tunteiden hallinta

Astraali- eli tunnekeho muodostetaan astraaliainemerestä jokaiseen elämään uudestaan aina sen mukaan, mitä ihmisen on tarkoitus oppia tunteistaan tulevassa elämässä. Kausaalikehoon on muodostunut edellisten elämien pohjalta eräänlainen tunnekeho, jonka pohjalta tulevan elämän astraalikeho muodostetaan. Jotkut ihmisen tunteista ovat ihmisen omia tunteita eli Minän ja kausaalikehoon eri elämien perusteella syntyneitä tunteita, mutta iso osa on tämän elämän aikana syntyneitä tunteita, joihin astraalikeho on tottunut reagoimaan. Osa tunnekehon tunteista ovat siis syntymässä saatuja "siemeniä" (malleja, koodeja) ja karman mukaisia. Näin tunteiden hallinta tarkoittaa, että ihmisen on opittava erottamaan astraalikehon reaktiot ja hallitsemaan tunteet niin, että ihminen itse valitsee, mitä tuntee eikä astraalikeho.

Jo nimensä mukaisesti astraalikeho on tunteiden tyyssija. Perustunteet muodostuvat, elävät ja kuolevat siinä ja korkeammat, yleensä positiiviset tunteet kuten rakkaus, ilo ja myötätunto saavat siitä vahvistusta.

Astraaliaurassa välittyvät siinä olevat tunteet sellaisina, kuin ne kullakin hetkellä ovat. Jos ihmisen ympärillä nähdään astraaliaurassa sinistä, ei saa erehtyä pitämään sitä "ihmisen aurana", sillä se saattaa olla vain hetkellinen tunteen ilmaus, joka ei ehkä ole edes ominaista henkilölle. Astraalikehon eli tunteiden ymmärtäminen on erittäin tärkeää ihmisen ymmärtämisessä, tietoisessa kehittämisessä ja tietoisuuden laajentamisessa.

Eetteri- eli energiakeho ja chakrat

Tieto ja ymmärrys eetteri- eli energiakehosta ja siinä olevista chakroista eli energiakeskuksista sekä ihmisen energioista laajentaa tietoisuutta ihmisestä itsestään ja siitä, miten ihminen voi hoitaa itseään, kehoaan ja terveyttään.

Eetterikeho on fyysisen kehon kaksoispuoli, joka ulottuu hieman fyysisen kehon ulkopuolelle. Se on eetteriainesta ja nimensä mukaan energiaa, jota saadaan lisää erityisesti ravinnosta, hengittämällä ja auringosta meridiaanien (energiakanavien) ja chakrojen (energiakeskusten) kautta. Selvänäköisesti eetterikehossa voi nähdä energiatasapainon ja ihmisen terveyden tai sairauden jo ennen kuin se ilmenee fyysisessä kehossa. Jokainen voi myös itse opetella havaitsemaan energiatasapainossa tapahtuvat muutokset ja pyrkiä muuttamaan sitä erilaisin harjoituksin, liikunnalla, levolla, hengittämällä ja syömällä oikeanlaista ravintoa. Huolehtimalla energiatasapainosta ihminen voi lisätä terveyttään ja jopa parantaa sairauksiaan.

Koska kaikki on energiaa, niin henkisellä polulla on tärkeää ymmärtää energian kulku ihmisen eetterikehossa energiakanavia- eli meridiaaneja pitkin ja energiakeskusten eli chakrojen kautta. Energia vaikuttaa paitsi ihmisen fyysiseen terveyteen niin myös koko henkiseen olemuspuoleen. Juuri tämä seikka on mielenkiintoinen, koska energiatasapainon avulla voidaan säädellä monia henkisiäkin puolia itsessä.

Jokainen chakra vaikuttaa ihmiskehossa erityisesti siellä, missä se sijaitsee. Kun ihminen opettelee tuntemaan chakrat ja niiden vaikutusalueen, hän voi itseään havainnoimalla ymmärtää ongelmia, joita liiallinen energia, sen puute tai tukos aiheuttaa.

Jos energiaa on liian vähän, niin lisäämällä energiaa voidaan välttää ongelmia. Jos energiaa on liikaa jollain alueella, sen voi pyrkiä ohjaamaan muualle. Jos on energiatukos, niin sen voi yrittää avata ohjaamalla sinne kaikkeuden lähteistä saatavalla parantavalla energialla.

Energiaa voi luovuttaa toiselle joko tietoisesti tai tiedostamattaan, mikä ei ole hyvä asia, koska siitä seuraa energiavajausta. Jotkut ihmiset ovat ns. energiavarkaita ja imevät sitä toisesta. Jostain syystä (esimerkiksi sairaudessa) energia voi myös vuotaa. Esimerkiksi koronassa tapahtuu tällaista energian vuotoa. Energian vähenemisen huomaa siitä, että ihminen on väsynyt. Tällöin voi mielikuvien avulla sulkea energiakehon aukot ja laittaa suojaava viitta energiakehon ympärille sekä tankata tietoisesti energiaa.

Jotta voi hoitaa itseään, niin kannattaa opetella tuntemaan oma energiakeho ja sen vaikutusalueet sekä miten energiaa voi lisätä, estää vuodot ja varkaudet. Meditaatio ja varsinkin sen keskittymisvaihe on oivallinen keino havaita ongelmat energiakehossa, pysäyttää vuodot ja varkaudet sekä korjata tasapaino.

Jokaisen on hyvä opetalla edes vähän anatomiaa ja fysiologiaa mm. kirjoista, artikkeleista ja internetistä. Se auttaa ymmärtämään niin fyysistä kuin eetterikehoa. Anatomian ja fysiologian tiedon sekä meditaation avulla tehdyn tutkimisen tuloksena on liitteessä esitetty kuvaukset seitsemästä päächakrasta ja niiden vaikutusalueista (ks. liite 1).

Valitettavasti chakroista on erilaista ja jopa väärääkin tietoa. Osa tiedosta on kopioitu toisista kirjoista tai internetistä eikä perustu omakohtaiseen tutkimiseen. Näin ollen chakroista saatavana olevaan tietoon tulee suhtautua kriittisesti ja pyrkiä selvittämään itse niiden todelliset luonteet ja tehtävät.

Ihmisellä on paljon chakroja eri puolilla kehoa, mutta henkisellä polulla ja henkiselle kehitykselle yleensä riittää, kun katsotaan seitsemää selkärangasta lähtevää pääenergiakeskusta (ks. kuvio 2). Jokainen voi toki etsiä tietoa viidestä muustakin päächakrasta (maatähti-, juuri-, kausaali- sielu- ja tähti-porttichakrat) ja meditoida niitäkin, kunhan ymmärtää, että on hyvä ensin selvittää seitsemän keskeistä päächakraa.

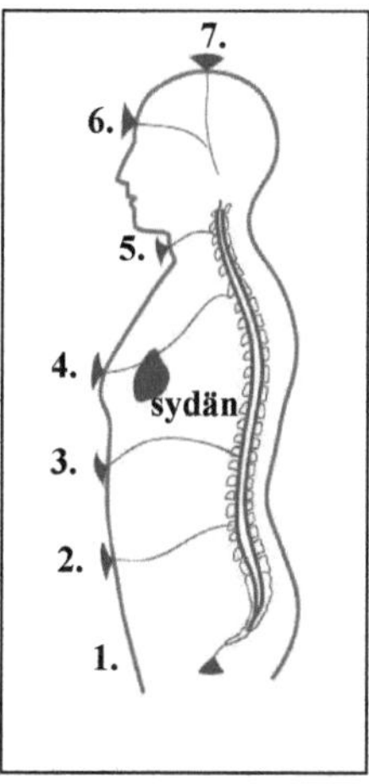

KUVIO 2.
Ihmisen seitsemän
päächakraa
(N. Kassara)

7. Päälakichakra
6. Otsachakra
5. Kurkkuchakra
4. Sydänchakra
3. Palleachakra
2. Napachakra
1. Peruschakra

Tietoisuuden laajentaminen chakrojen avulla kannattaa aloittaa selvittämällä itselle, missä mikin chakra sijaitsee ja mitä elimiä on sillä alueella sekä miten ne toimivat. On selvää, että energian vaikutukset kohdistuvat juuri sille alueelle, missä chakra sijaitsee, ja niihin toimintoihin, joita elimillä on. On helppo ymmärtää, millaisia ongelmia niin elimillä kuin chakroilla on ja miten energialla voi niihin vaikuttaa, kun tietää, missä chakra on ja miten elimet toimivat.

On hyvä tiedostaa, että ihminen on kokonaisuus, jossa moni asia välittyy nopeasti hermoston ja hormonien avulla kehonosasta ja chakrasta toiseen. Esimerkiksi seksuaalisuus fyysisenä toimintana kuuluu peruschakraan. Kun mukaan tulevat perustunteet, niin siihen liittyy napachakra. Lopulta koko keho ja kaikki chakrat reagoivat. Palleachakran mukaantulon huomaa yhdynnässä siitä, että hengitystiheys nousee. Kun se saavuttaa sydänchakran, niin ihminen voi kokea toiseen kohdistuvan korkeamman rakkauden. Se on kaikista ihanin tunne maailmassa. Oikein korkea yhtyminen on paitsi fyysinen, niin myös henkinen.

On oikein mielikuvien avulla puhdistaa chakroja tai sulkea aukkoja energiakehossa ja tehdä siihen liittyen erilaisia harjoituksia. Kaikella sillä on positiivinen vaikutus, mutta jos ei tiedä, mitä energia tekee, niin voi tehdä vahinkoa. Siksi on hyvä perehtyä niin chakroihin, energioihin ihmiskehossa kuin anatomiaan, ennen kuin aloittaa energiatyöskentelyn. Näin voi edetä turvallisemmin.

Energiaa lisätään harjoituksissa usein erityisesti hengityksellä. Varsinkin nopeat ja syvät hengitykset sekä hengityksen pidätykset lisäävät energiaa ja happea, mutta myös poistavat hiilidioksidia tehokkaasti. Vaarana on hyperventilaatiotila, jossa on aivan liikaa happea ja liian vähän hiilidioksidia. Se tuntuu päässä ja jonkun mielestä hienolta ja henkiseltä, mutta liiallisena se on vaarallista ja aiheuttaa jopa kouristuksia. Tila voi paheta vielä, kun ihminen kokee, ettei saa henkeä, ja yrittää hengittää enemmän.

Ensiapuna tällaisessa tilanteessa on pussiin hengittäminen, jolloin happi- ja hiilidioksiditasapainot palautuvat. Jokainen voi miettiä, mikä tarkoitus on hengitysharjoituksilla, joissa hyperventiloidaan (ylihengitetään) ja joiden vaikutus on aika lyhytaikainen. Hengityksen tehostaminen on toki paikallaan.

Useimmiten hengitämme liian pinnallisesti ja niin koko keho kuin eritysesti aivot tarvitsevat happea, joten hengitys-harjoitukset kohtuullisina on paikallaan.

Energiaa voi lisätä myös erilaisilla mielikuvaharjoituksilla. Erityisesti meditaation alussa käytetään hengitystä rentouksen apuna. Sillä voidaan tehostaa ja tasapainottaa energian kulkua kehossa ja erityisesti chakroissa ja meridiaaneissa sekä avata energiatukoksia.

Ongelmalliseksi asian tekee, kun energiaa ohjataan chakroihin voimistaen niiden toimintaa tietämättä, mitä tapahtuu. Jotkut eivät ole valmiita eivätkä osaa toimia, kun chakrojen toiminta lisääntyy. Henkiset aistit eli selvänäkö, -kuulo ja -tunto voivat aktivoitua ja ihminen alkaa kuulla, nähdä tai tuntea asioita henkisten aistien kautta. Jos se tapahtuu yllättäen tietämättömälle, niin kaikki harjoitukset tulee lopettaa. Asiaa auttaa, jos ihminen rauhoittuu ja tekee mielikuva-harjoituksen, jossa supistaa chakrat kuin kukan ja auran. Myös suojaavan viitan laittaminen ja rukous voivat auttaa. Tätä tehdään, kunnes siitä on apua. Jos se ei auta, tulee hakea apua ihmisiltä, jotka tietävät, miten toimia.

Tällaiset energiaa lisäävät harjoitukset ovat muotia. Joillakin kursseilla ohjataan tekemään voimakkaita joogahengityksiä tai energiaa liikkumaan hengityksen avulla selkärangassa edestakaisin tarkoituksena saada aistikokemus energiasta. Näissä kummassakin hengitystavassa on mahdollista, että selkärangan tyvessä oleva kundaliinienergia aktivoituu ja lähtee liikkeelle. Silloin, kun se tapahtuu kehityksen oikeassa vaiheessa ja tietäen, mitä tapahtuu, se on luonnollista eikä ole ongelma. Kuitenkin tällä lailla harjoitusten avulla tietämättömälle ja pakotettuna se voi vaurioittaa hermostoa ja chakroja, jos ihminen ei ole siihen vielä valmis.

Olisi hyvä, jos ihmiset eivät tekisi mitään, mistä he eivät tiedä, mitä tapahtuu. Myös kursseilla ohjaajien tulee olla tarkkana ja varmistua, että osallistujat ovat tietoisia ja valmiita tällaisiin energian lisäyksiin. Lisäksi heidän tulee tunnistaa ongelmat ja osata toimia, jos jotain tapahtuu.

On hyvä muistaa, että henkisellä polulla mihinkään ei ole kiire. Harjoitukset tietoisuuden laajentamiseksi ovat hyväksi, kun ne tehdään edeten hitaasti ja ajan kanssa. Asiaa auttaa paljon, mikäli ihminen on hankkinut etukäteen tietoa ja siten saanut hyvän perustan henkisille asioille ja kasvulle. Hyvän ohjaajan ohjauksessa on myös turvallista edetä.

Seuraavan elämän suunnitelma

Kun ihmisen uutta jälleensyntymää henkisten oppaiden ja olentojen kanssa suunnitellaan ja mietitään, mitä hänen tulee oppia tulevassa elämässään, niin suunnitelma pitää sisällään paitsi henkisen olemuspuolen eli aurojen ja fyysisen kehon lisäksi siemeninä (koodeina, malleina) sen, millainen persoonallisuus, identiteetti ja temperamentti syntyvällä lapsella on. Siinä on paljon sitä kaikkea, mitä hän on edellisissä elämissään jo oppinut, mutta kaikki sopeutetaan nyt uutta syntymää ja oppeja varten.

Suunnitelma pitää sisällään kaiken sen, millaisia ihmisiä hänen ympärillään tulee olemaan, millainen rooli hänellä on läheistensä suhteen sekä millaiseen ympäristöön ja kulttuuriin hän syntyy. Hänelle jää kuitenkin paljon erilaisia valinnanmahdollisuuksia ja vapauksia, jotka osoittavat, onko hän oppinut sen, mitä oli tarkoitettu, vai ei.

Ihmisen elämän suunnitelmaa ei eläessään voi eikä luonnollisesti ole tarkoituksenmukaista nähdä etukäteen, mutta siitä voi saada tietoa tarkastelemalla mennyttä elämää ja sen merkityksellisiä tapahtumia. Juuri tällaiseen pohdintaan ja tietoisuuden laajentamiseen aihemeditaatio on erityisen hyvä.

Ihmisen jälleensyntymän elinkaari

Tietoisuuden laajenemisprosessissa auttaa, jos ymmärtää ihmisen jälleensyntymien elinkaaren eli fyysisen kuoleman jälkeiset tasot aina uuteen jälleensyntymään. Ihminen voi jo eläessään fyysisellä tasolla pyrkiä muuttamaan ja kehittämään itseään niin, että elämä kuoleman jälkeen on helpompaa ja siellä pääsee etenemään nopeammin. Myös kuoleman pelko katoaa, kun tajuaa elämän jatkumisen.

Vaikka sanotaan, että kuolemasta ei voi tietää, niin siitä on paljon kirjallisuutta. On ihmisiä, jotka ovat palanneet kuoleman rajalta ja kertoneet kokemuksistaan. On lapsia, jotka ovat muistaneet ja kertoneet edellisistä elämistä. Lisäksi on ihmisiä, jotka kykenevät näkemään henkisille ja kuoleman jälkeisille tasoille. He ovat kertoneet, millaista siellä on.

Kun fyysinen keho kuolee, niin elintoiminnot lakkaavat ja ihmisen yhteys kehoon eli ns. "hopealanka" katkeaa. Ensimmäinen asia kuoleman jälkeen on hajottaa eetteri- eli energiakeho, mikä yleensä tapahtuu automaattisesti. Hajoamiseen menee yleensä muutama päivä, mutta sitä voi nopeuttaa tietoisella tahdonponnistuksella ikään kuin riisuisi vanhan vaatteen. Tässä tilanteessa on yleensä tulijaa vastaanottamassa hänelle tuttuja ihmisiä tai henkisiä olentoja kuten oppaita. Useimmiten tulija saa myös osallistua omiin hautajaisiin.

Kun eetterikeho on hajonnut, alkaa elämä **astraalitasolla**. Se on monella tavalla samankaltaista elämää kuin maan päälläkin, mutta kuitenkin henkisempää. Siellä ihminen joutuu kohtaamaan ja työstämään erityisesti tunteitaan. Sitä kutsutaan myös kiirastuliajaksi. Siellä ihminen voi opiskella ja oppia monia asioita tai tehdä itselleen mieluista tekemistä.

Astraalitason jälkeen astraalikehon hajottua ihminen siirtyy **mentaalitasolle** ja työstää erityisesti menneitä ajatuksiaan. Sekin on vielä kiirastulta eli ajatusten puhdistamista ja sen ymmärtämistä, mitä on tehnyt, sanonut ja ajatellut sekä mitä on oppinut, ja mitä ei ole vielä oppinut. Kaikkea verrataan siihen, millaisen suunnitelman ihminen teki ennen syntymää. Täällä ihminen voi myös elää toiveittensa mukaista elämää. Eniten tästä vaiheesta nauttivat ihmiset, jotka jo maan päällä elivät henkisempää elämää, harrastivat tai tekivät jopa ammatikseen tieteitä, taiteita ja kulttuuria.

Lopulta ihminen kuitenkin kokee, että hän ei koe mitään uutta mentaalitasolla ja mentaalikehon hajottua hän siirtyy **kausaalitasolle**, joka on hyvin henkistä ja monille nykyajan ihmisille aika vierasta. Jossain vaiheessa ihminen alkaa suunnitella uutta jälleensyntymää. Opittavista asioista tehdään suunnitelma korkeampien henkiolentojen ja oppaiden kanssa. Uutta elämää varten muodostetaan uudet aurat eli kehot: mentaaliainemerestä uusi mentaalikeho ja astraaliainemerestä astraalikeho. Lopulta ihminen saa uuden eetterikehon ja fyysisen kehon.

Minä, sielu, mieli ja ego

Ehkä on hyvä pysähtyä miettimään myös, mitä ovat Minä, sielu, mieli ja ego, koska niillä on merkitystä tietoisuuden laajenemissa ja kaiken ymmärtämisessä.

Henkisellä alalla käytetään paljon käsitteitä, joita ei ole sen enempää määritelty tai edes ajateltu, mitä niillä tarkoitetaan. Jokaisen olisi hyvä miettiä tarkemmin erityisesti käsitteitä, jotka ovat itselle tärkeitä ja kiinnostavia tai joita opettaa ja joista kirjoittaa. Tällaisia muotisanoja on sielun, mielen, temperamentin, identiteetin ja persoonallisuuden lisäksi ego.

Tietoisuuden laajentaminen tarkoittaa, että ihminen tekee tietoisesti henkisen kehityksensä eteen työtä ja henkisiä harjoituksia. Silloin on hyödyllistä pohtia, mitkä käsitteet ovat tärkeitä ja mitä ne tarkoittavat, jotta niitä voi hyödyntää omalla henkisellä polulla.

Minä, sielu ja mieli

On hyvä ymmärtää, että Jumalkipinän eli **Minän** syntyessä se sai "vaatteekseen" kausaali- eli syykehon, mikä oli aluksi puhdas valkoinen taulu, tabula rasa. Minän ja kausaalikehon liittymää kutsutaan **sieluksi**. Pikkuhiljaa ja jälleensyntymien myötä se on kehittynyt ja saanut kokemuksia, energiaa ja värejä, mitkä kertovat henkisestä kasvamisesta. Tämä kasvaminen näkyy erityisesti kausaalikehossa. Kausaalikeho pysyy jälleensyntymien kierrossa ja sen värähtelyt tulevat sitä hienommiksi, mitä pidemmälle kehitytään.

Mieli on mentaali- eli ajatuskeho. Sen voi ymmärtää hyvin jo siitä, kun sanotaan: "minun tekee mieli ..." tai " minun mielestäni ...". Mentaalikehossa vaikuttaa kausaalikehon kautta Minä, mikä ilmentää usein itseään juuri ajatusten ja alemman älyn kautta. Mitä enemmän kehitytään ja mitä paremmin opitaan hallitsemaan ajatuksia, sitä paremmin voidaan siirtää mentaalikeho sivuun ja toteuttaa Minän tahtoa ja ajatuksia. Olisi selkeämpää puhua ajatuksista kuin mielestä, koska mieli sanana on usein epämääräinen ja tarkoittaa monille eri asiaa.

Astraali- ja mentaalikehojen sisälle on muodostettu siemeninä (malleina, koodeina) ihmisen tätä elämää varten tarkoitettu **persoonallisuus, identiteetti ja temperamentti.** Se tarkoittaa, että ihminen reagoi paitsi tunteilla ja ajatuksillaan niin myös identiteettinsä, temperamenttinsa ja persoonaansa vastaavalla tavalla. Tämä ja keskeiset käsitteet on hyvä muistaa, kun halutaan tietoisesti kehittää itseä ja laajentaa tietoisuutta. Itsetuntemus tarkoittaa noiden siementen, mallien ja koodien selvittämistä ja uudelleen muokkaamista. Juuri tähän tarkoitukseen on kehitetty tämän kirjan aihemeditaatio.

Ego

Sanaa ego käytetään ikään kuin se olisi jokin meistä irrallaan oleva, mutta kuitenkin sisällämme asustava itsenäinen olento, jolla on omat tunteet, ajatukset ja tahto. Egoa syytetään, kun tunnetaan, ajatellaan, tehdään tai sanotaan jotain meille ei niin mieluisaa. Ego mielletään usein henkilöihin, jotka itse ajattelevat tai jotka nähdään olevan jotain isompaa tai parempaa kuin muut.

Jokainen voi itse miettiä, mikä ego on, mitä hän egolla ymmärtää, miten hän sitä käyttää ja millaisia asioita siihen yhdistää. Voi aloittaa siitä, mitä muut sanovat jonkin käsitteen olevan. Määritelmiä egosta löytyy loppujen lopuksi hyvin vähän.

Tieto-, sana- ja sivistyssanakirjoissa määritellään ego seuraavasti:

> "**ego** (lat.) <u>minä</u>. Psykoanalyyttisessä terminologiassa tarkoittaa minuutta, psyykeä. Persoonallisuuden tietoinen osa." (Uusi tietosanakirja a-ö, 1995, 165.)
> "**ego** psykoanalyysissä: minä, psyyken osa, joka pyrkii sovittamaan viettien ohjaaman idin (se) toiminnan yhteiskunnan moraalinormeihin egon tiedostamattomat toiminnot." (Nurmi, T. ym. 1998, 45.)

Edellä olevissa määritelmissä kiinnittyy huomio siihen, että ego tarkoittaa minää, mutta on huomattava, että se ei ole kuitenkaan sama kuin ihmisen Minä, jumalkipinä. Internetistä ei löytynyt edellisiä parempia määritelmiä.

Wikipediassa määritellään ego tietoisen persoonallisuuden osaksi ja toisaalta tiedostamattomaksi toiminnaksi:

> **"Minä** (latinaksi *ego*) on psykoanalyysin näkemyksessä yksi persoonallisuuden osa. Se on ihmisen psyyken keskimmäinen kerros viettipohjan (lat. *id*) ja yliminän (*superego*) välissä. Tietoista toimintaa ohjaileva ego tasapainottelee viettipohjan vaistonalaisuuden ja yliminän järjen välillä." (Ego 2022.)

Internetistä löytyy erilaisia egoa käsitteleviä artikkeleita, joissa ei ole kirjoittajaa mainittuna. Joissakin kerrotaan, mitä ego on, miten se on muodostunut ja miten se meitä hallitsee ja on siten paha asia, josta pitää päästä eroon. Eräässä artikkelissa sanotaan, että "pohjimmiltaan ego on identiteettisi, se kuka luulet olevasi. Ego rakentuu nimestä, persoonallisuudesta ja tarinasta henkilön takana.". Toisessa artikkelissa sanotaan, että: "ego on verho sen välillä, mitä ajattelet olevasi ja mitä itseasiassa olet". Tuollaisissa määritelmissä ja artikkeleissa tuodaan oikeaakin ja huomioon otettavaa asiaa, mutta myös hyvin epämääräistä määritystä. Jokainen voi miettiä, mikä on sellaisen tiedon hyöty ja käyttökelpoisuus henkisen kasvun tukena.

Mikä ego siis on? Edellä olevan mukaan egon voidaan ajatella liittyvän toisaalta henkisen olemuspuolen kehoihin ja toisaalta identiteettiin, persoonaan ja temperamenttiin. Tätä elämää varten muodostetuissa astraali- ja mentaalikehoissa on muodostettuna perusta eli siemeniä (malleja, koodeja), jotka ilmaantuvat ja kehittyvät elämän aikana. Niissä on myös edellisten elämien siemeniä, joiden on tarkoitus ohjata meitä oppimaan asioita. Ne vahvistuvat elämän kuluessa. On hyvä muistaa, että nuo henkisen olemuspuolen kehot ja kehojen ainekset ovat sinänsä neutraaleja, mutta riippuu jokaisesta itsestä, miten niihin suhtautuu ja millaisen painoarvon, vallan, määreen, suunnan ja energian niille antaa eli miten niiden antaa ohjata elämistä. (Ks. kuvio 1, s. 25.)

Jokainen voi valita, jättäytyykö arjen, sattumusten ja ohjauksen varaan, jossa ego vaikuttaa, vai alkaako tietoisesti työstämään ja kehittämään itseä. Syntymässä saatu ja elämässä kerrytetty ego eli tunteiden ja ajatusten siemenet kasaantuvat henkiseen olemuspuoleen ja vaikuttavat sieltä eli "alitajunnasta" käsin. Jos osattaisiin siirtää syrjään kaikki tuo, niin paljastuisi se, mikä ihminen oikeasti on.

Syrjään siirtäminen onnistuu sitkeällä työllä havaintoja tehden, tunteita ja ajatuksia analysoiden sekä hallintaa opetellen. Se tarkoittaa erityisesti uudenlaisten toimintojen eli elämisen mallien, koodien tai siementen luomista. Se onnistuu hyvin meditaatiota (ks. luku 3) apuna käyttäen, mutta myös muutamilla muilla keinoilla ja harjoituksilla.

Ihmisen henkiset kehot muodostuvat sen mukaan, mitä ihmisen on tarkoitus oppia elämässä. Ennen syntymää henkisillä tasoilla jokaisen ihmisen kanssa käydään sielunsuunnitelma läpi ja katsotaan, mikä on hänen karmansa (syyn- ja seurauksen laki) eli mitkä asiat on opittu ja mitkä ovat jääneet oppimatta edellisissä elämissä, ja mitkä niistä otetaan opeiksi tulevassa elämässä eli mitä uutta otetaan oppiläksyksi. Opit istutetaan "siemeninä" (malleina/ koodeina) henkisen olemuspuolen kehoihin ja jopa fyysiseen kehoon. Sieltä ne nousevat pintaan sielunsuunnitelman mukaan ja sopivissa tilanteissa.

Toki ympäristö, kulttuuri ja lähellä olevat ihmiset sekä vapaa tahto ja tehdyt valinnat vaikuttavat siihen, millaiseksi ihminen elämän kuluessa muovautuu. Osa ihmisen tunteista ja ajatuksista ovat lähtöisin oman Minän taholta, mutta iso osa on nykyisen elämän aikana syntyneitä, joihin erityisesti astraali- ja mentaalikehot ovat tottuneet reagoimaan.

Kyse on siitä, että ihmisen on opittava tunnistamaan tunne- ja ajatuskehojen eli egon reaktiot ja hallitsemaan niitä niin, että ihminen itse valitsee, mitä tuntee, ajattelee ja tekee eikä anna astraali- ja mentaalikehojen eli egon ohjata. Asiaa auttaa usein, kun sanoo itselle, että tuota, mitä juuri tapahtui, ohjasi egoni eli astraali- ja mentaalikehoni tunteet ja ajatukset sekä minulle luodut persoona, temperamentti ja identiteetti. Kun vielä käy tilanteen läpi meditaatiossa, selviää, miten ne ohjasivat sitä.

Egon hallinnan opettelu meditaation avulla tarkoittaa, että otetaan jokin aihe, tunne tai ajatus yksi kerrallaan ja pohditaan sitä keskittymis- ja meditaatiovaiheessa sekä mietitään, miten voi muuttua ja oppia hallitsemaan tunteet ja ajatukset. Näin haetaan keinot muuttua ja kehittyä sekä laajentaa tietoisuutta.

Ego on ensisijaisesti tätä elämää varten luotujen henkisen olemuspuolen astraali- ja mentaalikehojen sekä niissä ilmentyvien persoonallisuuden, temperamentin ja identiteetin tapa reagoida siihen, mitä kulloinkin koetaan. Tietoisuuden laajentaminen onnistuu, mitä paremmin opitaan hallitsemaan henkinen olemuspuoli ja erityisesti ego.

Henkiset aistit

Henkinen kehittyminen näkyy ensisijaisesti henkisen olemuspuolen muuttumisena ja tietoisuuden laajenemisena. Kun ihminen haluaa tietoisesti kehittää itseään, häntä auttaa paljon, kun hän ymmärtää, miten henkinen olemuspuoli eli aurat (kehot) ja chakrat toimivat ja muuttuvat. Henkisen olemuspuolen muuttuminen ja tietoisuuden laajeneminen kulkevat käsikädessä ja kumpaankin tulee kiinnittää yhtä paljon huomiota.

Henkisillä aisteilla tarkoitetaan erityisesti ylempien päächakrojen ominaisuuksia kuten selväkuuloa, -näköä, -tuntoa ja -tietämistä ja ne sijaitsevat ihmisen eetteri- eli energiakehossa, mutta läpäisevät samalla kaikki kehot. Eetterikehossa ja kaikissa sen chakroissa eli energiakeskuksissa ja -kanavissa virtaa energiaa. Henkisen kehittymisen myötä energian kulku voimistuu ja jakaantuu tasaisesti koko kehoon. Jos tukoksia tulee, ihminen huomaa ne ajoissa ja osaa avata, ennen kuin ne aiheuttavat ongelmia. Eetterikeho laajenee, energia voimistuu ja värit kirkastuvat. Tämä kaikki välittyy myös fyysiseen kehoon ja terveyteen. (Ks. liite 1.)

Eetterikeho kertoo ensisijaisesti energiatasapainosta ja terveydestä. Siitä huolehtiminen kuuluu henkisellä polulla jokaiseen päivään. Kaikki se vaikuttaa paitsi fyysiseen terveyteen niin myös psyykkiseen ja sosiaaliseen hyvinvointiin ja lopulta tietoisuuden laajenemiseen ja henkisten aistien kehittymiseen.

Kun puhutaan chakroista, niin ne yhdistetään ensisijaisesti energiaan, mutta niillä on yhteys myös ihmisen tietoisuuteen ja henkisille tasoille henkisten aistien kautta. Erityisesti seitsemän päächakran kehittymisen huomaa henkisten aistien aktivoitumisena.

Henkiset aistit ovat olemassa kaikilla, mutta toisilla ne ovat uinuvassa tilassa. Niiden kehittyminen ja aktivoituminen tapahtuu henkisen kehittymisen myötä. Joillakin ne toimivat edellisten elämien pohjalta jo lapsuudessa, mutta silloinkin niiden ymmärtämisen ja hallitsemisen kanssa on hyvä tehdä työtä. Kun henkiset aistit ovat uinuvassa tilassa, ne kehittyvät ja aktivoituvat elämänkokemusten ja harjoitusten myötä.

Henkisten aistien avulla aistitaan asioita henkisiltä tasoilta ja voidaan viestiä siellä olevien olentojen kanssa. Keitä ovat nämä henkisillä tasoilla olevat olennot, joiden kanssa viestitään? Jokaisen, joka on yhteydessä henkisille tasoille, tulee itse selvittää, kenen kanssa hän viestii (kanavoi). Jotkut ja varsinkin henkisen polkunsa alkuvaiheessa olevat eivät ymmärrä, että henkisiä tasoja on paljon ja että on mahdollista myös yhteydet alemmille tasoille ja siellä oleviin olentoihin. Yleensä tällaisten olentojen viestit voi tunnistaa siitä, että ne ovat valheellisia, kehumista ja täynnä virheitä. Tällaiset yhteydet tulee lopettaa heti.

Millaiset yhteydet henkisille tasoille ja olentoihin ovat oikeita ja hyväksyttäviä? Eikö tule pidättäytyä kaikenlaisista yhteyksistä, jos on mahdollisuus saada yhteys alemmille tasoille? Monet ovat sitä mieltä, että Raamattu kieltää kaikki yhteydet, mutta tosiasiassa kieltäminen koskee yhteyksiä vainajahenkiin eli ns. tietämättömiin ja henkisesti kuolleisiin eli alemman tason olentoihin. Raamatussa on paljon esimerkkejä yhteyksistä hyvään henkimaailmaan ja korkeampiin olentoihin.

On henkisiä tahoja ja yhdistyksiä, jotka eivät hyväksy minkäänlaisia yhteyksiä väärien yhteyksien pelossa. Kuitenkin henkisen kehittymisen myötä henkiset aistit avautuvat luonnollisesti ja silloin yhteys henkisille tahoille tapahtuu joka tapauksessa, jolloin on hyvä ymmärtää, mistä yhteyksissä on kyse. Kehittynyt ihminen, jolle aistit ovat avautuneet, tunnistaa heti jo värähtelyistä yhteyden laadun. Aina tulee kuitenkin varmistaa, mihin ollaan yhteydessä ja että ollaan yhteydessä korkeammille tasoille. Varmistaminen tapahtuu kysymällä ja kuuntelemalla vastaus esimerkiksi meditaatiossa (ks. luku 3).

Monet kokevat elämässään ohjausta, sattumia ja intuitiivisia välähdyksiä ajatellen, että niitä nyt vain tulee ajattelematta tai edes ihmettelemättä, mistä ne tulevat. Jotkut olettavat, että tuollaiset ovat ilman muuta jonkin hyvän tahon ohjaamia. Jotkut eivät ajattele mitään tai uskovat ohjauksen tulevan ilman muuta oman uskontonsa henkiseltä gurulta tai Ikuiselta Itseltä. Viime vuosina on yleistynyt ajatus, että enkelit ohjaavat ja viestivät.

Mitä pidemmälle mennään henkien aistien aktivoiduttua, niin sitä tärkeämmäksi tulee sen selvittäminen, mistä ohjaus ja viestit tulevat. Jotkut ajattelevat, että eihän se ole mahdollista. Ehkä he ovat kuulleet tai lukeneet jonkun auktoriteetin niin sanoneen. Yhteydet henkisille tasoille ja erityisesti hyvään henkimaailmaan ovat maapallon ja ihmisten kehittymisen myötä tulleet entistä helpommin mahdolliseksi ja tärkeimmiksi.

Moni uskoo edelleen, että ihminen ei voi tietää, mitä hänelle kuolemassa tapahtuu ja millaisia henkiset tasot ovat. Nykyisin niistä on kuitenkin paljon tietoa. Usein vain asenteet ja uskomukset estävät etsimästä tietoa ja uskomasta sitä todeksi. Henkisillä tasoilla tarkoitetaan fyysisen kuoleman jälkeisiä astraali-, mentaali- ja kausaalitasoja. Astraalitasolla ihminen työstää menneen elämänsä tunteita, mentaalitasolla ajatuksia ja kausaalitasolla tekoja ja kehittymisen kokonaisuutta.

Ihmistä auttaa, jos hän ymmärtää, että hänen koko elämänsä on keskeisimmiltä osin suunniteltu sen mukaan, mitä hänen on tarkoitus oppia tulevan elämän aikana. Luonnollisesti suunnitelmaa ohjaamassa ovat korkeammat tahot ja koulutetut olennot. Jokaisella on yksi korkean tason pääopas, joka on siihen koulutuksen saanut. Hän ei tee sitä yksin, vaan yleensä opastiimin kanssa yhdessä. Hän katsoo, että opastettavan elämä etenee elämänsuunnitelman mukaan. Hän myös kunnioittaa tämän vapaata tahtoa ja antaa tehdä virheitä, jotta opitaan. Hän on yksi niistä, joihin ihminen voi olla yhteydessä. Hän on olemassa, vaikka ihminen ei usko oppaisiin.

Pääoppaan lisäksi ihmisellä on eri aikoina eri tarkoituksiin olevia ja vaihtuvia oppaita jotain tiettyä asiaa opettamassa.

Esimerkiksi henkiparannusta opettamaan saadaan siihen koulutettuja asiantuntijoita. Juuri tällaiset oppaat ovat niitä, jotka ohjaavat ja opettavat ihmisiä henkisten aistien kautta ja joihin voi luoda yhteyden. Aina on hyvä kuitenkin muistaa, että oppaisiin ei tukeuduta liikaa ja kysytä ohjeita kaiken aikaa tai arjen ongelmiin, koska jokaisen on itse elettävä elämänsä, valittava asioita, erehdyttävä ja opittava. Oppaat myös koettelevat, onko opittu se, mitä piti. Tärkeimmät kriteerit, kun ollaan yhteydessä henkisille tasoille, ovat "hedelmistään puu tunnetaan" ja ihmisen vapaan tahdon kunnioittaminen.

Kun henkiset aistit aktivoituvat ja yhteys henkisille tasoille avautuu, niin on opeteltava, miten niiden kanssa toimitaan. Usein ihmiset ajattelevat, että henkiset aistit ovat jonkin korkeamman tahon lahja jotain tiettyä tarkoitusta varten. Näin voi ollakin, mutta kehityksen myötä ihmisen tietoisuus laajenee ja mahdollisuus henkisten tasojen yhteyksiin tulee entistä useammalle. Silloin tärkeintä on aina toimia eettisesti korkeatasoisesti, jossa keskeisintä on oma henkinen kehittyminen, vapaa tahto ja toisia palveleva asenne.

Selväkuulo liittyy kurkkuchakran toimintaan. Ihminen voi olla yhteydessä henkisten tasojen olentoihin juuri tämän chakran kautta. Ihminen kuulee sisäisin "korvin". Sitä on vaikea toiselle kuvata, mutta ihminen vain tietää sen, mitä hänelle viestitään henkisiltä tasoilta sanoina tai ajatuksina.

Selvänäkö liittyy otsachakraan, jota myös usein kutsutaan kolmanneksi silmäksi. Ihminen näkee henkisin silmin. Ne voivat olla erilaisia kuvia tai nopeita välähdyksiä. Jotkut kuvaavat näkevänsä värejä, symbolisia kuvia tai esineitä. Kaikki ne ovat yhteyksiä henkisille tasoille ja sieltä tulevia viestejä. Ongelma usein on, että niiden sanomaa on vaikea ymmärtää. Joskus siihen yhdistyy selväkuulo, jolloin viesti on helpompi ymmärtää.

Kun ihminen alkaa kuulla sisäisin korvin tai nähdä sisäisin silmin, niin on hyvä heti harjoitella ymmärtämään, mistä on kyse. Silloin pysähdytään heti ja kysytään, mitä viesti tarkoittaa ja hiljennytään kuulemaan tai näkemään. Alussa se ei ehkä onnistu, mutta sitkeällä harjoittelulla se onnistuu. Viestejä ilman tietoa, mitä sillä halutaan sanoa, ei kannata ottaa vastaan.

Selvätunteminen ja -tietäminen ovat kokonaisvaltaista tuntemista, tietämistä ja ymmärtämistä. Usein ihminen sanoo, että tiedän, että näin on. Ymmärrys tulee intuitiivisena välähdyksenä.

On selvää, että henkiset aistit, mikäli ne ovat uinuvassa tilassa, aktivoituvat pikkuhiljaa kehityksen ja harjoitusten myötä. Meditaation keskittymis- ja meditaatiovaiheet ovat tässä erittäin hyviä harjoitusvälineitä. Luvussa 3 on tästä enemmän tietoa.

Mediaalinen viestinvälitys on juuri sitä, että ihminen kuulee, näkee, tuntee ja tietää henkisten aistien avulla ja voi näin viestiä henkisillä tasoilla olevien kanssa. Tällaista viestinvälitystä tehdään erityisesti todistamaan, että henkiset tasot ovat olemassa. Sen avulla voidaan myös lohduttaa surevia todistamalla, että "kuolleet" eivät ole kuolleita, vaan he elävät toisilla tasoilla. Sen avulla voi auttaa fyysisellä tasolla eläviä ihmisiä ymmärtämään, että he ovat henkisiä olentoja ja että he voivat tehdä asioita henkisen kehittymisen eteen. Lisäksi on mahdollisuus ohjata heitä elämässä ja erityisesi kriiseissä.

Tällaista henkisten aistien avulla tehtyä toimintaa ovat esimerkiksi selvänäkijöiden viestit tai korttien tai muiden apuvälineiden avulla tapahtuva työ ja meedioiden toiminta. Suuri osa heistä tekee sitä epäitsekkäästi lähimmäisiä palvellen ja haluten auttaa heitä. Ongelmia tulee ja laatu on huono, mikäli tällaiset toimijat eivät hanki riittävästi tietoa ja osaamista eivätkä selvitä eettisiä kysymyksiä, ennen kuin he aloittavat työnsä. Usein he tekevät työtään myös rahan kiilto silmissä. Asiakkaiden saattaa olla vaikea tietää, miten nämä työtään tekevät. Parhaina kriteereinä toimivat: "hedelmistään puu tunnetaan", vapaan tahdon kunnioittaminen ja toisten palvelua käyttäneiden suositukset.

Miten tullaan hyväksi ja korkeatasoiseksi henkisten aistien käyttäjäksi ja lähimmäisten palvelijaksi ja miten se auttaa ihmistä kulkemaan henkisellä polulla tietoisuuden laajentamiseksi? Aivan ensimmäinen työ on hankkia tietoa ja taitoa. Mihinkään ei ole kiire, vaan se kannattaa tehdä kunnolla ja riittävän pitkän aikaa sekä mielellään hyvän opettajan johdolla.

Seuraavaksi kannattaa miettiä, miten aikoo itse kehittyä henkisesti, löytää siihen keinot ja edetä sen mukaan. Myös motiivin selkiyttäminen on tärkeää eli miettiä, miksi haluaa edetä tietoisesti henkisellä polulla. Koska henkisellä polulla ei kannata kiirehtiä, ennen kuin alkaa kehittää henkisiä aistejaan ja palvella niiden avulla, niin on hyvä edetä hitaasti ja ajan kanssa.

Hyvä ja turvallinen tapa kehittyä henkisellä polulla on osallistua pitempikestoiseen kurssiin hyvän ohjaajan johdolla. Suositeltavaa on myös perustaa esimerkiksi 3–7 henkilön kanssa piiri, joka kokoontuu 1–4 kertaa kuussa tekemään harjoituksia, meditoimaan ja keskustelemaan. Piirin ohjaa vastuussa oleva vetäjä. Se aloitetaan yleensä yhteisellä meditaatiohetkellä ja rukouksella. Meditaatio toteutetaan esimerkiksi mielikuvamatkaa apuna käyttäen. Siinä opitaan keskittymistä eli meditaation toista vaihetta sekä henkisillä silmillä näkemistä ja korvilla kuulemista. Piirissä opetellaan myös kohtaamaan oma opas ja yhteistyötä hänen kanssaan. Edistyneemmissä piireissä etsitään myös omaa palvelutehtävää ja hiotaan sitä.

Meditaatiohetken jälkeen piirissä tehdään erilaisia henkisiä harjoituksia kuten välitetään henkiparannusta ja opetellaan tuomaan viestejä ja opastusta henkimaailmasta ja oppailta. Näin opitaan turvallisessa tunnistamaan energioita sekä kuuntelemaan viestejä henkisin aistein. Piirin voi toteuttaa toisinkin. Pääasia on, että on ryhmän tuki ja turva.

Paras asia piireissä on juuri se, että opitaan virittäytymään eli nostamaan värähtelyt tasolle, jolla voi turvallisesti olla yhteydessä henkimaailman korkeammille tasoille ja oppaisiin. Mediaaliset ja henkiparannusharjoitukset ohjaavat paitsi virittäytymistä korkeammille tasoille, niin myös käyttämään henkisiä aisteja eli selvänäköä, -kuuloa- ja -tuntoa.

On todella hieno kokemus, kun tajuaa ensimmäisen kerran näkevänsä, kuulevansa ja tuntevansa henkisillä aisteilla. Se auttaa myös ymmärtämään henkimaailman telepaattista kieltä, jonka avulla voi hetkessä ymmärtää, mitä henkisiltä tasoilta halutaan ilmaista. Se on samanlaista hetkessä ymmärtämistä kuin intuitiossa. Juuri tätä opitaan samalla, kun harjoitellaan mediaalisia taitoja eli palvelemaan henkisillä kyvyillä.

Samalla, kun piirissä tai meditaatiossa opitaan henkimaailman telepaattista kieltä, opiskellaan meditaation eri vaiheita. Sen avulla ihminen voi syventää tietämystään itsestään ja ympäristöstään, laajentaa tietoisuuttaan eli siistiä sieluaan ja luoda samalla uusia malleja ja koodeja.

Kokemukset henkiparannuksesta ja mediaalisten taitojen kehittämisestä ovat kuitenkin hyviä, koska niissä tarvittavat taidot auttavat, kun halutaan palvella ihmisiä. Tarvitaan hyviä ohjaajia, koska kaikki eivät ole valmiita yksin opiskelemaan, etsimään tietoa ja harjoittelemaan.

Nykyisin on tarjolla paljon erilaista tietoutta henkisistä asioista kirjoissa, lehdissä ja netissä. Lisäksi on messuja, seminaareja, kursseja ja jopa matkoja. Korona-aikana yleistyivät nettikurssit, niin verkkokursseina kuin etäkursseina. Tarjontaa on nyt paljon ja on vaikea saada selkoa kurssien laadusta sekä ohjaajien tiedoista ja taidoista. Myös hinnat mietityttävät. On osattava olla kriittinen kaiken tietotulvan keskellä.

Monien henkisten yhdistysten, seurojen ja jopa yksityisten pitämien kurssien esittelyssä kiinnittää huomiota sisältö. Toisaalta halutaan antaa kattavasti henkistä tietoutta jonkin erityisen taidon lisäksi, mikä on hyvä. Toisaalta kuitenkin huomaa, että keskeiset käsitteet eivät aina ole kuitenkaan riittävän selkeästi selitetty niin, että niistä ymmärtäisi, mistä on kyse.

Kirjoissa, artikkeleissa, kursseilla, seminaareissa, messujen luennoilla kerrotaan paljon esimerkiksi chakroista, aurasta, niiden puhdistamisesta ja karman poistamisesta ilman, että kerrotaan, mitä ihmisessä silloin tapahtuu tai edes, miksi niitä tehdään ja kannattaako niin tehdä. Miten ne edistävät ihmisen henkistä kehittymistä ja tajunnan laajenemista? Mitä tapahtuu, kun lähdetään puhdistamaan chakroja ilman, että työstetään ja ymmärretään, mistä on kysymys ja mitä ihmisen tulee oppia? Tarkoitus on varmaan hyvä ja jotain tapahtuukin. Mutta mitä tapahtuu?

Tässä kirjassa yritetään kuvata henkisiä asioita ja kykyjä juuri sen vuoksi, että tajunnan laajentaminen meditaation avulla onnistuu ja että asiat ymmärrettäisiin paremmin eikä tehdä sokkona jotain, minkä luulee hyväksi.

On hyvä pitää elämässä ja työssä korkeaa moraalia ja eettisiä periaatteita. Ne ovat myös henkisissä asioissa keskeisiä ja erityisesti, kun ihminen huomaa, että hänellä henkiset aistit toimivat ja hän alkaa käyttää niitä toisten auttamiseksi. Eettiset periaatteet ja toiminta tulee selvittää riippumatta, millaista palvelutyötä tekee. Näitä periaatteita tarvitaan myös meditaation harjoittamisessa.

Henkisessä palvelutyössä, henkisten kykyjen käytössä, tietoisuuden laajentamisessa ja meditaation harjoittamisessa on hyvä noudattaa eettisiä periaatteita. Niistä tulee valita itselle sopivat, jotka on hyvä kirjata ja aika ajoin tarkistaa, jotta ne ohjaisivat tietoisuuden laajenemisessa ja henkisessä kehittymisessä.

Tässä on esimerkkejä eettisistä periaatteista, joista voi valita itselle sopivat:

- **henkinen** kehittyminen => kaikista tärkeintä on tietoinen oma henkinen kehittyminen, vasta sitten tulee muu, toisten palveleminen ym.,
- **henkisen polun perusta** => on pidettävä huoli, että luodaan hyvä perusta henkiselle polulle ja selvitetään paitsi keskeiset käsitteet niin myös etiikka,
- **vapaa tahto** => hyvä henkimaailma kunnioittaa vapaata tahtoa eikä koskaan käske, vaan antaa ohjeita, jolloin jokainen valitsee aina itse, miten toimii,
- **oma vastuu** => kaikessa ohjauksessa ja tekemisessä huomioidaan oma vastuu elämästä, niin omassa toiminnassa ja kun asiakkaiden elämässä,
- **arki aina ensin** => henkisessä työssä pitää aina ensin huolehtia itsestä ja läheisistään sekä muusta elämästä (työ, harrastukset, velvollisuudet, …),
- **motiivi** => tärkein motiivi tulee olla halu kehittyä, auttaa ja palvella muita,
- **kriittisyys** => aina tulee olla kriittinen ja pitää mielessä "hedelmistään puu tunnetaan" sekä kieltäytyä, jos kokee, että tämä ei ole nyt oikein,
- **vaitiolo** => henkisessä työssä pätee samanlainen vaitiolo kuin terveydenhuollossa eli asiakkaan asioita kerrotaan muille vain luvalla,
- **energia** => kaikki on energiaa, joten tulee selvittää, mitä se toiminta, mitä tekee, vaikuttaa ihmisen energiajärjestelmään ja energiatasapainoon,

- **henkinen olemuspuoli** (aurat, chakrat) => tieto auttaa ymmärtämään, miten toiminta, mitä tekee, vaikuttaa niin auroissa kuin chakroissa (energiakeskuksissa) ja sitä kautta kaikkeen muuhun,
- **henkiset kyvyt** (selvänäkö, -kuulo ja -tunto) => on harjoiteltava niiden käyttämistä ja selvitettävä kykyjen oikea ja eettinen käyttö,
- **mihinkään ei ole kiire** => on huomattava, että ei ole kiire, ja kannattaa opetella asiat kunnolla ja rauhassa lisäten tietoa ja taitoa ja hyvässä ohjauksessa,
- **raha** => on tehtävä suhde rahaan selväksi, koska vaarana on ahneus,
- **ei kukasta kukkaan** => jossain vaiheessa kannattaa keskittyä ja kehittää itseään omalla erityisellä palvelualueella, ei siis kannata hajottaa itseä liikaa ja mennä koko ajan "kukasta kukkaan",
- **koetukset** => henkisellä polulla on koetuksia siitä, miten olemme oppineet ja miten toimimme eettisesti, on siis oltava valppaana,
- **henkiset oppaat** => meillä on henkisiä oppaita, jotka tulevat tutuksi ja auttavat mielellään, kun heitä tarvitaan. Kannattaa siis opetella heidän kanssaan hyvä yhteistyö ja pyytää heidän apuaan,
- **vuorovaikutus** => ihmisten palvelutyössä kannattaa opetella hyvä tapa olla vuorovaikutuksessa sekä muistaa vapaa tahto ja etiikka.

Tietoisuuden laajentaminen henkisten aistien avulla tarkoittaa, että opetellaan henkisten harjoitusten ja erityisesti meditaation avulla käyttämään henkisiä aisteja, selvänäköä, -kuuloa, -tuntoa ja -tietämistä sekä hyödyntämään niitä eettisesti korkealla tavalla paitsi arjessa niin myös henkisessä työssä, palvelutehtävässä ja omassa kehittymisessä.

3 SYVÄMEDITAATIO

Mitä on meditaatio? s. 55, Meditaation hyöty s. 59, Aihemeditaatio s. 63, Meditaatio vaihe vaiheelta s. 67, Ennen aloittamista s. 68, I Aloittamisvaihe s. 70, II Keskittymisvaihe s. 77, III Meditaatiovaihe s. 79, IV Syvämeditaatiovaihe s. 83, V Lopettamisvaihe s. 88

Tässä kirjassa halutaan korostaa meditaation syvämeditaatiovaihetta ottamalla se koko kirjan otsikkoon. Kaikki, mitä muuta meditaatiosta tässä esitetään, tähtää siihen. Tämä liittyy prosessiin, jota ihminen tarvitsee paitsi päästäkseen henkisesti kehittymään, niin myös laajentaakseen tietoisuuttaan tietoisesti aina valaistumiseen asti.

Tietoisuutta voi laajentaa monella tavalla. Meditaatio on eräs parhaimmista keinoista ja ihminen voi käyttää sitä apuna lisätäkseen tietoaan ja ymmärrystään itsestään ja ympäristöstään edeten tietoisesti ja tavoitteellisesti henkisessä kehityksessään eteenpäin.

Syvämeditaatio tarkoittaa meditaation viimeistä vaihetta, joka pitää sisällään kontemplaation eli yhdeksi tulemisen meditaation aiheen kanssa ja samadhin eli yhdeksi tulemisen Minän ja Korkeimman kanssa, jota toiset nimittävät Jumalaksi, Kaikkeuden Ikuisuuden Herraksi, Alkulähteeksi, Universumiksi tai Pyyteettömäksi Rakkaudeksi. Meditaatiossa voi kokea valaistumisen tai saada ainakin hetkellisen valaistumiskokemuksen.

Pelkkä meditaation päämäärä eli yhtyminen Minään ja Korkeimpaan hiljentymällä ei riitä, koska olemme tulleet oppimaan ja laajentamaan tietoisuutta kaikesta, mitä maapallolla voi saada. Syvämeditaatiovaiheeseen voi päästä suoraan hyvällä keskittymistekniikalla, mutta silloin jää pois paitsi meditaation avulla tehtävä tietoisuuden laajentaminen sekä itsen ja ympäristön tunteminen ja siten tiedon ja ymmärryksen lisääminen.

Luvussa 2 on selvitetty tietoisuutta, tietoisuuden laajentamista, henkistä olemusta, eetterikehoa ja chakroja, egoa ja tietoisuuden laajentamista henkisten aistien avulla. Ne luovat pohjaa ja ymmärrystä sille, mitä meditaatiossa tapahtuu. Kun tavoitteena on tajunnan laajentaminen syvämeditaation avulla, niin se pohjautuu siihen ymmärrykseen, että olemme tulleet oppimaan asioita ja että olemme ensisijaisesti henkinen olento, jolla on eri värähtelytaajuuksista muodostuvat kehot eli aurat. Lisäksi on hyvä muistaa, että ihmisessä energiat virtaavat eetterikehossa meridiaaneja pitkin ja chakrojen kautta.

Myös henkisten kehojen eli aurojen rooleilla on merkitystä ihmisen henkisessä kehityksessä ja tajunnan laajenemisessa, joten niihin kannattaa tutustua. Tavoitteenahan meditaation avulla on työstää ja oppia hallitsemaan erityisesti tunteita eli astraalikehoa ja ajatuksia eli mentaalikehoa, jotka heijastuvat kaikkiin tekoihin. Juuri niiden avulla ja niitä ymmärtämällä voidaan edetä tietoisesti henkisen kehityksen polulla ja laajentaa tietoisuutta.

Tietoisuuden laajentaminen on prosessi. Sen voi tehdä arjessa yrityksen ja erehdyksen keinoin, mutta paljon pidemmälle henkisessä kehityksessä pääsee, kun etenee tietoisesti vaihe vaiheelta keskittymisen ja meditaation kautta syvämeditaatioon. Tässä luvussa 3 avataan meditaation vaiheet ja käsitteet sekä se, miksi kannattaa meditoida eli mitä hyötyä siitä on henkisellä polulla.

Niille, jotka ovat jo meditoineet tai opiskelleet sitä eri tavoin, moni asia voi olla tuttua, mutta silti on tärkeää perehtyä meditaation jokaisen vaiheen esittelyyn, kuten se tässä esitetään, koska aina voi oppia uutta ja saada uusia näkökulmia. Lisäksi on hyvä selvittää itselle, mitä ja miksi tekee missäkin vaiheessa sekä miten tuttua esitetyt asiat jo ovat. On selvää, että jostain asioista lukija ei ole yhtä mieltä, mutta silloin on hyvä miettiä, miksi näin on ja perustella asia itselle.

Mitä on meditaatio?

Sen etsimisen, mitä meditaatio on, kannattaa aloittaa siitä, mitä eri lähteissä, kursseilla, luennoilla, internetissä ja kirjoissa sanotaan sen olevan. Meditaatiolla ymmärretään eri asioita ja sitä toteutetaan eri tavoin. Jokaisen, joka on meditoinut tai haluaa meditoida, on hyvä miettiä, mitä itse ajattelee siitä, tavoittelee sillä ja miten toteuttaa sitä.

Meditaatiolle on olemassa monia määritelmiä riippuen siitä, mitä halutaan korostaa ja mitä tavoitellaan. Usein meditaatiota mainostetaan sellaisenaan, arvokkaana ja itsessään tavoiteltavana. Jollekin meditaation tavoitteeksi saattaa riittää, että siitä tulee hyväolo ja että se auttaa stressiin. Toiselle riittää sen tietäminen, että meditaatio auttaa henkisellä polulla eteenpäin. Jollekulle riittää, että oppii vähä vähältä meditaatiosta jotain lisää.

Tässä on muutama eri lähteistä tehtyjä luonnehdintoja meditaation määritelmistä:

Meditaatio
- on tietoisuutta, olemisen taitoa, itsehillinnän taidetta, sielun lentoa, kääntymistä sisäänpäin, sisäinen oivallus, hiljaista tarkkailua ja valitun aiheen pohdiskelua, tietoisuuden kurinalaista harjoitusta,
- on pohdiskelua sekä tietoisuutta itsestämme ja ympärillämme olevasta maailmasta,
- avaa tien sielun toiminnalle, jolloin tapahtuu tajunnan muutos aineellisuudesta kohti ihmisen henkiseen keskukseen,
- on pysymistä tässä hetkessä ja yhteyttä ympäristöön ja omaan sisäiseen maailmaan,

- tarkoitus on tuoda ihmisen alempi persoonallisuus tietoiseen yhteyteen korkeamman Itsen ja tietoiseksi jumalallisesta alkuperästään, päämäärästään ja olemuksestaan.

Yhteenvetona voidaan todeta, että meditaatio voidaan nähdä sen mukaan, miten sitä tehdään eli **tekniikkana**. Jotkut määrittelevät meditaation sen avulla, mitä sillä **tavoitellaan**. Joillekin se on **prosessi**.

Meditaation voidaan ajatella sisältävän kaikki nuo edellä esitetyt kolme asiaa. Siinä edetään vaihe vaiheelta ja tiettyä tekniikkaa apuna käyttäen, mikä auttanee ainakin aloittelijaa meditoimaan. Lisäksi meditaatio on elämänikäinen henkisen kasvun prosessi, jossa myös edetään vaihe vaiheelta. Sen tavoitteena on laajentaa tietoisuutta ja lisätä henkistä kehittymistä.

Helen V. Zaharan (2002, 76–81) määritelmä sisältää kaikki nuo edellä olevat kolme laatua. Zaharalle meditaatio on ensisijaisesti **prosessi** ja itsensä tutkimisen **tekniikka**:

"Yksi meditaation tehtävistä on prosessi, jolloin alkaa sisäinen etsintä ja ulkoisen persoonallisuuden taakse tunkeutuminen",

"Meditaatio on itsetutkimisen tekniikka, joka johtaa korkeaan ja laajentuneen tietoisuuden kokemiseen".

Meditaation **tavoitteiksi** Zahara esittää seuraavia:

"laajentuneen tietoisuuden kokemisen ja mielen saattamista vapauden tilaan, luovaan, abstraktiin ajatteluun tai hiljaisuuden tilaan, jossa ajatusprosessi lakkaa sallien intuition ja uusien oivallusten nousta".

"yksilö alkaa tuntea kohteen uudella tavalla, sulauttaa oman tietoisuutensa siihen, yhtyy siihen, tietoisuus laajenee ja syntyy dynaaminen ja valpas mielen hiljaisuus, kontemplaation tila".

Zaharan määritelmä ja siinä olevat käsitteet eivät kuitenkaan ole itsestään selviä. Mitä tarkoitetaan sillä, että tietoisuus laajenee, saavutetaan hiljaisuuden tila, ajatusprosessi lakkaa, intuitio nousee Itsen syvimmästä osasta tai kun saavutetaan dynaaminen ja valpas mielen hiljaisuus ja kontemplaation tila?

Kaikki nuo Zaharan määritelmässä olevat käsitteet avautuvat, kun meditoi. Meditaatio on prosessi, joka avautuu vähitellen. Alussa voi riittää ajatus siitä, että meditaatiossa oppii keskittymään, tuntemaan ja muuttamaan itseään sekä hiljentymään ja kokemaan yhteyden Korkeimpaan. Vähitellen voi ottaa mukaan meditaation vaiheittaiseen prosessiin nuo Zaharan määritelmässä olevat muut käsitteet.

Se, että meditaatio on "prosessi, jolloin alkaa sisäinen etsintä ja ulkoisen persoonallisuuden taakse tunkeutuminen" (emt 76–81), tarkoittaa meditaation aloittamis- ja keskittymisvaiheen hiljentymistä. Sen voi tehdä useammalla tavalla kuten mantran avulla, tuijottamalla kynttilää tai lausumalla lyhyen rukouksen. Yhtä hyvä tai oikeastaan paljon parempi tapa on keskittyminen johonkin itseään kehittävään ja tietoisuutta laajentavaan aiheeseen (ks. aihemeditaatio).

Tämän kirjan yksi keskeisimmistä viesteistä on, että meditaatio on itsensä tutkimisen tekniikka. Ei siis meditoida vain hiljentymisen tai stressin vähentämisen vuoksi, vaan hyödynnetään sitä itsensä tuntemiseen ja niin tunteiden, ajatusten kuin tekojen havainnointiin, ymmärtämiseen ja hallitsemiseen.

Zaharan määritelmässä oleva ajatus, että meditaatio "johtaa korkeaan ja laajentuneen tietoisuuden kokemiseen", on yksi kaikista tärkeimmistä ja hienoimmista kokemuksista meditaatiossa. Se alkaa jo meditaation alussa aloittamisvaiheessa, kun virittäydytään eli nostetaan värähtelyjä sillan rakentamisen tekniikoilla. Se jatkuu keskittymisvaiheessa, kun intensiivisesti keskitytään etsimään tietoa valitusta aiheesta, mietitään sitä suhteessa itseen sekä katsotaan, miten sen avulla halutaan ja voi muuttua. Se jatkuu meditaatiovaiheessa, kun hiljennytään lisäämään tietoa intuitiivisesti ja ilman sanoja, henkisten tasojen telepaattisella kielellä. Siinä tehdään kysymyksiä ja saadaan intuitiivisia vastauksia. Syvämeditaatiovaiheessa yhdytään ensin aiheeseen ja sitten Ikuiseen Itseen eli Minään ja Korkeimpaan.

Mielenkiintoisin kohta Zaharan määritelmässä on, kun hän sanoo, että meditaatio on "mielen saattamista vapauden tilaan, luovaan, abstraktiin ajatteluun tai hiljaisuuden tilaan, jossa ajatusprosessi lakkaa sallien intuition ja uusien oivallusten nousta" (emt 76–81). Sitä tehdään erityisesti meditaatio-vaiheessa, kun etsitään uutta tietoa tekemällä kysymyksiä, joihin tulee vastauksia eli intuitiivista tietoa. Tässä vaiheessa huomaa erityisesti, kuinka tietoisuus laajenee tämä uuden tiedon ja ymmärryksen myötä.

Jos meditoi vain kokeakseen hiljaisuuden ja oman Minän, niin jää paitsi sitä, mitä Zahara tarkoittaa sanomalla, että "yksilö alkaa tuntea kohteen uudella tavalla, sulauttaa oman tietoisuutensa siihen, yhtyy siihen, tietoisuus laajenee ja syntyy dynaaminen ja valpas mielen hiljaisuus, kontemplaation tila" (emt 76–81). Kontemplaatio tarkoittaa juuri yhtymistä. Kun sitä harjoittelee ensin yhtymällä meditaation aiheeseen esimerkiksi rakkauteen, niin tietoisuus laajenee kerta kerralta ja voi lopulta kokea tilan, jossa voi sanoa: "Minä olen". Kun sitä vielä laajentaa kohti Korkeinta, pääsee meditaation päämäärään.

Meditaatio voidaan nähdä menetelmänä eli <u>tekniikkana</u>, miten meditaatiossa edetään vaihe vaiheelta. Meditaatio on <u>prosessi</u>, joka on sisäistä etsintää ja ulkoisen persoonallisuuden taakse tunkeutumista. Se on itsensä tutkimista, joka johtaa korkeaan ja laajentuneen tietoisuuden kokemiseen. <u>Tavoitteena</u> sillä on laajentuneen tietoisuuden kokeminen ja mielen saattaminen vapauden tilaan, luovaan, abstraktiin ajatteluun tai hiljaisuuden tilaan, jossa ajatusprosessi lakkaa sallien intuition ja uusien oivallusten nousta. Yksilö alkaa tuntea kohteen uudella tavalla, sulauttaa oman tietoisuutensa siihen, yhtyy siihen, tietoisuus laajenee ja syntyy dynaaminen ja valpas mielen hiljaisuus, kontemplaation tila.

Meditaation hyöty

Jotta jaksaa meditoida vuodesta toiseen, niin kannattaa miettiä, mitä ymmärtää meditaatiolla ja mitä hyötyä siitä on itselle, omalle henkiselle kehitykselle ja tietoisuuden laajenemiselle.

Tässä kirjassa meditaatio ymmärretään elämänikäisenä henkisen kasvun prosessina ja tekniikkana eli, miten sitä tehdään vaihe vaiheelta. Sen tavoitteena on laajentaa tietoisuutta ja tietoisesti syventää tietoa ja ymmärrystä itsestä ja ympäristöstä. Näin voi edetä henkisellä polulla mielenkiintoisesti niin, että sitä jaksaa tehdä vuodesta toiseen.

On hyvä ottaa meditaation tavoitteeksi, että se on prosessi ja oppimispolku. On myös hyvä ymmärtää, että on erilaisia tapoja keskittyä ja löytää oma tapa. Vähitellen oppii tekniikan, joka sopii itselle. Aiheen avulla keskittyminen on siitä hyvä, että valitun aiheen avulla voi laajentaa tietoutta aiheista, itsestä ja ympäristöstä.

Kun aloittaa meditoimaan, niin ensimmäiseksi tulee mieleen, että ihminen voi oppia keskittymistä, kokea hiljaisuutta ja rauhoittua. Monet meditoivat vähentääkseen stressiä, mikä on tieteellisestikin todettu. Tosiasia on myös, että hiljentymisen myötä ihminen voi kokea saaneensa energiaa. Nämä ovat kaikki jo sellaisia hyötyjä, joiden vuoksi kannattaa meditoida.

Meditaation tavoitteena on hyvä olla sekin, että siinä voi kääntyä sisäänpäin ja kokea jotain henkistä. Jotkut ovat ottaneet tavoitteeksi saavuttaa valaistumisen tai vähintään henkisen yhteyden omaan Minään tai henkisille tasoille.

Yleensä ihmisillä, jotka meditoivat, on jo ajatuksia henkisestä kehittymisestä ja tavoitteita siihen suuntaan. Usein se kuitenkin jää arjen ja kohtalon ohjaamaksi. Jos jättäytyy sattumusten varaan, niin henkinen kehitys on hyvin sattumanvaraista. Välillä ei tapahdu mitään. Joillakin on kuitenkin selkeitä itsensä tuntemiseen tähtääviä menetelmiä. Niitä löytyy hyvin kirjallisuudesta, kursseilta ja internetistä. Ongelmana tällaisissa on, että ohjeita usein ei jaksa noudattaa riittävän pitkään. Monilla yhdistyksillä ja ryhmillä on omia ohjelmia ja ohjausta meditaatioon, mutta kuitenkin se, miten meditaatio onnistuu ja kuinka sitä toteuttaa, riippuu jokaisesta itsestä.

Meditaatiota voi käyttää myös ongelmien selvittelyyn ja uusien ideoiden löytämiseen. Varsinkin keskittymis- ja meditaatiovaiheessa voi tehdä kysymyksiä ja löytää intuitiivisia vastauksia. Jopa ihmisen menneet kipupisteet voi selvittää ja jättää taakseen, kun ottaa ne meditaatioon aiheiksi. Myös oman elämänsuunnitelman sekä opittavien ja oppimattomien oppien läpikäyminen on mielenkiintoista.

Nykyisin ohjeita meditaatioon löytyy, mutta kuitenkin hyviä ohjeita, joista on oikeasti hyötyä, on vähän. Tässä kirjassa on pyritty tekemään ohjeet, joissa edetään vaihe vaiheelta ja niin, että jokainen vaihe on merkityksellinen ja antaa muutakin kuin rauhaa, hiljentymistä ja stressin vähentämistä. Koska itsensä tunteminen on henkisen kehittämisen kannalta keskeistä, niin kaikki lähtee siitä, että se on sisällytetty meditaatioon. Näin on myös mahdollista toteuttaa Zaharan (2002) edellä olevat meditaation tavoitteet.

Meditaation avulla voi myös luoda yhteyden henkimaailmaan, henkisille tasoille ja oppia henkimaailman sanatonta kieltä eli telepatiaa. Lisäksi saa yhteyden henkioppaisiin ja voi opetella yhteistyötä heidän kanssaan niin, että voi ymmärtää paremmin johdatusta ja palvella lähimmäisiä. Samalla oppii näkemään henkisin silmin, kuulemaan henkisin korvin ja tuntemaan selvätuntoisesti. Näin tehden se on turvallista ja aistit avautuvat osana henkistä kehitystä, ei pakotettuna eikä yllättäen. Niiden avulla oppii myös palvelemaan muita.

Tässä vielä luettelo edellä esitetyistä meditaation hyödyistä, joista voi etsiä itselle parhaiten sopivimmat tavoitteet:
- hiljaisuuden ja rauhan kokeminen,
- stressin vähentäminen,
- energian saaminen,
- sisäänpäin kääntyminen,
- jonkin henkisen kokeminen,
- kohti valaistumista eteneminen,
- itsensä tuntemisen ja hallinnan opettelu,
- henkisen kehityksen lisääminen,
- henkisen yhteyden saaminen omaan Minään ja Korkeimpaan,
- yhteyden luominen henkisille tasoille,
- ongelmien ja kipupisteiden selvitteleminen,
- uusien ideoiden löytäminen,
- elämänsuunnitelman sekä opittavien ja oppimattomien oppien selvittäminen,
- henkimaailman sanattoman kielen eli telepatian oppiminen,
- omiin oppaisiin tutustuminen ja yhteistyö heidän kanssaan,
- johdatuksen saaminen omaan elämään,

- oman palvelutehtävän löytyminen ja kehittäminen,
- meditaation tavoitteet (ks. edellä ja Zahara 2000).

Jokaisen kannattaa miettiä ja myös kirjata, mitä hyötyä itse saa ja tavoittelee. Silloin se toimii motivaationa. Aina kun tulee ajatus, ettei nyt halua meditoida, niin on hyvä palauttaa mieleen, miksi meditoi. Lopulta meditaatio on niin tärkeä osa elämää, ettei sitä jätä väliin tai kokonaan pois. Se on kuten hampaiden peseminen säännöllisesti tai silmälasien laittaminen päähän aamulla, jotta näkisi.

Tällainen joka päivä tehtävä meditaatio ja itsensä tuntemisen harjoitukset ovat henkisellä polulla paras tapa tehdä tietoisesti jotain henkisen kehityksen eteen, koska silloin ei ole kenestäkään toisesta riippuvainen. Lisäksi sitä voi tehdä itselle sopivana aikana. Samalla voi tehdä meditaatiosta ihan omanlaisen ja oman kiinnostuksen mukaisen. Joillekin ryhmässä tai toisen ohjauksessa meditaatio saattaa olla turvallisempi tapa aloittaa ja työskennellä, koska siinä saa toisilta ohjausta, tukea ja apua ongelmissa. Ongelmana on tapaamisaikojen ja muun elämän sovittelussa.

Kannattaa pitää pientä päiväkirjaa siitä, kuinka meditaatio onnistuu. Joskus ihminen ei osaa nähdä hyötyä tai edistymistä ainakaan lyhyellä aikavälillä, mutta sen näkee, kun katsoo, miten on aiemmin mennyt.

Jokaisen on itse mietittävä, mitä hyötyä meditaatiosta on hänelle. Se voi jollekin olla vain hiljaisuuden kokeminen, stressin poistaminen tai energian saaminen. Parasta on, jos voi meditaation avulla oppia laajentamaan tietoisuuttaan eli tuntemaan, muuttamaan ja hallitsemaan itseä, tunteitaan ja ajatuksiaan (egoa) sekä ympäristöään. Lopullinen päämäärä on kokea syvämeditaatiossa oma Minä ja Korkein.

Aihemeditaatio

Meditaation vaikein asia aloittelijoilla on keskittyminen. Sen avuksi on kehitetty erilaisia tekniikoita. Hyviä ovat esimerkiksi rentoutuminen, hengittäminen, rukous, mielikuvamatka tai mantran toistaminen. Rentoutumisesta ja hengittämisestä kannattaa aloittaa. Rukous sekä suojan ja oppaan mukaan pyytäminen lisäävät turvallisuuden tunnetta meditaatioon.

Jotkut meditaatiota opettavat antavat oppilailleen henkilökohtaisen mantran, jonka värähtelyjen avulla ja jota toistamalla pääsee tilaan, jossa tunteet eivätkä ajatukset häiritse. Se auttaa keskittymään. Mantroja on monia ja erityisesti idästä peräisin olevia sanoja kuten OM tai sama pidemmässä muodossa ja lauseena: Om mani padme hum. OM tarkoittaa ruumiin ja mielen puhtautta. Mani tarkoittaa jalokiveä ja altruistista aikomusta valaistua ja padme on lootus ja tarkoittaa myötätuntoa, rakkautta, viisautta ja kasvua. Hum on näkymättömyyttä ja tietoisuutta.

Myös mantraa Guru Guru Wahe Guru voidaan toistaa tai jopa laulaa. Siinä wahe on ylistävä huudahdus ja guru se, joka ohjaa pimeydestä valoon, ts. elämä on ihme, jolloin mantran avulla voidaan saada meidät ymmärtämään elämän ihmeen.

Monet meditaatiot, joita tehdään kursseilla, seminaareissa, messuilla ja internetissä sekä myytävillä videoilla, perustuvat mielikuvamatkaan. Se toimii hyvin keskittymisen apuvälineenä. Joissakin on lyhyt johdettu hiljainen hetki tai siihen annettu tehtävä. Mielikuvamatkan voi tehdä itsekin. Kun sen tekee aina samalla tavalla, niin se toimii hyvänä siltana meditaatioon. Usein mielikuvamatkana käytetään esimerkiksi matkaa puutarhaan, vuorelle tai meren rannalle.

Henkisen alan kirjallisuudessa esitetään meditaation alkuun myös keskittymistä johonkin aiheeseen. Keskittyminen onnistuu aiheen avulla yhtä hyvin, ellei paremminkin kuin keskittyminen mantran avulla tai vain yrittämällä hiljentyä. Juuri tällainen aihemeditaatio sopii erityisen hyvin paitsi keskittymiseen ja meditaation syventämiseen niin tietoisuuden laajentamiseen. Koska tässä kirjassa meditaation avulla on myös itsensä tunteminen ja tietoisuuden laajentaminen, niin aihemeditaatiota on hyvä selvittää enemmän. Aiheet jaotellaan ulkoisiin eli konkreettisiin ja sisäisiin eli abstrakteihin aiheisiin.

Ulkoinen meditaation aihe

Ulkoiseen aiheeseen keskittyminen tarkoittaa, että keskitytään johonkin konkreettiseen esineeseen kuten kynttilään, hedelmiin, puihin, kukkiin, tuleen tai kristalli-palloon. Jotkut keskittyvät mestarin tai gurun kuvaan tai muihin uskonnollisiin kuviin.

Hyviä ulkoisia keskittymisen kohteita, joissa voi syventää itsensä tuntemista, ovat myös värit, ihmisen oma keho tai energiakeskukset (chakrat). Erityisesti värit toimivat hyvin, koska ne ovat energiaa ja koska niitä voi käyttää symbolisesti itsensä tuntemiseen, kehittämiseen ja jopa parantamiseen tai muiden ihmisten auttamiseen. Ihminen tuntee omaa kehoaan aika huonosti ja tutustumalla siihen kehon osa kerrallaan, hän voi oppia itsestään paljon.

Chakroihin keskittyminen on viime aikoina lisääntynyt. Vaikka ihminen ei pysty näkemään chakrojaan, niin hän voi tutustua niihin mielikuvien tai sen tiedon avulla, jota on saatavilla kirjallisuudessa tai kursseilla. Näin hän voi oppia niistä asioita itsestään ja käyttää tietoa myös kehittääkseen itseään. Jossain vaiheessa hän pystyy meditaatiossa selvänäköisesti tekemään itse havaintoja ja korjaamaan chakroissa energiapuutoksia tai -tukoksia. Liitteessä 1 on anatomiaan ja henkiseen tutkimiseen perustuva selvitys chakroista.

Jotkut pelkästään tuijottavat tulta tai esinettä ja saavuttavat siten ajatuksettoman tilan. On vain ihana hiljaisuus, jonka seurauksena saa energiaa. Tarkoituksena on saavuttaa tuo hiljaisuuden tila tai jopa edetä siitä syvämeditaatioon ja meditaation lopulliseen päämäärään.

Nuo kaikki edellä mainitut voivat olla konkreettisia silmin nähtävissä tai ne voi kuvitella silmät suljettuna. Kun tätä tekee jonkin aikaa, niin voi huomata, kuinka tällainen ulkoinen aihe auttaa keskittymään niin, että tunteet eivätkä ajatukset häiritse ja pääsee etenemään varsinaiseen meditaatiovaiheeseen.

Tällaista ulkoiseen aiheeseen keskittyvää meditaatiota voi hyvin hyödyntää oman itsensä tuntemiseen ja kehittämiseen sekä tietoisuuden laajentamiseen. Silloin keskittymis- ja meditaatiovaihetta käytetään aktiivisesti ja tietoisesti aiheen työstämiseen. Nämä vaiheet ovat tarkemmin kohdassa, jossa esitetään meditaatio vaihe vaiheelta.

Sisäinen eli abstrakti meditaation aihe

Sisäisiä eli abstrakteja meditaation aiheita ovat käsitteet, tunteet ja ajatukset kuten rohkeus, rakkaus, ilo, kiitollisuus, myötätunto, kauneus, lempeys tms. Myös käsitteiden vastakohdat ovat hyviä meditaatioaiheita.

Sisäisiä aiheita on lukematon määrä ja jokainen voi tehdä itseään kiinnostavista aiheista oman listan. Sisäiset meditaation aiheet ovat erityisen hyviä, koska niitä riittää ja siksi tietoisuuden laajentaminen on helppoa.

Alkuvaiheessa kannattaa valita itselle mieluinen aihe. Monille ihmisille mieluinen aihe on rakkaus. Muita suosittuja aiheita ovat rohkeus, myötätunto, rauha ja ilo. Niistä on helppo aloittaa. Esimerkkiaiheita on tämän kirjan osassa kaksi, jossa on vuodeksi kaksi aihetta viikossa eli yhteensä 104. Jokainen voi itse keksiä lisää.

Aihemeditaatiota kannattaa tehdä, koska henkinen kehitys edistyy huomattavasti, kun työstetään aiheita itsensä tuntemiseksi ja tietoisuuden laajentamiseksi suunnitelmallisesti ja tietoisesti. Se näkyy ihmisen henkisen olemuspuolen tunteiden ja ajatusten eli egon tuntemaan oppimisessa ja hallitsemisessa. Siinä saadaan yhteys henkisille tasoille ja opitaan käyttämään henkisiä aisteja. Tiedon sekä ymmärryksen lisääntyessä valitusta aiheesta tulee elämästä rikkaampaa. Näin meditaatiota jaksaa tehdä vuodesta toiseen.

Tällaisen prosessin kautta onnistutaan suhteellisen helposti saavuttamaan meditaation loppuvaihe ja kaikista tärkein eli syvämeditaatio (samadhi), jossa hiljennytään ja suunnataan tietoisuus Minään ja Korkeimpaan.

Jos aihemeditaatio tuntuu vieraalta, niin itsensä tuntemista ja tietoisuuden laajentamista voi tehdä tavallisessa arjessakin ottamalla joka päivälle tai useammallekin päivälle aiheen pohdittavaksi. Tässäkin kannattaa tehdä etukäteen suunnitelma, millaisia aiheita ottaa. Meditaatiohetken alussa voi miettiä, mitä on aiheesta saanut tietoa päivän aikana. Toisaalta anti on paljon suurempi, kun sen tekee meditaation aikana.

Aihemeditaatio tarkoittaa, että henkisellä polulla matkalla kohti valaistumista valitaan ulkoinen tai sisäinen aihe, jonka avulla lisätään tietoa ja ymmärrystä itsestä ja ympäristöstä eli laajennetaan tietoisuutta kaikesta, mitä on.

Meditaatio vaihe vaiheelta

Meditaatio aiheen avulla on esitetty aiemminkin ainakin kahdessa kirjassa (Kassara 2018; 2023) ja muutamassa artikkelissa. Vuosien saatossa siihen on tehty joitakin tarkennuksia ja muutoksia.

Meditaatioteksti on tässä kirjassa kirjoitettu **sinä-muotoon**, koska ohjeet on tehty juuri sinulle, joka luet tätä kirjaa.

Tällainen meditaatio vaihe vaiheelta ja aiheen avulla on suunnattu erityisesti aloittelijoille, mutta ihan varmasti siitä on hyötyä niillekin, jotka ovat meditoineet toisin tai pidempään. Jokaista kohtaa on pyritty perustelemaan.

Meditaatio on jaettu oppimista ja etenemistä helpottamaan viiteen vaiheeseen ja vielä yhteensä 12 askeleeseen:

I Aloittamisvaihe (virittäytyminen), askeleet 1–2

II Keskittymisvaihe, askeleet 3–5
- aihe yleisellä tasolla, itsetuntemuksen lisääminen, muuttuminen

III Meditaatiovaihe, askeleet 6–9
- mielen hiljentäminen, katsominen, muistelu
- tajunnan laajentaminen kohti henkistä, uusi intuitiivinen tieto

IV Syvämeditaatiovaihe, askeleet 10–11
- **kontemplaatio** (katsomista tarkoittava tila): yhdeksi tuleminen valitun aiheen kanssa ja sen tarkasteleminen sisältä käsin
- **samadhi** (yhdeksi tuleminen): yhdistyminen Minään, Korkeimpaan ja Alkulähteeseen

V Lopettamisvaihe, askel 12.

Jokaisen meditaatiovaiheen lopussa on vaiheesta yhteenveto ja koko luvun lopussa on vielä kokonaisuus, jota voit käyttää tukena, kun opettelet meditaatiota ja etenet vaihe vaiheelta kohti syvämeditaatiota.

Ennen aloittamista

Miten aloitat?

Aloittelijalle vaikein vaihe usein on aloittaminen ja siinä erityisesti keskittyminen. Aloittaa voit monella tavalla. Edellä on esitetty erilaisia tapoja. Meditoida voit yksinkertaisesti vain pyrkimällä keskittymään ja kokemaan hiljentymisen. Laajennat silloin henkistä olemuspuoltasi kohti henkisiä tasoja. Tietyllä tavalla se myös laajentaa tietoisuuttasi, mutta ei samalla tavalla kuin aihemeditaatiossa.

Kun haluat tietoisesti laajentaa tietoisuuttasi meditaation avulla, niin se kannattaa tehdä erilaisia aiheita apuna käyttäen. Jokainen aihemeditaatio auttaa keskittymään. Valittu aihe lisää myös tietoa itsestäsi, ympäristöstäsi ja kaikesta siitä, mitä olet tullut oppimaan elämästä maapallolla.

Ennen aloittamista sinun on hyvä miettiä ja tehdä selväksi itsellesi, mitä ymmärrät meditaatiolla ja erityisesti aihemeditaatiolla, mitä hyötyä siitä on sinulle ja miten aiot siinä edetä. Tässä käydään läpi asioita, mitkä auttavat paitsi keskittymistä niin myös aihemeditaation toteuttamista.

Meditaation oppimista, ymmärtämistä ja syventämistä lisäämään jokaisessa kohdassa on pyritty perustelemaan, miksi jotakin kannattaa tehdä. Lisäksi on yhteenvetoja, mitkä voivat helpottaa vaiheiden oppimista ja muistamista.

Valitse aihe edellisenä iltana

Ensimmäinen asia aihemeditaatiossa on valita aihe. Aluksi sinun kannattaa valita jokin myönteinen ja itsellesi mieluinen aihe motivoidaksesi itseäsi. Aiheita on todella paljon. Jos sinun on vaikea keskittyä, niin voit aluksi ottaa harjoitteluun ulkoisen aiheen esimerkiksi hedelmät kuten omenan tai appelsiinin. Sisäisiä eli abstrakteja aiheita on todella paljon. Osassa 2 on luettelo ja esimerkkejä aiheista. Hyviä aiheita ovat esimerkiksi rakkaus, rohkeus, ilo ja myötätunto. Vastakohtia ja negatiivisia tai selvästi ongelmiksi tai haasteiksi muodostuneita sinun kannattaa ottaa silloin, kun sinulla on energiaa työstää sellaisia.

On hyvä ensin ideoida aiheita, tehdä lista niistä ja laittaa ne tärkeysjärjestykseen. Joillekin sopii ottaa aihe päivässä. Joku haluaa syventää aihetta useampana päivänä tai jopa kauemmin. Mieti, miten haluat edetä.

Aiheen työstämistä voit helpottaa, jos valitset aiheen jo edellisenä iltana ja otat sen mukaan päivääsi, havainnoit sitä päivän aikana ja meditoit illalla. Keskittymisvaiheen voit aloittaa muistelemalla, mitä aiheesta olet päivän aikana havainnut. Jotkin aiheet ovat sellaisia, että niihin ei törmää päivän aikana. Sellaisia aiheita voit katsoa menneisyydestäsi tai vain miettien ja pohtien. Jos meditoit aamuisin, niin valitse päivän aihe jo edellisenä aamuna ja tee havaintoja sen päivän aikana.

Milloin, kuinka usein ja kauan?

Jos on mahdollista, meditaatiolle kannattaa valita päivästä hetki, jolloin voit olla yksin ja rauhassa. Aika on hyvä valita etukäteen, sillä silloin se kuuluu päiväsi ohjelmaan. Näin siitä tulee kiinteä osa elämääsi ja siihen kuuluva tapa, jonka puuttumisen tunnet kuin nälän tai janon. Jotkut ovat aamuvirkkuja, mutta toiset taas ovat illalla virkeämpiä, joten kannattaa kuunnella itseä. Tärkeintä on, että hetki sopii sinulle.

Yleensä riittää meditaatio kerran päivässä. Näin motivaatio pysyy paremmin yllä ja meditaatiohetken järjestäminen onnistuu useimmille. Tärkeämpää kuin se, montako kertaa päivässä meditoit, on sen säännöllisyys. Sinun kannattaa miettiä jo edellisenä iltana, mutta myös aamulla heti herättyäsi, mikä on meditaation aihe kyseisenä päivänä, jolloin aiheen kiinnostavuus innostaa.

Aikaa meditaatioon voit varata noin 20, korkeintaan 30 minuuttia. Aloittelijalle voi riittää pienempikin aika. Aika ajoin voit meditoida kauemminkin, mikäli siihen on mahdollisuus. Silloin on erityisen tärkeää huolehtia maadoittamisesta eli arkeen palaamisesta.

I Aloittamisvaihe (virittäytyminen)

Meditaation aloittamisen eli virittäytymisen voit suunnitella juuri sellaiseksi kuin itse haluat. Virittäytyminen tarkoittaa valmistautumista, jolloin aurat ja chakrat laajenevat sekä värähtelyt nousevat, mitkä tuovat turvallisuutta, koska mikään alhainen ei silloin voi lähestyä ja haitata meditaatiota.

Aloittelijalle aloitusvaihe on tärkeä, sillä toistuvat rutiinit auttavat keskittymään. Ajan mittaan, kun keskittyminen ja meditaation aloittaminen sujuvat, niin et tarvitse enää alkurutiineja samalla tavoin. Riittää, kun suljet silmäsi ja hengität pari kertaa syvään.

Aloittamisvaiheessa on kaksi askelta: 1. askel: ympäristö, rutiinit ja asento ja 2. askel: silta. Yhteenveto näistä on aloittamisvaiheen lopussa.

1. askel: Aloittaminen => ympäristö ja rutiinit, asento

Ympäristö ja rutiinit

Ympäristöllä ja rutiineilla voi olla meditaation aloittamisessa merkitystä varsinkin aloittelijalle. Ne auttavat sinua keskittymään, mutta niiden ei pidä antaa tulla edellytyksiksi meditaatiolle niin, että et osaa meditoida, jos kaikki ei ole niin kuin olet tottunut. Siksi rutiineja on hyvä vaihdella.

Meditaatiopaikan valmistelu kertoo sinulle itsellesi meditaation aloittamisesta, mutta se on myös viesti ja kutsu henkimaailmaan ja oppaille, että nyt on tarkoitus meditoida ja pyydät heidät mukaan.

Sinua voi auttaa keskittymään, kun laitat rauhallista musiikkia soimaan. Nykyään on saatavilla hienoa musiikkia nimenomaan meditaatioon. Sitä saa ilmaiseksikin internetistä (esimerkiksi hakusanoilla: meditaatio musiikki).

Mieti, millainen ympäristö auttaa sinua. Joillekin on tärkeää, että esillä on tuoreita kukkia, avoin Raamattu tai muita rakkaita henkisyyteen liitettäviä esineitä. Jotkut sytyttävät kynttilän tai suitsukkeen merkiksi meditaation aloittamiselle. Huonetilan tuuletus ja hämärä valaistus voivat nekin auttaa.

Varmista, että sinua ei häiritä. Laita ovikello ja puhelin pois päältä, jotta ne eivät keskeytä meditaatiota. Häirintä kesken meditaation säikäyttää ja tuntuu epämiellyttävältä.

Joitakin auttaa, jos pukeutuu meditaatiota varten valitsemiinsa vaatteisiin. Pääasia on, että vaatteet ovat mukavat eivätkä kiristä.

Asento

Hyvä ja mukava asento sallii energioiden virrata, mutta ei häiritse keskittymistä. Meditaatioon riittää, kun sinulla on hyvä istuin, jossa voit istua rentona, mutta selkä suorana. Näin energiat voivat virrata vapaasti selkärankaa pitkin koko kehoon. (Kuva 1, s. 72.)

Itämaisessa meditaatiossa suositaan istumista lattialla pienen tyynyn päällä, mieluiten risti-istunnassa kädet rennosti polvien päällä ja selkä suorassa, jotta energiat pääsevät virtaamaan helpommin.

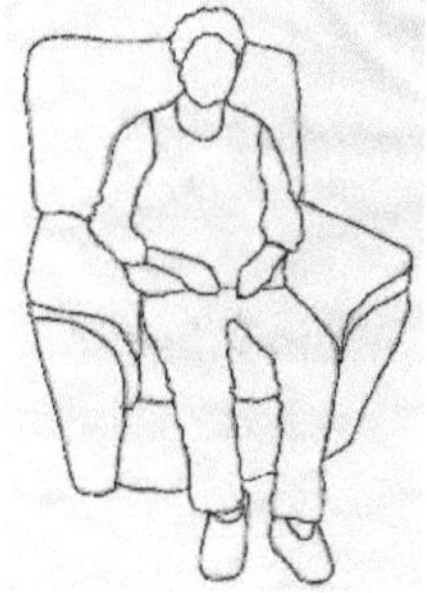

KUVA 1.
Meditaation
asento

Meditaatio ei edellytä istumista lattialla lootus- tai risti-istunnassa. Näinkin voit meditoida ja jotkut kokevat sen edesauttavan meditaatiota, energian kulkua ja pitävän asennon vakaana. Jos koet tuollaisen asennon hyväksi ja pystyt siihen, niin sitä sopii käyttää. Monille varsinkin länsimaalaisille ja iäkkäämmille ihmisille tuollainen asento tuottaa vaikeuksia. Myös tuollaisen asennon pitäminen saattaa häiritä keskittymistä ja meditaatiotilaan pääsemistä. Kun olet oppinut meditaation, niin voit kokeilla asentoja, joissa tunnet energian virtaavan paremmin.

Silmät kiinni vai auki?

Yleensä meditaatiossa pidetään silmät suljettuna. Tarkoitus on kääntyä "sisäänpäin", henkiseen puoleen. Kun silmät ovat kiinni, suljet pois ympäristön häiritsevät tekijät. Silmiä voit alussa pitää auki, jos sinun on vaikea oppia keskittymään. Tällöin käytä keskittymisen apuvälineenä jotain ulkoista esinettä, johon voit keskittyä, kuten kukkaa, hedelmää, kynttilää, kuvaa tai muuta keskittymisen kohteeksi valittua esinettä. Kun keskittyminen sujuu, niin kaikki harjoitukset ja meditaation voit tehdä silmät suljettuna.

Kun olet oppinut meditoimaan, niin voit tehdä sen myös silmät auki. Tilanne on tuttu niille ihmisille, jotka toimivat meedioina ja jotka silmät avoinna osaavat nostaa värähtelyjään niin, että ovat virittäytyneenä korkeammille tietoisuuden tasoille ja voivat näin olla yhteydessä henkisten olentojen kanssa.

Myös monille pitkään meditoinneille ei ole merkitystä, ovatko silmät kiinni vai auki, koska he osaavat sulkea ulkomaailman pois milloin tahansa ja kääntyä sisäänpäin. Tämä vaatii kuitenkin harjoitusta ja sen ymmärtämistä ja oppimista, miten se tehdään.

2. askel: Luo silta => musiikki, rentoutuminen, hengitys, rukous, mielikuvamatka, sielunpisteen laajentaminen, mantra, esine, runo tai lause tms.

Aloittamisvaiheen 2. askeleeseen kuulu sillan luominen meditaatioon (ks. vaiheet, s. 67 ja yhteenveto 2. askeleen lopussa, taulukko 1, s. 77). Erityisen hyvän keskittymisen alun saat, kun teet meditaatioon johdattelevan "sillan" aina samalla tavalla. Siltana voivat toimia esimerkiksi seuraavat asiat: musiikin kuunteleminen, rentoutuminen, hengitys, rukous, mielikuvamatka tai sielupisteen laajentaminen, mantra, runo tai esine tms.

Siltoja voit kehitellä muitakin. Monella on olemassa erilaisia omia siltoja tai yhteisöjen ohjeita, joiden avulla he ovat oppineet keskittymään. Tässä on muutamia siltoja, jotka ovat osoittautuneet keskittymistä helpottaviksi.

Siltana musiikki, rentoutuminen, hengitys

Rauhallinen musiikki on hyvä keskittymisen apuväline ja kertoo sinulle, että nyt aloitetaan. Musiikin voit antaa soida taustalla koko meditaation ajan. Kuuntele sitä hetki ja anna musiikin vaikuttaa.

Jos keskittyminen ja meditaation aloittaminen ovat sinulle vaikeita, silloin voi auttaa erityisesti, kun aloitat meditaation rentouttamalla kehon. Rentoutumiseen on monia eri tapoja. Siihen on olemassa myös hyviä kirjallisia ohjeita, musiikkia ja rentoutusvideoita tai -äänitteitä. Sen voit aloittaa varpaista ja edetä kehonosan kerrallaan. Usein auttaa, kun ensin jännität kehonosan ja sitten päästät sen rentoutumaan. Joskus pelkkä mielikuva asiasta riittää. Näin saat kehosta tulevat häiriöt suljettua pois.

Kehon rentouttamisen jälkeen keskity hengitykseen. Ensin voit hengittää syvään niin, että tunnet hengittäväsi kunnolla. Sitten voit keskittyä hengittämään tasaisesti ja rauhallisesti jonkin aikaa. Keskittymistä auttaa ja värähtelyjen tasoa voit nostaa, kun sisäänhengityksen lopussa pidätät hengitystä hetken. Näin tulee vahva tunne voimasta, saat energiaa ja pystyt nostamaan värähtelyjäsi.

Siltana rukous, mielikuvamatka, sielunpiste

Rukous on erittäin suositeltavaa. On hyvä pyytää suojaa ja ohjausta meditaatioon, koska se lisää turvallisuuden tunnetta. Kannattaa pyytää omia oppaita tai enkeleitä mukaan, uskoo niihin tai ei. Useimmat tuntevat näiden korkeatasoisten olentojen läsnäolon ja ymmärtävät sen olevan hyvän suojan. Jotkut lausuvat rukouksen, jonka ovat oppineet jo lapsena tai johon ovat tottuneet. Jotkut valitsevat Isä meidän -rukouksen. Voit myös kokeilla kiitosrukousta, joka käsittää ensin arkiset asiat ja laajenee hiljalleen käsittämään koko universumin.

Monissa kehityspiireissä meditaatio ymmärretään mielikuva-matkana. Siltana meditaatioon voi toimia mielikuvamatka, mikä etenee esimerkiksi puutarhaan tai omaan lempipaikkaan aina saman itse suunnitellun portin tai oven kautta. Kaunis puutarha virkistää ja innostaa. Jotkut etenevät kohti suihkulähdettä, jonka pisarat puhdistavat ja antavat energiaa. Sieltä voit myös valita hyvän paikan, mistä on helppo jatkaa aiheen keskittymiseen. Puutarhassa on myös hyvä mahdollisuus oppaan kohtaamiseen.

Mielikuvamatka voi olla myös jokin hyviä muistoja tuova paikka esimerkiksi metsässä tai vuorella. Se voi olla rannalla ihanassa hiekkapoukamassa, jossa on iso ja laakea kivi, jonka päällä voit istua. Siinä voi katsoa kirkkaan veden kimmellystä ja tuntea auringon lämmittävät säteet. Muuta ei tarvita luomaan hienoa aloitusta meditaatioon.

Eräs keino aloittamiseen on oman sielunpisteen kautta. Sielunpisteen etsiminen tapahtuu siten, että sisäänhengityksen jälkeisessä taukovaiheessa etsit kehon sisältä valoisan sielunpisteen, jota laajennat uloshengityksellä ja kirkastat sisäänhengityksellä. Monet kokevat sielupisteen sijaitsevan keskellä rintaa sydämen lähellä.

Siltana jokin muu keino tai ulkoinen esine
Jos olet tottunut käyttämään mantraa, keskittymistä henkiseen opettajaan tai muuta vastaavaa menetelmää keskittymisen apuna, voit toki käyttää sitäkin. Suosittelen vahvasti kuitenkin keskittymisvaiheessa keskittymään valitsemaasi aiheeseen, koska se lisää itsetuntemustasi ja ymmärrystäsi maailmasta, auttaa sinua muuttumaan, laajentamaan tietoisuutta ja tekee meditaatiosta mielenkiintoisen. Myös runon tai mieltä ylentävän kirjoituksen lukeminen esimerkiksi Raamatusta tai jonkin itselle tärkeän lauseen toistaminen voi mantran tavoin auttaa keskittymistä.

Joillekin on tärkeää, jos valitsee meditaatiopaikkaan itselleen tärkeitä esineitä. Meditaation yhtenä aiheena voi olla jokin ulkoinen esine, jonka katsominen helpottaa meditaatiotilaan pääsemiseksi. Jotkut keskittyvät tuijottamalla kynttilää, mutta yhtä hyvin kohteeksi voi ottaa esineen, jota voi katsoa ja meditoida kuten kukan, hedelmän, kuvan tms.

Jo nämä edellä mainitut toimenpiteet tai jotkin niistä suuntaavat ajatuksesi pois päivittäisistä asioista.

Aloittamisvaiheessa eteneminen

Kun olet laittanut ympäristön mieleiseksesi ja löytänyt hyvän asennon, voit aloittaa meditoinnin luomalla sillan itsellesi mieluisalla tavalla. Mitä vähemmän olet meditoinut, sitä enemmän aikaa kannattaa tähän laittaa. Myöhemmin, kun meditointi sujuu, riittää vähemmän.

Suositeltavaa on laittaa vähintään rauhallista meditaatiomusiikkia soimaan. Ehkä voit sytyttää kynttilän. Kehon rentouttaminen ja joitakin kertoja rauhallisesti hengittäminen kuuluvat asiaan. Rukous, suojan ja ohjauksen pyyntö tuovat turvallisuutta ja kertovat oppaillesi, että nyt olet valmis ja pyydät heidät mukaan. Rukouksen voit tehdä pidemmänkin kaavan mukaan ja joskus voit kokeilla kiitosrukousta kaikesta, mistä on kiitollinen.

Kannattaa kokeilla ja vaihdella erilaisia aloituksia ja virittäytymistä auttavia keinoja kuten sielunpisteen laajentamista, mantran (pieni sana tai lause) toistamista, mieluisan esineen tai kuvan katsomista, mielikuvamatkaa esimerkiksi puutarhaan, runon lausumista tai jonkin lauseen toistamista tms.

TAULUKKO 1. Aloittamisvaihe (askeleet 1–2, virittäytyminen)

1. askel	Ympäristö, paikka	Laita **meditaatiopaikka** valmiiksi: rauhallinen ja tuuletettu paikka, musiikki, hämärä valaistus, mieluisia esineitä, sulje pois häiriötekijät (mm. ovikello, puhelin).
	Asento	Istu mukavasti juuri sellaisessa **asennossa** kuin tuntuu hyvältä, tuolissa tai lattialla, mukava asu päällä, selkä suorana ja silmät suljettuina.
2. askel	Rutiinit, silta	**Siltana** voivat toimia esimerkiksi: musiikki, rentoutuminen, hengitys, rukous, sielunpisteen laajentaminen, mantra, esine, mielikuvamatka, runo tai lause tms.

II Keskittymisvaihe

Aloittamisvaiheen jälkeen siirry keskittymisvaiheeseen, mikä tarkoittaa, että keskityt valitsemaasi aiheeseen ja pysyt siinä. Jos huomaat, että ajatuksesi harhailevat muissa asioissa, niin palaa takaisin aiheeseen, minkä olet valinnut meditaation ja keskittymisen kohteeksi.

Valitun aiheen avulla hallitset tilannetta, ohjaat sitä itse kurinalaisesti ja opit tuntemaan itseäsi ja ympäristöäsi eli laajentamaan tietoisuuttasi. Opit samalla keskittymään ja pitämään ajatukset kurissa ja omassa hallinnassasi.

Keskittymisvaiheessa on kolme askelta: aihe yleensä (3. askel), aihe suhteessa itseen (itsetuntemuksen lisääminen, 4. askel) ja itsesi muuttaminen (5. askel). Yhteenveto on keskittymisvaiheen lopussa (taulukko 2, s. 79).

3. askel: Aihe yleensä => Mitä tiedät aiheesta yleensä?

Aloita muistelemalla, mitä olet valitsemastasi aiheesta huomannut päivän aikana, jos olet voinut havainnoida sitä. Mieti valitsemaasi aihetta yleisellä tasolla. Mitä tiedät ja mitä olet aiheesta nähnyt, kuullut, lukenut ja kokenut? Tarkastele sitä eri puolilta. Tee itsellesi kysymyksiä, jotka koet tärkeiksi, ja vastaa niin hyvin kuin osaat.

> **Esimerkki**: Aiheenani on omena. Se on punainen, sopii käteen kokonsa puolesta ja tuoksuu hyvältä, sisällä on makeaa hedelmälihaa ja ruskeita siemeniä siemenkodassa. Tiedän, että se on terveellinen ja sisältää paljon hyviä ainesosia. Kuvittelen, kuinka omena kasvaa siemenestä puuksi ja puuhun tulee kauniita kukkia keväällä ja niistä tulee omenia.

4. askel: Itsetuntemuksen lisääminen => Aihe suhteessa itseesi

Itsetuntemusharjoituksena mieti samoja asioita ja tee samoja kysymyksiä kuin edellä (3. askel), mutta nyt suhteessa itseesi.

Mikä on oma suhteesi aiheeseen? Millaisia muistoja ja mitä hyviä ja huonoja asioita se tuo mieleesi?

Itsesi tunteminen aiheeseen keskittymisen avulla on erittäin antoisaa ja siinä opit monia asioita itsestäsi.

> **Esimerkki**: Omena on suosikkihedelmäni, koska se on makea ja mehukas. Omena tuo mieleeni lapsuuden isoäidin puutarhan ja tuoksun, joka siellä oli. Sain siellä kokea huolehtivaista ja epäitsekästä rakkautta. Omenan punainen väri symboloi minulle rakkautta. Vaaleanpunainen on minulle epäitsekästä ja tummanpunainen itsekästä rakkautta. Mietin rakkautta eri puolilta.

5. askel: Muuttuminen => Miten voit muuttua?

Kaiken henkisen kehittymisen tavoitteena on kehittyä ja muuttua paremmaksi. Mieti aihetta, mikä sinussa siinä vaatii muutosta ja mitä voit tehdä muutoksen eteen.

> **Esimerkki**: Makea omena ja sen punainen väri edustavat minulle rakkautta. Siinä minulla on paljon opittavaa, vaikka olen paljon jo oppinutkin. Yritän syventää tietämystäni rakkaudesta, opetella osoittamaan sitä, kertomaan siitä ja tiedostaa tavoitteeni aina, kun se on mahdollista. Opettelen toimimaan rakkauden periaate mielessä ja avaamaan sydämeni rakkaudelle. Meditoin rakkautta ja sen osoittamista muille ja pyrin sitten toimimaan sen mukaan.

TAULUKKO 2. Keskittymisvaihe (askeleet 3–5)

3. askel	Aihe yleisellä tasolla	Keskity valitsemaasi aiheeseen ja pidä huomio siinä. Kysy ja etsi vastauksia eli mitä **itse tiedät aiheesta yleensä**.
4. askel	Itse- tuntemuksen lisääminen	**Aihe suhteessa itseesi** => Lisää itsetuntemustasi. Kysy ja etsi vastauksia samoista asioista kuin edellä, mutta nyt suhteessa itseesi.
5. askel	Muuttuminen	Pohdi, **miten voit muuttua** ja mitä voit tehdä muutoksen eteen.

Keskittymisvaihe on onnistunut, kun olet pystynyt pitämään ajatuksesi hallitusti aiheessa etkä kesken kaiken ole ajatellut muita asioita. Voit siirtyä seuraavaan vaiheeseen, kun olet miettinyt aihetta tarpeeksi.

III Meditaatiovaihe

Meditaatiovaiheella tarkoitetaan kahta asiaa: A. mielen hiljentäminen (askeleet 6–7) ja B. tajunnan laajentaminen kohti henkisiä ulottuvuuksia (askeleet 8–9). Yhteenveto on vaiheen lopussa (taulukko 3, s. 83).

A. Mielen hiljentäminen => Katsominen (6. askel) ja muistelu (7. askel)

6. askel: Katsominen => Hiljenny, ole vain ja katso aihetta

Kun keskittymisvaiheessa et saa aiheesta enää mitään uutta tietoa, niin hiljennä mieli hetkeksi kuitenkin niin, että pidät aiheen käsillä, mutta katsot sitä ikään kuin kauempaa ilman ajatuksia ja sanoja. Toisin sanoen käytä tässä henkistä näkemistä ja mielikuvitusta. Katso ihan hiljaa. Vain katso. Näe aihe sellaisenaan, puhtaana. Katsomista voit tehostaa kevyellä hengityksellä.

Käytä tähän juuri sen verran aikaa, kuin itsestäsi tuntuu hyvältä. Näin siirryt hiljaisuuden kautta meditaatiovaiheeseen.

Alun hiljainen hetki on hyvin rauhallinen, rakkauden täyteinen, energiaa antava ja stressiä vähentävä. Joillekin tämä tila on meditaatiota ja sen päätepiste. Se on kuitenkin vain onnistuneen keskittymisen päätepiste.

Jo sillä, että keskityt joka päivä tällaiseen hiljaisuuteen, on valtavan positiivinen vaikutus paitsi fyysiseen kehoon niin myös psyykkiseen olemiseen ja elämään yleensä. Siitä on helppo jatkaa eteenpäin varsinaiseen meditaatioon. Lisäksi ihmisen koko elämään vaikuttaa se, että pystyt hiljentymään hetkeksi ja keskittymään paremmin.

Pieni hengityksen pidätys auttaa siihen, että värähtelyt nousevat ja pystyt olemaan hiljaa, ilman ajatuksia. Alussa värähtelyjen nostamista on vaikea huomata, mutta ajan mittaan huomaat sen yhä paremmin. Tällainen värähtelyjen nostaminen lisää myös turvallisuutta, koska kaikki negatiivisuus on hävinnyt. Hiljentymisvaihe kestää ajallisesti sen verran, että huomaat hiljaisuuden ja nautit pienen hetken siinä olemisessa.

> **Esimerkki**: Sieluni silmin näen edessäni ja mielikuvassani yhden kauniin punaisen omenan. Katson sitä hiljaa. Pidättämällä hetken hengitystä ja tahdon avulla nostan värähtelyjä.

7. askel: Muistelu

Muistele ja kertaa, mitä tietoa keräsit keskittymisvaiheessa. Koeta tehdä muistelu ilman sanoja, ikään kuin katsoisit **mykkäfilmiä**. Näin harjoittelet henkimaailman sanatonta kieltä, telepatiaa.

> **Esimerkki**: Muistelen omenasta kaikkea sitä, mitä aiemmin selvitin siitä, mutta nyt ilman sanoja: omena, sen väri, maku, tuoksu, koostumus, omenat isoäidin puutarhassa. Muistelen sen kasvua siemenestä puuksi ja omenaksi sekä punaisen omenan edustamaa rakkautta.

B. Tajunnan laajentaminen kohti henkistä (askeleet 8–9)

Tämä vaihe, jossa laajennat tajuntaasi kohti henkistä, on vielä meditaation aktiivista ja ehdottomasti iloa tuova vaihe, kun huomaat, että pystyt tähän ja saat samalla sellaista intuitiivista tietoa, mitä et ole aiemmin tiennyt aiheesta.

8. askel: Uusi intuitiivinen tieto: kysy ja 9. askel: kuuntele vastaus

Lähde etsimään **uutta tietoa** siihen, mitä olet jo itsellesi selvittänyt keskittymisvaiheessa. Tee samoja kysymyksiä kuin aiemmin, mutta nyt ilman sanoja, vain mielikuvitusta apuna käyttäen, ensin itse asiasta, sitten suhteessa omaan itseesi ja lopuksi, miten aiot muuttua?

Jos sinun on vaikeaa keksiä kysymyksiä, niin mieti kysymyksiä valmiiksi etukäteen ennen meditaatiota.

Olennaista on nyt, kun teet kysymyksen, että **hiljennyt kuuntelemaan vastauksen** (9. askel). Alussa tämä saattaa tuntua vaikealta etkä ehkä saa mitään vastausta, mutta vastauksia, intuitiivisia välähdyksiä ja ymmärrystä asioihin tulee, kun hiljennyt kärsivällisesti kuuntelemaan.

> **Esimerkki:** Minua ovat aina kiinnostaneet värit ja nytkin kysyn ilman sanoja, miten omenan punainen väri syntyy, miksi näen sen punaisena ja mitä se merkitsee minulle. Samoin kysyn, miten omenan tuoksu ja maku syntyvät ja miten voin aistia ne. Kysyn, miten omena kasvaa siemenestä puuksi ja tulee omenaksi. Hiljennyn joka kysymyksen jälkeen kuuntelemaan vastauksen.

Mistä vastaukset, intuitiiviset välähdykset, ymmärrys ja tietäminen tulevat? Alussa sinun ei tarvitse tietää sitä. On vain hienoa huomata, että tiedät aiheesta enemmän kuin ennen meditaation aloittamista. Joku voi sanoa, että vastaukset tulevat omalta oppaalta, mestarilta, enkeliltä, omalta Minältä, Jumalalta, Alkulähteestä, Universumista, Korkeimmalta tai kaikkeuden tietovarastosta eli Akashasta (Akashiset aikakirjat). Jossain vaiheessa asiaan tulee ymmärrys ja jossain vaiheessa voit ja kannattaakin kysyä, mistä tieto tulee, mutta ehkä ei ihan alussa.

> **Esimerkki:** Vastaukset ovat intuitiivisia välähdyksiä ja hetkellistä ymmärtämistä. Voin nähdä sieluni silmin lisää tapahtumaketjusta, jossa omena kasvaa siemenestä kasviksi, kukaksi ja lopulta omenaksi. Saan lisää ymmärrystä, miten sen tuoksu ja maku syntyvät ja kuinka aistin ne. Juuri tämä on aihemeditaation parasta antia, ymmärryksen lisääntyminen.

TAULUKKO 3. Meditaatiovaihe (askeleet 6–9)

A. Mielen		hiljentäminen
6. askel	Katsominen	Pidä aihe käsillä ja **katso** sitä kauempaa, ihan hiljaa
7. askel	Muistelu	**Muistele** ja kertaa, mitä tietoa keräsit keskittymisvaiheessa: aiheesta yleensä, suhteessa itseesi, muuttuminen, edelleen ilman sanoja **mykkäfilmin** tapaan
	B. Tajunnan	**laajentaminen kohti henkistä**
8. askel	Uusi intui-tiivinen tieto - **kysy**	Laajenna tajuntaasi kohti henkistä etsimällä uutta tietoa tekemällä **kysymyksiä** ilman sanoja mykkäfilmin tapaan
9. askel	Uusi intui-tiivinen tieto - **kuuntele vastaus**	Kuuntele **vastaus**

Lopeta meditaatiovaihe **hiljentämällä mieli** ja lepäämällä hetki hiljaisuudessa siitä nauttien. Kun mieli on hiljentynyt, niin siirry syvämeditaatioon.

IV Syvämeditaatiovaihe

Syvämeditaatiolla tarkoitetaan kahta asiaa. Ensinnäkin se on kontemplatiivinen (lat. contemplatio = tarkasteleminen, katseleminen) tila, jossa lakataan ajattelemasta, tullaan yhdeksi kohteen kanssa ja lopuksi katsellaan sitä sisältä käsin (10. askel).

Toiseksi syvämeditaatio on samadhi (yhdistyminen), jolloin yhdistytään oman Minän (Itsen) kanssa ja lopulta yhdytään Korkeimpaan (11. askel). Yhteenveto on syvämeditaatiovaiheen lopussa (taulukko 4, s. 87).

10. askel: Kontemplaatio (katseleminen, tarkasteleminen) eli yhtyminen aiheeseen ja sisältä käsin katseleminen

Kun olet mielestäsi saanut meditaatiovaiheessa aiheesta tietoa riittävästi kyselemällä ja vastauksia kuuntelemalla eikä sinulla ole enempää kysymyksiä, niin syvennä meditaatiota niin, että sen sijaan, että katselet aihetta ulkoapäin, niin pyri tulemaan yhdeksi valitsemasi aiheen kanssa ja katselemaan sitä sisältä päin.

Alussa et ehkä osaa miettiä, miten voit yhdistyä johonkin käsitteeseen kuten punaiseen väriin tai tuoksuun tai kokea rohkeutta, joten voit kokeilla, miltä tuntuu yhtyä konkreettiseen esineeseen kuten mansikkaan, omenaan, ruusuun tai mäntyyn ja miltä tuntuu olla mansikka, omena, ruusu tai mänty. Kun siinä onnistut, niin se on todella hieno kokemus.

Punaisen värin kohdalla voit kokeilla, miten punainen väri täyttää oman kehosi ja lopulta myös henkisen olemuspuolesi, jolloin saat ymmärryksen punaisen värin olemuksesta. Jos sinun on vaikeaa kuvitella tuoksua tai rohkeutta, niin voit muistella jotain menneisyyden tuoksua tai tilannetta, jossa olet ollut rohkea.

Kun sinulla on tunne, että olet yhtä meditaation kohteen kanssa, niin pyri "katselemaan sitä sisältä päin" eli saamaan kokemus, millaista on olla kohde, millainen kohde on ja miltä se tuntuu. Koeta saada lisää tietoa tekemällä kysymyksiä edelleen ilman sanoja. Hiljenny kuuntelemaan vastaus. Voit miettiä, miltä sinusta tuntuu. Esimerkiksi omenaan yhtyessä voit helposti tuntea, millaista on olla omenan muotoinen ja värinen tai tuoksua, kuten omena tuoksuu. Punaista väriä meditoidessa, voit kokeilla, miltä punainen väri tuntuu, mitä se kertoo, mitä se symboloi ja miten tuo tunne muuttuu, kun lisäät siihen muita värejä kuten valkoista, mustaa tai keltaista.

Juuri tämä meditaation vaihe on todella mielenkiintoinen, leikkisä ja elämää rikastuttava. Tämän takia tällaista aiheenmukaista meditaatiota jaksaa. Intuitiivinen tietämys ja ymmärrys aiheesta, on se mikä vain, lisääntyy. Näitä vaiheita jäät paitsi, jos meditoit vain saadaksesi energiaa, hiljaisuutta ja rauhaa, et meditoi ollenkaan tai koetat mantran avulla päästä suoraan meditaation viimeiseen vaiheeseen. Kontemplaatio lisää ymmärtämystä henkisistä tasoista eli henkimaailmasta, maailmasta ympärilläsi ja sinusta itsestä eli siitä, mikä oikeastaan olet. Näin laajennat tietoisuuttasi.

> **Esimerkki**: Omena on hyvä aihe, koska siihen on helppo samaistua. Katson ensin omenaa mielikuvissani ja sieluni silmin edessäni, suurennan sitä ja vedän kohti itseäni, kunnes olen sen sisällä ja voin kokea olevani omena.
>
> Nyt voin kysyä uudestaan samat kysymykset, joita olen tehnyt aiemmin. Erona on se, että nyt voin kokea sen sisältä käsin, mitä omena on ja minkä värinen se on. Hieman haastavampaa on saada kokemus tuoksusta ja miten se välittyy ympäristöön. Tai mausta. Ihanaa on kokea omenan syntyminen siemenestä, kasvaminen kukkivaksi puuksi ja lopulta muodostavan omenan.

Päätä yhdeksi tulemisen vaihe hiljentymiseen ja hiljaisuuden kokemiseen.

11. askel: Samadhi (yhdistyminen) yhdeksi tuleminen Minän ja lopulta Korkeimman kanssa

Syvämeditaation 11. askel on meditaation ja henkisellä polulla kohti valaistumista kaikista tärkein vaihe ja tavoite, mutta sen saavuttaminen ei välttämättä onnistu aloittelijalle tai joka kerta. Kuitenkin sitä kannattaa tavoitella jokaisen meditaation lopuksi.

Yhdistyminen Minään

Yhdisty omaan Minään eli siihen osaan sinua, mikä on ikuinen. Se on helpommin sanottu kuin tehty, mutta mielikuvituksen ja muutaman idean avulla se voi onnistua helpommin:

- koeta tuntea omat värähtelysi tai näe itsesi sisällä hiljainen kipinä tai valoisa piste, joka kirkastuu sisään hengityksellä ja laajenee uloshengityksellä,
- kokeile myös sanoa: "Minä olen" tai vain "Minä",
- joskus omien kasvojen tai silmien muistelu tai oman nimen sanominen ja sen värähtelyjen tunnustelu auttavat.

Näin voit yhdistyä Itseesi, omaan sisimpääsi eli Minääsi, siihen osaan sinua, mikä on ikuinen.

Yhdistyminen Korkeimpaan

Kun sinulla on tunne omasta Minästä, niin jatka laajentamalla itseäsi mielikuvien avulla vähä vähältä kohti Korkeinta, jota joku nimittää Alkulähteeksi, Jumalaksi, Universumiksi, Pyyteettömäksi Rakkaudeksi, Kaikkeuden Ikuisuuden Herraksi tai joksikin muuksi.

Se onnistuu esimerkiksi siirtämällä tarkkaavaisuutesi ensin kehosta henkiseen olemuspuoleesi ja sitten laajentamalla henkisen olemuksesi käsittämään oman kotisi, sitten ympäristön, oman kotimaasi, maanosan, maapallon, universumin jne. Kun teet sen rakkaudella ja ilolla, niin jo lyhytkin kokemus on hieno.

Laajenna itseäsi edelleen, kunnes tulee tunne, että olet yhtä ensin oman Minän kanssa, sitten Korkeimman kanssa. Tunnistat onnistumisen siitä, että koet rauhaa, iloa ja rakkautta, mikä on aina olemassa, mutta jolta vain olet sulkenut tietoisuutesi.

Meditaatio päättyy hiljentymiseen, mikä ei todellakaan ole tyhjyyttä. Usein riittää, että meditaation lopuksi pystyt hiljentymään ja kokemaan oman itsesi ja laajentumaan. Tämä 11. vaihe on juuri sitä, mitä meditaatio viime kädessä on ja mihin se tähtää. Matka sinne on eri ihmisillä ja erilaisen uskomusten omaavilla erilainen.

Saavutettuasi ensimmäisen kerran syvämeditaatiovaiheen voit ymmärtää meditaatiolauseen: "Minä olen se, mikä olen". Olla yhtä oman Minän kanssa on aina mieltäylentävä kokemus. Siitä on vain pieni askel siihen, että voit kokea Korkeimman, jota jotkut sanovat Jumalaksi, toiset jollain muulla nimellä. Yleensä meditaatio ymmärretään vaiheena, jossa yhdytään Korkeimpaan. Paljon jää kuitenkin meditaatiosta saamatta, jos et käytä sitä keskittymis- ja meditaatiovaiheissa itsesi tuntemisen apuna ja tietoisuutesi laajentamisena.

Tämän 11. askeleen saavuttamisen tiedät siitä, että tunnet rakkauden ja ilon sekä yhteyden johonkin laajempaan. Ensin saavutat sen hetkeksi ja lyhyeksi aikaa, mutta vähitellen koet sen useammin ja lopulta tuon tilan voit kokea arjessa ja kaiken aikaa. Kun voit pitää tilan yllä kaiken aikaa, niin tiedät, että olet astunut omassa henkisessä kehityksessäsi eteenpäin ja koet jotain suurenmoista.

TAULUKKO 4. Syvämeditaatiovaihe

| 10. askel | **Kontemplaatio** = tarkasteleminen = katseleminen aihetta sisältä käsin | Yhdisty ensin valittuun aiheeseen, **katsele** sitä sisältä käsin ja koe, mitä on ja miltä tuntuu olla kohde. Tee kysymyksiä ja kuuntele vastauksia. |
| 11. askel | **Samadhi** = yhdeksi tuleminen | **Yhdisty** "Minään" ja lopulta Korkeimpaan |

V Lopettamisvaihe

On hyvä rajata meditaation kokonaisaika kurinalaisesti korkeintaan 30 minuuttiin ja siitä valmistautumis- ja lopettamisvaiheet vievät yhteensä 5–10 minuuttia. Rajattu aika riittää hyvin eikä se vie arjen elämiseltä liikaa. Rajaamisen opit hyvin nopeasti, vaikka et katso kellosta.

12. askel: Meditaation lopettaminen

Meditaation lopettaminen on turvallisuuden vuoksi yhtä tärkeää kuin aloittaminen, koska silloin et jää avoimeksi ulkomaailmaan ja negatiivisille vaikutuksille.

Lopeta meditaatio:
- hengitä syvään ja liikuttele kehoa,
- supista eli palauta henkinen olemuspuolesi (aurat eli kehot) ja energiakeskuksesi (chakrat) normaaliksi, mikä tapahtuu mielikuvia, ajatuksia, tahtoa ja hengitystä apuna käyttäen,
- laita mielikuvien avulla suojaava viitta ympärillesi,
- pyydä rukouksen avulla suojaa ja kiitä siitä, mitä olet kokenut meditaation aikana,
- maadota itsesi palaamalla tavalliseen arkeen,
- meditaatiokokemusten kirjaaminen auttaa sinua näkemään henkisen kehittymisen ja edistymisen.

Maadoittaminen

Maadoittamisella tarkoitetaan sitä, että henkisten harjoitusten jälkeen palaudut ja pysyt kiinni arjessa ja todellisuudessa. Useimmiten maadoittamiseen riittää, kun teet edellä esitetyt meditaation lopettamiseen kuuluvat suojautumistoimenpiteet.

Hyviä apukeinoja maadoittamiseen ovat tavalliset arkiaskareet kuten siivoaminen, tiskaaminen, ruoanlaittaminen, pyykin peseminen ja silittäminen, keskustelut toisten kanssa, liikunta, lehden tai tavallisen romaanin lukeminen tai TV:n katsominen.

Jos et pysty maadoittamaan itseäsi etkä osaa "sulkeutua" ja palata arkeen, kuljet "pää pilvissä", henkisesti liian avonaisena ja alttiina usein negatiivistenkin energioiden vaikutuksille. Olet myös alttiina energiavarkaille eli joku voi imeä sinusta energiaa. Tunnet sen väsymisenä. Vahvalle ja kokeneelle ihmiselle ei tapahdu mitään, mutta kokematon, herkkä ja arka saattaa alkaa kuulla ja nähdä henkisiä asioita, joihin hän ei ole valmistautunut.

Jos et onnistu maadoittamaan näin ja selvästi koet, että sinulla on ongelmia meditaation tai henkisten harjoitusten jälkeen, niin lopeta meditaatiot ja muutkin henkiset harjoitukset. Jos ongelmat jatkuvat, tee sulkemisharjoituksia, kunnes niistä on apua. Tarvittaessa sinun kannattaa myös pyytää apua sellaiselta, joka tietää, mistä on kysymys ja mitä tehdä. Lääkkeet vain siirtävät tai peittävät ongelman.

Jos teet henkistä palvelutyötä ja sinulla on vaikeuksia pysyä maadoittaneena työssäsi, niin tee ennen työn aloittamista harjoitus, jossa luot yhteyden isäaurinkoon ja äitimaahan. Visualisoi mielikuvien avulla valonputki sydänkeskuksestasi isäaurinkoon ja sieltä juuret jalkojen kautta äitimaan keskukseen. Anna energian virrata edestakaisin hengityksen tahtiin muutaman kerran. Pyydä myös rukouksella apua.

Kirjaaminen ja yhteenvetotaulukko
Kokemukset meditaatiosta, onnistumiset ja epäonnistumiset kannattaa kirjata lyhyesti, jotta voit myöhemmin nähdä edistymisesi. Ihmisen muisti on lyhyt eikä hidasta edistymistä pysty muuten havaitsemaan.

Yhteenvetotaulukkoa (taulukko 5, s. 90) voit käyttää apuna opetteluvaiheessa, kunnes osaat tehdä vaiheet hyvin. Niistä voi olla apua erityisesti aloittelijoille, mutta myös niille, jotka ovat tottuneet meditoimaan toisin.

TAULUKKO 5. Itsesi tunteminen ja meditaatio aiheen avulla

Ennen aloittamista
Valitse aihe jo edellisenä päivänä. Aloita aamu ottamalla aihe päivään mukaan. Havainnoi tai mieti aihetta päivän aikana.

I Aloittamisvaihe

1. askel	Ympäristö, paikka, asento	Laita **meditaatiopaikka** valmiiksi: rauhallinen ja tuuletettu paikka, musiikki, hämärä valaistus, mieluisia esineitä, sulje pois häiriötekijät (mm. ovikello, puhelin). Istu mukavasti juuri sellaisessa **asennossa** kuin tuntuu hyvältä, tuolissa tai lattialla, mukava asu päällä, selkä suorana ja silmät suljettuina.
2. askel	Rutiinit, silta	**Siltana** voivat toimia esimerkiksi: musiikki, rentoutuminen, hengitys, rukous, sielunpisteen laajentaminen, mantra, esine, mielikuvamatka, runo tai lause tms.

II Keskittymisvaihe

3. askel	Aihe yleisellä tasolla	Keskity valitsemaasi aiheeseen ja pidä huomio siinä. Kysy ja etsi vastauksia eli mitä **itse tiedät aiheesta yleensä**.
4. askel	Itsetuntemuksen lisääminen	**Aihe suhteessa itseesi** => Lisää itsetuntemustasi. Kysy ja etsi vastauksia samoista asioista kuin edellä, mutta nyt suhteessa itseesi.
5. askel	Muuttuminen	Pohdi, **miten voit muuttua** ja mitä voit tehdä muutoksen eteen.

III Meditaatiovaihe

	A. Mielen	**hiljentäminen**
6. askel	Katsominen	Pidä aihe käsillä ja **katso** sitä kauempaa, ihan hiljaa.
7. askel	Muisteleminen	**Muistele** ja kertaa, mitä tietoa keräsit keskittymisvaiheessa: aiheesta yleensä, suhteessa itseesi, muuttuminen, edelleen ilman sanoja mykkäfilmin tapaan.

	B. Tajunnan	**laajentaminen kohti henkistä**
8. askel ja 9. askel	Uusi intuitiivinen tieto – kysy ja kuuntele	Laajenna tajuntaasi kohti henkistä etsimällä **uutta tietoa** ja tekemällä kysymyksiä ilman sanoja mykkäfilmin tapaan kuuntele **vastauksia.**

IV Syvämeditaatiovaihe

10. askel	Kontemplaa-tio = aiheen katseleminen sisältä käsin	yhdisty ensin valittuun aiheeseen, katsele (tarkastele) sitä sisältä käsin ja koe, mitä on ja miltä tuntuu olla kohde. Tee kysymyksiä ja kuuntele vastauksia.
7. askel	Samadhi = yhdistyminen	yhdisty "Minään" ja lopulta Korkeimpaan.

V Lopettamisvaihe

12. askel	- lopeta meditaatio hengittämällä syvään ja liikuttelemalla kehoa, - supista mielikuvien avulla henkinen olemus (eetteri-, astraali- ja mentaalikehot) ja chakrat normaaliksi, - vedä suojaava viitta ympärille, - suojaudu rukouksella ja muista kiittää saadusta, - maadota itsesi eli palaa tavalliseen arkeen, - meditaatiokokemusten kirjaaminen auttaa sinua näkemään henkisen kehittymisen ja edistymisen.

Tietoisuuden laajentaminen tarkoittaa, että ihminen meditaatiota ja erityisesti syvämeditaatiota apuna käyttäen lisää tietoaan ja ymmärrystään itsestään ja ympäristöstään ja näin etenee tietoisesti henkisessä kehityksessään eteenpäin. Se on myös prosessi, jossa sielua siistitään, luodaan uusia malleja tai koodeja menetelmällä, jossa valitaan meditaatioon aiheita, joiden avulla lisätään itsensä tuntemista, tietämystä, ymmärrystä ja hallintaa valitusta aiheesta ja ympäristöstä vaihe vaiheelta.

LOPUKSI

Kuuntelen usein radio Deitä, joka on uskonnollinen radiokanava. Haluan vertailla omaa maailmankuvaani ja ihmiskäsitystäni radiokanavan kristilliseen käsitykseen. Olen saanut luterilaisen kasvatuksen, minut on kastettu ja olen käynyt rippikoulun. Varsinkin isäni suku on ollut hyvin uskonnollinen ja isotätini, joka oli myös kummitätini, piti huolta kristillisestä kasvatuksestani.

Ensimmäinen hetki, jolloin ymmärsin, että kirkon opit eivät olleetkaan oikein, oli rippikoulussa. Kirkkoherra saarnasi saarnastuolissa: "Jos et nyt tee parannusta, joudut helvettiin". Silloin kuulin selväkuuloisesti sanat: "Jumala on rakkaus, ei Hän ketään helvettiin laita".

Lukiossa tein esitelmää aiheesta "Yli ajan rajan". Hain kirjastosta kirjoja ja päädyin hyllylle, jota nykyisin sanotaan rajatiedoksi. Kun luin mm. karmasta ja jälleensyntymästä, tiesin heti, että ne ovat totta. Siitä lähtien olen ennakkoluulottomasti etsinyt henkistä tietoa, jonka sisimmässäni tiedän oikeaksi. Yritän aina varoittaa uskomasta sokeasti mihinkään ja kehenkään. Radio Dein kanavalla on muutaman kerran tullut jotain, jonka voin sanoa, että minäkin uskon näin, mutta siellä on paljon sellaista, johon sanon, että ei se noin ole.

Eräänä päivänä ajaessani autolla kuuntelin ohjelmaa, jossa kuulijat saivat soittaa radio Deihin sanoakseen mielipiteensä niin aborttilaista kuin translaista. Radioon soitti nainen, joka mielipiteensä sanottuaan kertoi kokemuksesta, jota hän sanoi profeetalliseksi. Hän oli ollut laulamassa jossain tilaisuudessa. Ennen tilaisuuden alkua hän kuuli sanat, että hänen pitää puhua yleisölle, kuinka aika on rajallinen ja että milloin tahansa elämä voi päättyä. Nainen sanoi, että Pyhä Henki puhui hänelle nuo sanat. Hän ei kuitenkaan rohjennut sanoa mitään. Tilaisuuden päätyttyä eräs mies tuli huonovointiseksi, kaatui ja menehtyi sairaalassa. Radion toimittajakin kertoi kokeneensa profeetallisia sanomia. Olin iloinen, kun tajusin, että uskonnollisissakin piireissäkin esiintyy tällaista selväkuuloisuutta. Ei sillä ole väliä, vaikka he uskovat sanojen olevan Pyhän Hengeltä. Yhteys "ylös" on kuitenkin olemassa.

Kun nyt katson elämääni ja mietin, mitkä kaikki asiat ovat johdattaneet minua uskomaan niin kuin nyt uskon, niin en voi kuin ihmetellä johdatusta, jota minulla on ollut. Joskus on vaikea uskoa, että joku ei usko samoin kuin minä. Olen monesti miettinyt, miksi voin mielestäni sanoa, että tiedän. En sano ainoastaan, että uskon niin, vaan että tiedän.

Olen todella paljon puhunut ja kirjoittanut meditaatiosta ja itsensä tuntemisesta. On vaikea käsittää sitäkään, että ihmiset, jotka mielestään ovat henkisellä polulla, eivät ymmärrä näiden kahden seikan merkitystä ja tärkeyttä. Monet heistä kyllä ilmaisevat olevansa henkisellä polulla, mutta sen sijaan, että he tekisivät sen eteen järjestelmällistä ja tietoista työtä tai edes jotain, he jättäytyvät useimmiten kohtalon ja arjen sattumusten varaan. He lukevat kirjoja ja artikkeleita, kulkevat messuilla, seminaareissa ja kursseilla ja osallistuvat netissä etäkursseille. He ahmivat kaikkea, mitä ajattelevat henkiseksi. He ovat mielestäni vielä etsikkovaiheessa eli kulkevat "kukasta kukkaan" rakentaen näin hyvää henkistä perustaa, mikä on hyvä asia. Jossain vaiheessa on kuitenkin hyvä keskittyä johonkin, joka oikeasti auttaa heitä kulkemaan omalla henkisellä polullaan.

On onneksi paljon niitä, joilla on elämässään jo selkeä suunta ja jotka etenevät tietoisesti henkisellä polulla. Toivoisin, että heitä olisi enemmän. He ovat valinneet sielunsa suunnitelman mukaisesti elämänsä suunnan, jota he syventävät ja jolla he voivat palvella lähimmäisiään.

Iloa, valoa ja rakkautta sinulle henkisellä polulla, jonka olet valinnut, ja siinä kehityksen vaiheessa kuin olet!

Tampereella, 25.3.2025

Heidi Kassara

Osa 2 Tietoisuuden laajentaminen meditaation ja aiheiden avulla

AIHEITA AIHEMEDITAATIOON, ITSENSÄ TUNTEMISEEN SEKÄ TIETOISUUDEN LAAJENTAMISEEN

Osan 2 tarkoituksena on **lisätä tietämystä ja ymmärrystä itsestäsi ja maailmasta sekä laajentaa tietoisuuttasi** pohtimalla ja meditoimalla aiheita, joita on tässä kirjassa 104 eli kaksi vuoden jokaista viikkoa kohden. Voit itse keksiä aiheita lisää.

Tietoisuuden laajentaminen itsensä tuntemaan opettelulla on yksi kaikkein tärkeimmistä asioista ihmisen elämässä ja henkisellä polulla kohti valaistumista. Sen avulla voit muuttaa ja oppia hallitsemaan omaa elämääsi sekä saada rikkautta siihen. Jokainen aihe, jonka otat pohdittavaksi ja meditoinnin kohteeksi, laajentaa tietoisuuttasi ja lisää itsesi tuntemista mitä kiinnostavimmalla tavalla. Samalla opit meditaatiota.

Voit tehdä tämän mielenkiintoisen matkan itseksesi ja aivan yksin, jonkun toisen kanssa tai jopa jossain ryhmässä. Tarvitaan vain päätös tehdä jotain ja sitten toteuttaa se. Toki jokainen voi jättäytyä arjen ja kohtalon varaan, mutta paljon enemmän saat rikkautta elämääsi, kun alat muuttaa sitä tietoisesti joka päivä jollain tavalla.

Ohjeita

Päätä, miten haluat käyttää aiheita, joita on vuoden ajaksi eli 52 viikolle, kaksi aihetta viikko kohden eli yhteensä 104 aihetta. Aiheet on jaoteltu ajatellen, että toiset ovat **myönteisiä (m)** ja toiset tuova elämään **haasteita (h)**. Kuitenkin jokainen voi itse miettiä, mitä aihe tuo mieleen ja onko se myönteinen vai haastava.

Aiheisiin on liitetty kysymyksiä, joiden tarkoituksena on auttaa aiheen pohtimisessa silloin, kun et tiedä, mitä voisit pohtia tai kun haluat lisää ideoita.

Aiheen valinta (ks. s. 63 ja 100)
Valitse aihe jo edellisenä iltana, mikä kannustaa sinua työstämään sitä seuraavana päivänä. Ota aihe aamulla mukaan päivääsi, jolloin saat siihen ideoita pitkin päivää.

Voit valita aiheet oman kiinnostuksesi mukaan, intuitiivisesti, aakkosjärjestyksessä tai "päivän sana" -tyyliin eli uusi aihe joka päivä. Yhtä aihetta voit työstää niin monta päivää kuin haluat, mutta ideaalinen aika on 2–3 päivää. Mitä pidemmän ajan työstät yhtä aihetta, sitä enemmän siitä saat.

A. Aiheen työstäminen lyhyesti
Valitse päivästä rauhallinen hetki, jolloin voit työstää valitsemaasi aihetta yksin, yhdessä toisen tai toisten kanssa. Istu mukavaan tuoliin, laita rauhallista musiikkia soimaan, rentouta kehosi ja hengitä rauhallisesti.

1. Muistele, mitä **mietteitä** ja ideoita sait aiheesta päivän aikana.
2. Mieti, mitä sinä tiedät aiheesta **yleensä**.
3. Mieti aihetta suhteessa **itseesi**.
4. Mieti, miten aihe auttaa sinua **muuttamaan** itseäsi ja miten voit tehdä sen.
5. **Intuition** käyttäminen: tee kysymyksiä liittyen aiheeseen ja hiljenny kuuntelemaan, mitä tietoa ja ideoita saat.
6. **Lue** sen jälkeen osan 2 aiheen kohdalta siihen liittyvät kysymykset ja pohdi niitä. Lopuksi lue aiheesta kirjoitettu teksti ja pohdi sitäkin suhteessa omiin ajatuksiisi.
7. **Kirjaa** lyhyesti pohdintasi, jotta myöhemmin voit nähdä edistymisesi.

Kun vielä myöhemmin toistat tämän, niin saat syvemmän ymmärryksen aiheesta ja näet, kuinka paljon olet kehittynyt. Jos teet tämän parin kanssa tai ryhmässä, kerro oma kokemuksesi ja kuuntele toisten kertomukset, sekä keskustelkaa niistä.

B. Aiheen työstäminen AIHEMEDITAATION avulla

Tarkoituksena on **lisätä tietämystä ja ymmärrystä sekä laajentaa tietoisuuttasi itsestäsi ja maailmasta aiheen ja meditaation avulla.**

Tässä on lyhyesti, mitä meditaatio on yleensä ja mitkä ovat tavoitteet:

Mitä meditaatio on?

1. Meditaatiolla on **tavoitteet ja päämäärä** eli miksi meditoit.
2. Meditaatio on myös **prosessi,** jossa edetään henkisessä kasvussa ja meditaatiossa vaiheittain.
3. Meditaatio on **menetelmä,** tekniikka eli miten sitä tehdään. Tässä kirjassa se tarkoittaa viittä (5) vaihetta: aloittaminen, keskittyminen, meditaatio, syvämeditaatio, lopettaminen.

Meditaation tavoitteeksi voit asettaa esimerkiksi
- oppia keskittymistä,
- itsesi tuntemisen,
- tietoisuuden laajentamisen,
- yhteyden luomisen: a) henkisille tasoille ja b) oppaisiin,
- henkimaailman kielen, telepatian oppiminen,
- syvämeditaation saavuttaminen (meditaation päämäärä).

AIHEMEDITAATIO VAIHE VAIHEELTA

Ennen aloittamista Valitse aihe jo edellisenä päivänä. Aloita aamu ottamalla aihe päivään mukaan, havainnoi aihetta päivän aikana.

I Aloittaminen (virittäytyminen, värähtelyjen nostaminen)
- **Aloittaminen:** laita meditaatiopaikka valmiiksi, häiriötekijät pois, hyvä asento ja musiikki soimaan.
- **Tee silta meditaation** (jokin tai jotkin seuraavista): 1) rukoile, pyydä suojaa ja opas mukaan, rentouta keho, keskity hengitykseen, 2) tee mielikuvamatka puutarhaan tms. tai 3) etsi valoisa sielunpiste kehon sisältä ja laajenna sitä hengityksen

tahtiin (sisäänhengitys: valo kirkastuu, uloshengitys: valo laajenee).

II Keskittyminen: Keskity aiheeseen ja pidä huomio siinä.

- **Aihe**: Mieti, mitä sinä tiedät aiheesta yleisellä tasolla.

- **Itsetuntemuksen lisääminen**: Pohdi samoja asioita kuin edellä, mutta nyt suhteessa itseesi.

- **Muuttuminen:** Mieti, miten aihe auttaa sinua muuttumaan ja kehittymään.

III Meditaatio:

A. Mielen hiljentäminen:

- **Katsominen ja muistelu**: Pidä valitsemasi aihe "käsillä". Katso sitä ensin kauempaa ilman sanoja, ihan hiljaa. Sitten muistele ja kertaa, mitä tietoa keräsit aiheesta edellisessä vaiheessa, edelleen ilman sanoja kuin katsoisit mykkäfilmiä.

B. Tajunnan laajentaminen kohti henkistä:

- **Uusi intuitiivinen tieto**: Etsi uutta tietoa siihen, mitä olet jo itsellesi selvittänyt aiheesta: tee kysymyksiä ilman sanoja ja hiljenny kuuntelemaan vastauksia.

IV Syvämeditaatio:

a) **Kontemplaatio (katseleminen, tarkasteleminen) eli yhtyminen aiheeseen ja sisältä käsin katseleminen**

- Yhdy mielikuvien avulla valittuun aiheeseen ja koe, mitä on ja miltä tuntuu olla kohde. Tee kysymyksiä ja kuuntele vastaus.

b) **Samadhi (yhtyminen) eli yhtyminen Minään ja lopulta Korkeimpaan**

 - Yhdisty aluksi omaan Minään eli siihen osaan sinua, mikä on ikuinen.

- Kun sinulla on tunne omasta Minästä, niin jatka laajentamalla itseäsi mielikuvien avulla vähä vähältä kohti Korkeinta (Alkulähde, Pyyteetön Rakkaus, Jumala, Kaikkeuden Ikuisuuden Herra tai ...)

V Lopettaminen: Hengitä syvään, liikuttele kehoa, suojaudu: supista mielikuvien avulla henkinen olemuspuolesi (aurat) ja chakrat (energiakeskukset), vedä suojaava viitta ympärille, rukoile suojaa, maadoita itsesi (palaa arkeen) ja kirjaa lyhyesti.

52 aihetta, 2 / vk
m = myönteinen
h = haaste
1. Ahdistus (h)
2. **Ahkeruus (m)**
3. Ahneus (h)
4. **Anteeksi antaminen (m)**
5. **Anteeksi pyytäminen (m)**
6. **Anteliaisuus (m)**
7. Arkuus (h)
8. **Avoimuus (m)**
9. Avuttomuus (h)
10. Epäilys (h)
11. Epäoikeudenmu kaisuus (h)
12. Epäonni (h)
13. **Etiikka (m)**
14. **Hartaus (m)**
15. Haukkuminen (h)
16. **Hellyys (m)**
17. **Henkinen (m)**
18. **Herkkyys (m)**
19. **Hiljentyminen (m)**
20. Himo (h)
21. Huolet (h)
22. **Huumori (m)**
23. **Hyväksyminen (m)**
24. **Hyvä Olo (m)**
25. Häpeä (h)
26. **Ilo (m)**
27. **Inhimillinen (m)**
28. Inho (h)
29. **Intohimo (m)**
30. **Intuitio (m)**
31. **Irti päästäminen (m)**

32. **Itsekuri (m)**
33. **Itsetunto (m)**
34. **Jumala (m)**
35. **Kaipaaminen (m)**
36. **Karma (m)**
37. Kateus (h)
38. **Katuminen (m)**
39. Kauna (h)
40. **Kauneus (m)**
41. **Kehittyminen (m)**
42. **Kiitollisuus (m)**
43. Kiroilu (h)
44. Kiukku (h)
45. Kiusaaminen (h)
46. Kosto (h)
47. **Kunnioitus (m)**
48. Kuolema (h)
49. **Kuri (m)**
50. Kärsimys (h)
51. **Lempeys (m)**
52. **Levollisuus (m)**
53. Loukkaus (h)
54. **Luottamus (m)**
55. **Luovuus (m)**
56. **Läsnäolo (m)**
57. Mustasukkaisuus (h)
58. **Muutos (m)**
59. **Myötätunto (m)**
60. Narsismi (h)
61. **Oikeudenmukai suus (m)**
62. **Onni (m)**
63. Paha Olo (h)
64. **Pehmeys (m)**
65. Pelko (h)
66. Petollisuus (h)
67. Pettymys (h)
68. **Päättäminen (m)**
69. **Rakkaus (m)**

70. Rankaiseminen (h)
71. Rasismi (h)
72. **Rauha (m)**
73. **Rehellisyys (m)**
74. Riippuvuus (h)
75. **Rohkeus (m)**
76. **Rukous (m)**
77. Suru (h)
78. Syyttäminen (h)
79. **Tahto (m)**
80. **Tasapaino (m)**
81. **Terveys (m)**
82. **Toivo (m)**
83. **Totuus (m)**
84. Tuomitseminen (h)
85. Tyhmyys (h)
86. Tyytymättömyys (h)
87. **Tyytyväisyys (m)**
88. **Usko (m)**
89. **Uteliaisuus (m)**
90. **Vaatimat- tomuus (m)**
91. **Vaatimus (m)**
92. **Vahvuus (henkinen vahvuus) (m)**
93. **Vaikeneminen (m)**
94. **Vakaumus (m)**
95. Valhe (h)
96. Valta, vallanhimo (h)
97. Vannominen (h)
98. **Vapaus (m)**
99. Vastoin- käyminen (h)
100. Viha (h)
101. **Viisaus (m)**
102. Väkivalta (h)
103. Yksinäisyys (h)
104. **Ylpeys (m)**

viikko 1, aihe 1   1. AHDISTUS (h = haaste)

Mitä on ahdistus? Oletko tavannut jonkun, joka on ahdistunut? Mikä aiheuttaa ahdistusta? Miten ahdistunutta voi auttaa? Mitä ahdistus opettaa ihmiselle? Onko masennus sama asia? Omat kysymyksesi ahdistuksesta?

Kun ihminen on ahdistunut, niin mikään ei tunnu miltään. On paha olo ja rinnassa on painon tunne. Ihminen haluaa vain nukkua ja olla yksin. Mikään ei tuota iloa eikä mikään saa nauramaan.

Jos on ahdistunut, paraneminen lähtee siitä, että pohtii, miten ahdistus syntyi ja mitkä seikat aiheuttivat sen. Millaiset seikat edelsivät ennen ahdistusta? Jos on ollut ahdistunut ennenkin, niin voi muistella, mitkä seikat silloin aiheuttivat ahdistusta ja miten siitä selvisi.

On hyvä ymmärtää, että mitä enemmän antaa energiaa niin ahdistuksen tunteelle kuin siihen liittyville ajatuksille, sitä syvemmälle ahdistukseen vaipuu. Joskus tarvitaan toinen ihminen tai terapiaa ahdistuksen torjumisessa ja positiivisten mielikuvien ylläpitämisessä ja elämän mielekkyyden löytämisessä.

Jokaisen kannattaa miettiä ahdistusta. Kun ymmärtää, että ahdistus lisääntyy sitä enemmän, mitä enemmän antaa energiaa, niin energian antamisen voi lopettaa esimerkiksi puhaltamalla tunteet ja ajatukset pois, keskittymällä johonkin hyvään ja luomalla jokin positiivinen mielikuva, johon suunnata tarkkaavaisuuden heti, kun ahdistus uhkaa.

viikko 1, aihe 2   **2. AHKERUUS (m = myönteinen)**

Mitä on ahkeruus? Millainen ihminen on ahkera? Miten se näkyy? Onko ahkeruus hyvä asia vai voisiko se olla haitta? Ahkeruuden vastakohta? Omat kysymyksesi ahkeruudesta?
Oletko itse ahkera? Milloin olet ahkera? Miten silloin toimit? Voitko olla ahkerampi? Miten ahkeruus tukee henkistä kehittymistäsi?

Meille opetetaan lapsuudesta lähtien ahkeruutta. Usein se ymmärretään ajatuksena, että koko ajan on tehtävä jotain. Laiskana ei saa olla. Erityisesti meille suomalaisille se on luterilainen perinne, jossa ahkeruudella torjutaan pahaa.

Ahkeruus nähdään myös tärkeänä osana koko elämää. Jo lapselle korostetaan, että leikki on lapsen työtä. Sitten on ahkeroitava koulussa, opiskelussa, perheessä ja lopulta työelämässä. Edes eläkkeellä ei osata hellittää. Kaikki tähtää siihen, että ihminen saa kaikkea tarvittavaa maallista hyvää ja pärjää elämässä.

Ahkeruus on ujuttautunut perheiden elämään niin, että arki ja jopa vapaa-aikakin täytetään kaikenlaisella puuhalla ja harrastuksilla. Ei jää aikaa hiljentymiseen, rauhoittumiseen ja lepoon.

Ahkeruus on tärkeä hyve, mutta jokaisen on pohdittava, mitä on oikeanlainen ahkeruus. Mitä asioita kannattaa tehdä, jotta elämässä säilyy tasapaino tekemisen ja levon välillä? On myös oltava valppaana, ettemme laiskuuttamme ole tekemättä asioita, jotka ovat tärkeitä henkisen kehityksen kannalta. On osattava valita niitä asioita, joilla on merkitystä ja jätettävä asioita, joilla ei ole.

viikko 2, aihe 1   3. AHNEUS (h)

Mitä on ahneus? Millainen ihminen on ahne? Miten ihmisestä tulee ahne? Mitä ahneus aiheuttaa ihmiselle? Millaisia asioita ihmiset ahnehtivat? Oletko tavannut ihmisen, joka on ahne? Mikä on ahneuden vastakohta? Omat kysymyksesi ahneudesta? Oletko itse ahnehtinut jotain? Miltä se tuntui? Miten voit päästä ahneudesta eroon tai ennaltaehkäistä? Mitä ahneus opettaa?

Ahneus näyttäytyy asenteena: minulle, minulle sekä lisää, lisää. Ihminen haluaa senkin, mitä muilla on, ja hän haluaa enemmän kuin on tarpeen. Vaarallista ahneus on, jos ihminen haluaa jotain välittämättä hinnasta tai siitä, tekeekö se pahaa itselle tai toisille.

Useimmiten ahneus liittyy materiaan, rahaan tai omaisuuteen. Ehkä taustalla on pelko siitä, että ihminen jää ilman ja osattomaksi.

Joku voi ahnehtia valtaa tai kunniaa. Jollekulle uralla eteneminen menee yli kaiken. Jotkut keräävät kokemuksia ja kokevat elämän tylsänä, jos he eivät voi kokea mitään uutta. Jotkut ihailevat eli "fanittavat" jotakuta henkilöä. Ihailu voi joskus mennä liiallisuuksiin ja yli terveen järjen.

Positiivinen ahneus kannustaa ihmistä tekemään elämässä tärkeitä asioita. Negatiiviseksi se tulee, jos se vahingoittaa itseä tai muita tai vie liian paljon aikaa muulta elämältä tai rahaa, jolla voisi tehdä hyvää toisille. Oikein pahaa ahneutta on, kun varastetaan tai otetaan toisilta petollisilla tavoilla tai kun siihen liittyy valheita.

Jokaisen on hyvä miettiä, mitä ahneus on yleensä ja onko itse syyllistynyt siihen ja miten voi vähentää ahneutta.

viikko 2, aihe 2   **4. ANTEEKSI ANTAMINEN (m)**

Mitä on anteeksi antaminen? Millaisia asioita annetaan anteeksi? Onko ihmisiä, jotka eivät anna anteeksi? Omat kysymyksesi anteeksi antamisesta? Milloin ja kenelle olet viimeksi antanut anteeksi? Miltä se tuntui? Mitä et ole voinut antaa anteeksi? Miksi et? Miten voisit antaa anteeksi mahdollisimman nopeasti? Mikä merkitys sillä on henkiselle polullesi?

Anteeksi antaminen lähtee siitä, että ihminen tiedostaa, mitä hänen pitää antaa anteeksi ja mitä oikeastaan on tapahtunut. Kuka on tehnyt tai sanonut mitä? Mitä se on osapuolissa aiheuttanut ja millaisia tunteita ja ajatuksia se on herättänyt. Voi kysyä myös, haluaako antaa anteeksi ja mitä se edellyttää, että voi antaa anteeksi.

Anteeksi antamista kannattaa pohtia ja työstää sekä miettiä, mitä voi tehdä. Auttaako, että sen selvittää vain itselle, puhuu jollekin toiselle tai asianosaiselle? Tai että tekee jonkinlaisen "anteeksiantorituaalin" (esim. puhdistavan tulirituaalin tai symbolisen asian hautaamisen)?

Jos ongelma on tuon toisen, voi yrittää selvittää sen hänen kanssaan puhumalla tai kirjoittamalla. Voi kertoa, miltä itsestä on tuntunut. Jos se ei onnistu, niin on hyvä sanoa itselle aina, kun asia tulee mieleen: ongelma ei ole minun ja annan anteeksi.

Kun itse on työstänyt asian, sen voi jättää. Toinen osapuoli joutuu kohtaamaan asian, kun hän on siihen kypsä, viimeistään kuoleman jälkeen.

Jokaisen on hyvä katsoa elämäänsä ja miettiä, onko anteeksi annettavia asioita ollut, miten on niistä selvinnyt ja mitä oppinut.

viikko 3, aihe 1   **5. ANTEEKSI PYYTÄMINEN (m)**
Mitä on anteeksi pyytäminen? Millaisia asioita pyydetään anteeksi? Onko ihmisiä, jotka eivät pyydä anteeksi mitään? Omat kysymyksesi?
Milloin, keneltä ja mitä olet viimeksi pyytänyt anteeksi? Miltä se tuntui?
Miten voisit antaa anteeksi mahdollisimman nopeasti? Mikä merkitys sillä on henkisellä polulla sinulle?

Anteeksi pyytäminen lähtee siitä, että ihminen tiedostaa, mitä pitää pyytää anteeksi ja mitä oikeastaan on tapahtunut. Kuka on tehnyt tai sanonut mitä? Voi miettiä, mitä se on itselle aiheuttanut ja millaisia tunteita ja ajatuksia se on herättänyt. Mitä mahdollisesti tuolle toiselle osapuolelle on aiheutunut ja mitä anteeksi pyytäminen voi tuoda hänelle? Voi myös kysyä, haluaako pyytää anteeksi ja mitä se edellyttää, että voi pyytää anteeksi.

Kun ihminen on analysoinut kaiken asiaan liittyvän, niin hän voi pohtia, miten anteeksi pyynnön voi tehdä. Paras tapa on tehdä se kasvotusten ja osoittaa vilpittömästi, että tarkoittaa sitä. Jos se ei ole mahdollista, niin voi kirjoittaa. Joskus joku toinen henkilö voi välittää anteeksi pyynnön.

Jos mikään konkreettinen toiminta ei onnistu, niin anteeksi voi pyytää ajatuksissa ja lähettää se mielessään toiselle osapuolelle.

Pyyntö saavuttaa hänet, kun hän on valmis siihen. Asian voi jättää mielestä.

Jokaisena kertana, kun asia tulee mieleen, voi sanoa: "olen pyytänyt anteeksi". Vilpitön katuminen auttaa. On myös hienoa, kun tajuaa, mitä on oppinut. Ihminen saa tehdä asioita, jotka eivät ole oikeita, kunhan hän tajuaa oppineensa ja yrittää selvittää se.

viikko 3, aihe 2   **6. ANTELIAISUUS (m)**

Mitä on anteliaisuus? Millainen ihminen on antelias? Voiko olla liian antelias? Mikä on anteliaisuuden vastakohta? Omat kysymyksesi anteliaisuudesta ja sen vastakohdasta?
Oletko itse antelias? Millaisia asioita voit antaa toisille? Miltä tuntuu, kun annat tai saat? Millainen anteliasuus on hyvä itsesi kehittämiseksi ja miten voit päästä siihen?

Elämä perustuu siihen, että ihmiset antavat ja saavat. Ihmiset oppivat jo lapsuudessaan tähän. Vanhemmat antavat lapsilleen, ystävät toisilleen ja perheessä perheensä jäsenille ja sukulaisilleen. Myös tuntemattomille annetaan.

Anteliasuutta on erilaista. On paljon sellaista, mitä kuuluu antaa kuten huolenpitoa ja yhteisöön liittyvien tapoihin kuuluvaa anteliaisuutta. On siis "pakko" antaa ja jakaa omastaan.

On hyvä miettiä, mitä anteliaisuus tekee saajalleen. Joskus ihmiset kokevat jäävänsä kiitollisuuden velkaa, kun he saavat jotain. Joskus anteliaisuus johtaa siihen, että he odottavat saavansa koko ajan tai että se estää heitä etenemästä elämässä. Usein anteliaisuus hyväntekeväisyystarkoituksessa voi johtaa tällaiseen.

On siis mietittävä, millaista on hyvä anteliaisuus. Se on sellaista, josta kumpikin osapuoli saa hyvän mielen ja iloitsee.

Jokaisen on hyvä miettiä anteliaisuutta ja sitä, millaista on oikea anteliaisuus eli sellainen, minkä ihminen antaa hyvästä sydämestään. Sellaiseen ei liity pakkoa tai velvollisuutta, vaan siitä saa hyvän mielen.

viikko 4, aihe 1   **7. ARKUUS (h)**

Mitä on arkuus? Millainen ihminen on arka? Onko arkuus hyvä tai huono asia? Milloin siitä on haittaa? Vastakohta? Miten ujous ja vaatimattomuus liittyvät arkuuteen? Miten arkuus nähdään henkisellä polulla? Omat kysymyksesi arkuudesta?
Oletko itse arka aina, jossain tilanteessa vai et koskaan? Tunnetko jonkun, jota voit sanoa araksi? Miten arkuuden voi voittaa?

Arkuus ilmenee siten, että ihminen ei uskalla tehdä tai sanoa jotain, mitä pitäisi tai haluaisi. Siihen liittyy paljon pelkoja, jotka voivat olla todellisia tai kuviteltuja. Monet puhuvat ujoudesta. Toiset ihmiset ovat arempia kuin toiset.

Suurin tekijä arkuuden syntymisessä on ihmisen persoonallisuus ja se, miten hän on oppinut tai opetellut toimimaan. Osa arkuutta voi syntyä jo lapsena erilaisten kokemusten kautta tai jopa opittuna.

Arkuudessa on kyse siitä, että henkilö miettii etukäteen, mitä tapahtuu, jos teen tai sanon noin. Siitä tulee tapa, josta on vaikea päästä yli. Joskus on hyvä olla varovainen, mutta liiallinen arkuus estää ihmistä oppimasta sitä, mitä hän on tullut oppimaan. Arkuus estää myös ihmistä saamasta hyviä ja elämää rikastuttavia kokemuksia ja jopa ihmissuhteita.

Jokaisen kannattaa miettiä, miten arka on ja millaisissa tilanteissa se esiintyy. Kun sen on tunnistanut, niin voi miettiä, mitä sille voi tehdä. Vastakohtana on rohkeus ja rohkeutta voi lisätä. Voi miettiä etukäteen, mitä rohkeus on ja miten voisi lisätä sitä. Kun ihminen huomaa, kuinka rohkeus rikastuttaa elämää, niin arkuus vähenee.

viikko 4, aihe 2   8. AVUTTOMUUS (h)
Mitä on avuttomuus? Tunnetko jonkun, joka on avuton? Miten se näkyy? Mikä merkitys avuttomuudella on henkisellä polulla? Mikä on avuttomuuden vastakohta? Miten avuttomuudesta voi päästä? Omat kysymyksesi avuttomuudesta?
Oletko jossain tilanteessa avuton? Millaisissa tilanteissa? Millaisia tunteita siihen liittyy? Miten voit auttaa avutonta?

Jokainen ihminen kokee joskus avuttomuutta. Se on jotain sellaista, jossa ihminen ei tiedä, mitä tehdä tai sanoa. Silloin olisi hienoa, kun olisi joku, joka auttaa ja tukee. Aina sellaista auttajaa ei kuitenkaan ole ja ihmisen on pärjättävä ja tehtävä ratkaisut yksin.

Jälkeen päin yleensä voi huomata, että on oppinut jotain arvokasta ja että on selvinnyt ja pärjännyt. Usein tajuaa myös, että ei ole ainoa, joka on vastaavanlaisessa tilanteessa.

Avuttomuus kertoo myös siitä, että ymmärtää, että ei ole yksin ja on opittava turvautumaan toisiin ja osattava pyytää apua. On myös hyvä tiedostaa, että meillä on henkiset auttajat. Myös heiltä on opittava pyytämään apua ja muistettava kiittää, kun sitä saa.

Parasta avuttomuudessa on se, kuinka ihminen oppii myös itse havaitsemaan, että joku on avuton ja tarvitsee apua. Kun saa auttaa, niin siitä voi kokea iloa.

Henkisellä polulla avuttomuus on suuri opettaja. Se ohjaa havainnoimaan itseä, omaa toimintaa ja kaikkea ympäristössä. Se opettaa ojentamaan auttavan käden niille, jotka apua tarvitsee ja jotka ovat avuttomia, eivätkä osaa tai jaksa pärjätä yksin.

Jokaisen on hyvä pohtia avuttomuutta. Mitä se on ja miten se näkyy? Miten avutonta voi auttaa?

viikko 5, aihe 1 **9. AVOIMUUS (m)**

Mitä on avoimuus? Miten avoimuus näkyy ihmisessä? Voiko avoimuus olla hyvä vai haitta? Miten voisi oppia olemaan sopivasti ja hyvällä tavalla avoin? Mikä on avoimuuden vastakohta? Omat kysymyksesi avoimuudesta? Oletko itse avoin? Millaisissa tilanteissa? Millaisia tunteita siihen liittyy? Tunnetko jonkun, joka on avoin? Miten hän toimii?

Yleensä katsotaan, että avoimuus ihmisen luonteenpiirteenä on hyvä asia. Avoin ihminen on sosiaalinen, kertoo omista asioistaan ja myös kuuntelee toisia. Hänen kanssaan on helppo keskustella. Hän on innokkaasti mukana kaikessa. Avoin ihminen kertoo itsestään paljon ja salaa harvoin mitään.

Joku voi olla liiankin avoin ja kertoa omia tai toisten asioita silloinkin, kun ei pitäisi aiheuttaen näin ikäviä tilanteita ja ongelmia. Hän ei aina muista tai osaa erottaa, millaiset asiat ovat vaitiolovelvollisuuden piirissä. Joskus on myös viisasta olla vaiti.

Oikeanlainen avoimuus auttaa itseä toimimaan ihmisten kanssa oikein ja kunnioittamaan heitä. On puhuttava silloin, kun tilanne on sellainen. On puolustettava toisia ja varsinkin heitä, jotka eivät osaa puolustaa itseään. On myös puolustettava totuutta ja noustava epäoikeudenmukaisuutta vastaan. On vaiettava, jos tilanne vaatii.

Jokaisen on hyvä pysähtyä ja miettiä, kuinka avoin itse on. Pitäisikö olla avoimempi ja rohkaistua kertomaan itsestä tai keskustelemaan enemmän? On hyvä miettiä, milloin on hyvä pidättäytyä paljastamasta asioita, jotka eivät kuulu itselle tai toisille.

viikko 5, aihe 2 **10. EPÄILYS (h)**

Mitä tarkoitetaan epäilyksellä? Millaisia asioita tai ihmisiä epäillään? Mikä on epäilyksen vastakohta? Omat kysymyksesi epäilyksestä? Oletko sinä tai joku läheisesi joutunut epäilyksen kohteeksi? Mitä asiaa tai ketä olet epäillyt? Miksi? Miltä epäilys tuntui? Oliko epäilykselle perusteita? Millaisia asioita epäilet edelleen? Miten voit oppia suhtautumaan epäilykseen parhain päin ja oppia toiminaan henkisesti oikein?

Epäilys ja epäileminen kuuluvat elämään. Ihminen voi epäillä toisia ihmisiä, asioita tai tapahtumia. Terve epäilys panee ihmisen miettimään ja selvittämään, mikä on totta ja mikä ei. Siihen kuuluu myös se, että uskotaan, kun siihen on syytä.

Oikeanlainen kriittisyys ja epäileminen ovat hyviä asioita ja tuovat turvallisuutta. Liiallinen epäileminen johtaa siihen, että ihmisestä tulee epäluuloinen eikä hän usko, vaikka hänelle kerrotaan totuus. Pahimmillaan se saa paranoidisia eli harhaluuloisuuden piirteitä. Ihminen usein epäilee erityisesti yhtä ihmistä ja luulee, että tämä haluaa häntä vahingoittaa tai varastaa häneltä.

Jos joku joutuu syyttä suotta epäilyksen kohteeksi, se aiheuttaa paljon pahaa mieltä. Valitettavan usein lähellä olevat ihmiset eivät ota selvää asioista ja uskovat, mitä heille sanotaan. Nykyään myös sosiaalinen media on täynnä tällaisia vääriä tietoja ja epäilyjä.

Jokaisen on hyvä miettiä, millainen epäilys on oikeaa ja tervettä ja millaisiin esitettyihin väitteisiin on suhtauduttava epäillen. On myös pyrittävä ottamaan selvää, jos epäilee jotakuta tai jotain. Tarvittaessa on puolustettava ja tuotava tosiasiat esille.

viikko 6, aihe 1   11. EPÄOIKEUDENMUKAISUUS (h)
Mitä tarkoitetaan epäoikeudenmukaisuudella? Millaisissa tilanteissa se ilmenee? Mikä on sen vastakohta? Omat kysymyksesi epäoikeudenmukaisuudesta?
Oletko kokenut epäoikeudenmukaisuutta? Millaisissa tilanteissa? Miltä se tuntui? Keitä oli siinä osallisena? Oletko voinut antaa anteeksi? Miten tilanteessa olisi pitänyt toimia? Miten se auttaa henkistä kasvuasi? Miten voit oppia unohtamaan?

Ihmisellä on synnynnäinen oikeudenmukaisuuden tunne. Jokainen tietää, milloin on tapahtunut vääryys. Tällöin ihminen kokee tulleensa väärin kohdelluksi. Ehkä hänestä on sanottu jotain, mikä ei pidä paikkaansa. Tai häntä on kohdeltu väärin tai hänet on jätetty perusteetta huomiotta.

Usein epäoikeudenmukaisuuden kokemuksia tulee perhepiirissä, ystävien kesken, perinnön jaossa, koulussa ja työelämässä, mutta myös yhdistyksissä ja harrastuksissa se on yleistä. Epäoikeudenmukaisuuden kokemus aiheuttaa ihmisessä aina jonkinlaisen trauman.

Joskus on vaikea käsittää, miksi jotkut ihmiset kohtelevat toisiaan väärin. Ei tarvita paljoa mielikuvitusta, jotta voi ymmärtää, mitä tehty teko toisessa aiheuttaa. Tarvitaan vain hieman empatiaa. Aina voi kysyä, miltä minusta tuntuu, jos minulle tehdään näin.

Usein kyseessä on oman edun tavoittelu, valta, ahneus, riita tai yksinkertaisesti vain tietämättömyys tai ymmärtämättömyys.

Jokaisen kannattaa pohtia epäoikeudenmukaisuutta. Onko itseä tai jotain läheistä kohdeltu epäoikeudenmukaisesti tai onko itse kohdellut jotakuta epäoikeudenmukaisesti? Asia on hyvä työstää ja pyrkiä selvittämään.

viikko 6, aihe 2   12. EPÄONNI (h)

Mitä on epäonni? Millaisissa tilanteissa se ilmenee? Ketä on kohdannut epäonni? Mikä on epäonnen vastakohta? Omat kysymyksesi epäonnesta? Oletko kokenut epäonnea? Millaisissa tilanteissa? Miltä sellainen tuntui? Miten pääsit sen yli? Miten tilanteessa olisit voinut toimia paremmin? Miten sellainen auttaa henkistä kasvuasi? Miten voit oppia unohtamaan?

Ihmiset haluavat olla onnellisia ja iloitsevat, kun onni kohtaa heitä. Tuskin kukaan iloitsee, kun he kokevat jotain, minkä he tulkitsevat epäonneksi. Epäonni on tapahtuma, joka koetaan vaikeana, usein jonkin ulkopuolisen aiheuttamana ja ansaitsemattomana sekä ylimääräisenä "pahana".

Ihmiset haluavat ja arvottavat asioita elämässään. Epäonnena koetaan, kun ihminen menettää jotain, mitä hän on arvostanut tai mistä pitänyt. Voi olla, että ihminen haluaa jotain kiihkeästi eikä epäonnekseen saa sitä.

Jos ymmärrämme elämän suurena kouluna ja syyn ja seurauksen lain alaisena, niin ymmärrämme onnea ja epäonnea paremmin. Joitakin asioita tapahtuu ja jotain saamme tai menetämme, jotta oppisimme. On siis hyvä kysyä, miksi tämä epäonni tai onni on minua kohdannut. Mitä se kertoo minusta ja elämästäni? On myös hyvä miettiä koko mennyttä elämää näin ja saada ymmärrys, mitä olemme menettänyt ja mitä on tarkoitus oppia.

Jokaisen on hyvä miettiä epäonnea. On paljon asioita, joille voi tehdä jotain ja välttää epäonnea tai korjata se. Kysymys on myös asenteesta. Aina voi arvottaa asiat toisin ja kääntää epäonni onneksi ja opiksi. Asian ymmärtäminen lohduttaa.

viikko 7, aihe 1   **13. ETIIKKA (m)**

Mitä on etiikka? Miten etiikka näkyy elämässä ja ohjaa sitä? Millaisia eettisiä periaatteita on? Ongelmia etiikassa? Omat kysymyksesi etiikasta? Miten etiikka näkyy elämässäsi? Millaiset eettiset periaatteet sinulla on? Miten onnistut tai et onnistu noudattamaan niitä? Mitä eettisiä ongelmia sinulla ja läheisilläsi on? Miten voisit lisätä omien eettisten periaatteittesi noudattamista?

Etiikka tulee kreikan kielen sanasta ethika, mikä tarkoittaa ohjenuoraa eli ohjeita, joita tulee noudattaa elämässä.

Olemme perineet "äidinmaidossa" paljon erilaisia ohjeita, jotka kertovat, mitä saamme ja emme saa tai mitä on hyvä ja ei hyvä tehdä. Ne voivat olla kirjoitettuja kuten lait tai uskonnolliset kiellot ja käskyt, mutta usein ne ovat kirjoittamattomia kulttuuriin, yhteiskuntaan ja perinteeseen kuuluvia. Jo lapset oppivat näitä paljon kotona ja koulussa. Myös työelämässä on paljon erilaisia sääntöjä ja ohjeita.

On hyvä pysähtyä miettimään, kuinka paljon eettiset ohjeet meitä ohjaavat ja mitkä perinteet eivät ole hyväksi. On karsittava meitä kahlitsevat ohjeet ja etsittävät sellaiset, jotka auttavat meitä elämään oikein ja jotka edesauttavat meitä henkisessä kehityksessä eteenpäin.

Jokaisen on hyvä tehdä itselleen eettiset periaatteet ja pyrkiä noudattamaan niitä. Ne osoittavat elämän suunnan vaikeinakin aikoina. Ne on hyvä kirjata ja tarkistaa aika ajoin. Niistä kannattaa keskustella läheisten ja ystävien kanssa, jotta niitä on helpompi noudattaa, kun yhdessä ne laaditaan ja niitä noudatetaan.

viikko 7, aihe 2 **14. HARTAUS (m)**

Mitä on hartaus? Miten, missä tilanteissa ja paikoissa ollaan hartaita? Miten se näkyy ulospäin? Mikä merkitys sillä on? Onko hartautta liian vähän vai liikaa? Onko hartaudesta hyötyä ja jos on, niin mitä? Millainen hartaus tukee ihmisen henkistä kehittymistä? Miksi? Omat kysymyksesi hartaudesta? Oletko harras usein, joskus tai ei koskaan? Koetko, että se kuuluu ihmiselämään?

Hartaus on tunne, jossa ollaan rauhassa ja uppoutuneena hartauden kohteeseen. Ihminen kokee myös saavansa jotain ja ehkä kasvavansa henkisesti.

Hartaus yhdistetään erityisesti uskontoon, mutta ihminen voi kokea hartautta muidenkin asioiden suhteen. Joskus hartauden tunne syntyy, kun kuunnellaan musiikkia tai katsotaan taidetta. Joillekin meditaatio tuo hartauden tunteen.

Uskonnollinen hartaus on hyvä esimerkki siitä, mitä se on. Ihminen tietoisesti ja tiettynä aikana pysähtyy ja hiljentyy, jotta pääsee hartauden edellyttämään tunnelmaan. Usein siihen liittyy rituaaleja ja rukouksia. Erityisesti yhdessä tehdyt seremoniat auttavat. Varsinkin musiikki, laulu, rukoukset ja muut rituaalit lisäävät mahdollisuuksia olla harras.

Hartauden tunnetta lisää ympäristö. Jotkut kokevat hartautta parhaiten kirkossa tai kotona rakennetun alttarin edessä, jossa on itselle tärkeitä esineitä.

Jokaisen on hyvä pyrkiä arjessa, lähes joka päivä ja erityisesti kiireisinä aikoina hartauteen, koska se nostaa värähtelyjä ja rauhoittaa. Se mahdollistaa myös yhteyden korkeammille tasoille ja jopa Korkeimpaan.

viikko 8, aihe 1   15. HAUKKUMINEN (h)

Mitä tarkoitetaan toisen ihmisen haukkumisella? Oletko ollut tilanteessa, että jotakuta on haukuttu? Millaisessa tilanteessa? Mitä tapahtui? Mikä vaikutus sillä voi olla ihmiselle? Omat kysymyksesi haukkumisesta? Oletko itse haukkunut jotakuta toista tai joutunut haukkumisen kohteeksi? Mitä tapahtui? Miltä se tuntui? Miten selvisit sellaisesta? Miten tulee toimia parhain päin tilanteissa, joissa tapahtuu haukkumista?

Ihmisten pitäisi aina olla ystävällisiä ja rakastavia toisilleen. Kuitenkin jotkut ihmiset haukkuvat toisiaan. Usein se liittyy riitelemiseen ja erimielisyyksiin, jolloin se on myös äänekästä. Haukkuja etsii toisen heikot kohdat ja tuo ne esiin ikävällä tavalla.

Joskus haukkuminen liittyy kiusaamiseen, jolloin toiset osoittavat valtaansa haukkumalla. Koska kiusaajalla on ylivalta ja usein mukana seuraajia, niin haukkuminen satuttaa uhria paljon ja varsinkin, jos se, miten haukutaan, ei ole totta.

Joskus haukkuminen liittyy avioparien tai ystävien riitelyyn. Siinä kilpaillaan, kuka on vahvin ja voitolla. Harvoin tällainen haukkuminen on vakavaa ja se päättyy sovintoon ja anteeksi pyytämiseen. Mutta se voi olla myös merkki jostain vakavammasta ongelmasta ja on siten hälytysmerkki. Viimeistään tällöin asiat pitäisi koettaa selvittää, puhua ja sopia.

Jokaisen on hyvä miettiä, mitä haukkuminen on. Haukkuminen ei ole koskaan oikein. On ymmärrettävää, että ihminen menettää joskus malttinsa ja haukkuu toista. On kuitenkin opittava tunnistamaan tilanne ja hillitsemään itsensä niin, että tunteet eivät ohjaa käyttäytymistä. Voi hengittää hetken tai laskea kymmeneen, ennen kuin sanoo mitään.

viikko 8, aihe 2   **16. HELLYYS (m)**

Mitä on hellyys? Onko hellyys tarpeen? Miten ihmiset osoittavat hellyyttä? Missä tilanteissa? Onko erilaista hellyyttä? Mikä merkitys hellyydellä on? Omat kysymyksesi hellyydestä?

Osaatko olla hellä? Miten sinä osoitat hellyyttä? Saatko hellyyttä? Mikä merkitys hellyydellä on sinulle, läheisellesi ja henkiselle kehitykselle? Miten voit lisätä hellyyttä omaan ja läheistesi elämään?

Hellyys kuuluu ihmisyyteen. Se on tunne, jossa on mukana rakkautta. Se kohdistuu toiseen ihmiseen tai eläimeen. Usein hellyys ilmenee haluna koskettaa ja halata toista tai olla toisen lähellä ja sivellä hellästi. Monesti siihen liittyy myös erilaiset teot ja jopa uhrautumiset, jotka osoittavat hellyyden kohteelle, että hänestä pidetään.

Hellyys on parhaimmillaan silloin, kun se on molemminpuolista tai kun vastapuolikin osoittaa hellyyttä tai ainakin sen, että arvostaa sitä.

Hellyyttä on erilaista. Äidin hellyys lasta kohtaan eroaa siitä, mitä se on puolisoiden, muiden perheenjäsenten tai rakastavaisten välillä. Myös ystävien välillä on olemassa hellyyttä, joka useimmiten näkyy tekoina.

Hellyyttä osoitetaan eri tavalla eri perheissä, yhteisöissä ja kulttuureissa. Ranskalaiset antavat poskisuudelmia, kun taas suomalaiset ovat vasta opetelleet halaamaan. Jotkut osaavat olla helliä. Jotkut ovat helliä vain joillekin, esimerkiksi lapsille. On ihmisiä, jotka eivät sitä osaa.

Jokaisen on hyvä miettiä, mitä hellyys on ja miten sitä voi lisätä. On hyvä selvittää oma suhtautuminen hellyyteen. Ehkä olisi hyvä opetella osoittamaan hellyyttä enemmän, sillä sitä ihmiset tarvitsevat.

viikko 9, aihe 1   **17. HENKINEN (m)**

Mitä tarkoitetaan sanalla henkinen? Mikä ihmisessä ja maailmassa on henkistä? Millainen on henkinen ihmiskäsitys ja maailmankuva? Henkisen vastakohta? Henkinen kehittyminen? Omat kysymyksesi henkisestä? Millainen on sinun ihmiskäsityksesi ja maailmankuvasi? Onko se henkinen? Miten se näkyy elämässäsi? Mikä merkitys sillä on sinulle? Miten voit lisätä henkisyyttä elämääsi?

Ihmisen on hyvä selvittää itselleen oma ihmiskäsitys ja maailmankuva. Niillä tarkoitetaan sitä, mistä kaikki maailmassa koostuu. Onko kaikki henkistä vai materiaa vai jotain siltä väliltä? Kun ihminen haluaa tietoisesti kulkea henkistä polkua, niin väistämättä hänen on mietittävä, mitä käsite henkinen tarkoittaa.

Henkisen maailmankuvan ja ihmiskäsityksen mukaan kaikki on henkistä, energiaa ja värähtelee. Ihminen on perusolemukseltaan Jumalan tai jonkin Korkeamman luoma henkinen olento, jolla on fyysisen kehon lisäksi henkisempi olemuspuoli, joka koostuu fyysisestä kehon kaksoispuolesta eetteri- eli energiakehosta sekä astraali- eli tunne-, mentaali- eli ajatus- ja kausaali- eli syykehosta. Kaikki värähtelevät eri taajuuksilla. Kaikista tärkein on kuitenkin ihmisen Minä eli jumalkipinä, jonka Korkein on luonut ja joka syntyy maan päälle yhä uudestaan oppimaan, kunnes on oppinut kaiken sen, mitä on suunniteltukin.

Jokaisen kannattaa miettiä, mitä henkisyys tarkoittaa konkreettisesti. Se auttaa etenemään henkisellä polulla huomattavasti helpommin ja nopeammin kuin pelkästään yritysten ja erehdysten kautta.

viikko 9, aihe 2   **18. HERKKYYS (m)**

Mitä tarkoittaa ihmisen herkkyys? Mikä merkitys herkkyydellä on ihmiselle? Voiko ihminen olla liian herkkä? Hyvät ja huonot puolet herkkyydestä? Herkkyyden vastakohta? Omat kysymyksesi herkkyydestä? Osaatko olla sopivasti herkkä? Miten se näkyy? Mikä merkitys herkkyydellä on henkiselle kehityksellesi? Miten voit vähentää liiallista herkkyyttä ja lisätä henkiselle kehitykselle sopivaa herkkyyttä?

Herkkyydellä tarkoitetaan sitä, miten ihminen kokee asioita, tapahtumia ja toisia ihmisiä sekä reagoi niihin. Tietynlainen herkkyys on tervettä ja jopa elintärkeää ja lisää turvallisuutta. Se osoittaa, että ihminen on yhteydessä ympäristöön, havainnoi sitä ja reagoi siihen, mitä tietoa hän saa.

Toiset ovat herkempiä kuin toiset. Liiallinen herkkyys on monille ongelma, koska aistit saattavat ylikuormittua. On aistiyliherkkiä, joiden on opittava elämään sen kanssa.

On niitä, jotka elävät ikään kuin aistit olisivat osittain tai valikoidusti auki, mikä myös saattaa aiheuttaa ongelmia ja vaaratilanteita. Toisten ihmisten on joskus vaikea ymmärtää ja hyväksyä tällaisia ihmisiä.

Jokaisen on hyvä miettiä, miten herkkä itse on ja aiheutuuko siitä ongelmia, joita voi estää jotenkin. On hyvä myös oppia ymmärtämään ihmisiä, joilla on aistiyliherkkyys tai valikoiva herkkyys. Jokainen voi opetella herkkyyttä, joka auttaa meitä elämään turvallisesti.

Jokaisella on kyky mediaaliseen herkkyyteen, jonka avulla voidaan olla yhteydessä henkisille tasoille. Sitä kykyä voi harjoittelemalla oppia käyttämään omaksi ja toisten hyväksi.

viikko 10, aihe 1   **19. HILJENTYMINEN (m)**

Mitä on hiljentyminen? Miten hiljennytään? Mikä merkitys hiljentymisellä on ihmiselle? Eroaako se meditaatiosta? Omat kysymyksesi hiljentymisestä?

Hiljennytkö säännöllisesti? Miten, missä ja miksi hiljennyt? Mikä merkitys sillä on henkiselle kehityksellesi? Miten hiljentymisellä voit muuttaa itseäsi, ympäristöä ja jopa maailmaa?

Monille hiljentyminen tarkoittaa rauhoittumista tai stressin vähentämistä. Uskovaiset hiljentyvät rukoilemaan tai lukemaan uskonnollista kirjallisuutta. Hyvä hiljentyminen on sellainen, jossa keho rentoutuu sekä tunteet ja ajatukset hiljenevät.

Monille hiljentyminen on meditaatiota, jota tehdään päivittäin oman henkisen kehityksen tueksi. Onnistunut meditaatio johtaa korkeaan ja laajentuneen tietoisuuden kokemiseen, mielen vapauden tilaan sekä luovaan ja abstraktiin ajatteluun. Tarkoituksena on päästä ulkoisen persoonallisuuden taakse. Kun ajatusprosessi lakkaa, se sallii intuition ja uusien oivallusten nousta Itsen syvimmästä osasta, jolloin yksilö alkaa tuntea kohteen uudella tavalla ja sulauttaa oman tietoisuutensa siihen, yhtyy siihen.

Usein ihmiset sanovat, ettei ole aikaa hiljentyä, mutta eivät huomaa, kuinka paljon turhia ja aikaa vieviä asioita he kasaavat elämäänsä. Kyse on vain siitä, haluaako hiljentyä ja mitä ymmärtää tai tavoittelee sillä.

Jokaisen on hyvä hiljentyä silloin tällöin hetkeksi pohtimaan elämäänsä. Vielä parempi olisi, jos voisi hiljentyä jokaisena tai lähes jokaisena päivänä suunnitelmallisesti.

viikko 10, aihe 2   20. HIMO (h)

Mitä on himo? Mikä merkitys himolla on ihmiselle? Onko himoitseminen paha vai hyvä asia? Mitä ihmiset himoitsevat ja miten he sen tekevät? Omat kysymyksesi himoista ja himoitsemisesta?
Himoitsetko joitain asioita? Millaisia asioita? Miksi? Miten himo alkoi? Mikä merkitys sillä on henkiselle kehityksellesi? Miten voit oppia voittamaan vääränlaiset himot?

Himo tarkoittaa, että ihminen haluaa jotain oikein kovasti ja jopa niin paljon, että on valmis tekemään mitä tahansa saadakseen sitä, jolloin siitä voi puhua addiktiona. Yleensä himot liitetään tarpeiden kuten nälän, janon tai seksuaalitarpeiden tyydyttämiseen.

Ihminen voi himoita mitä tahansa ja hän kokee, että hän ei voi elää ilman sitä. Nykyään on paljon sellaisia asioita, joita ihmiset himoitsevat. Jotkut himoitsevat materiaalisia asioita kuten rahaa tai tavaroita. Joillekin harrastuksesta tulee pakkomielle. Rikkaat keräilevät autoja, taidetta tai asuntoja. Pienemmälläkin rahalla voi kerätä esineitä: nukkeja, pehmoleluja, koriste-esineitä ym.

Himo on hyvä esimerkki siitä, kuinka ajatukset ja tunteet lisääntyvät, kun niihin laittaa energiaa. Ainoa keino päästä siitä on lakata antamasta himolle energiaa ja suunnata se asioihin, jotka ovat henkisen kehityksen kannalta parempia.

Jokaisen on hyvä miettiä, mitä itse himoitsee ja missä määrin se hallitsee elämää. Henkisellä polulla itsensä tunteminen on avainasemassa. Kun havaitsee asioita, joita himoitsee, niin siitä saa hyvän kohteen, jossa voi opiskella itsensä hallintaa ja luopumista.

viikko 11, aihe 1   21. HUOLET (h)
Mitä ovat huolet? Millaisia huolia ihmisillä on? Miten niihin suhtaudutaan? Mitä huolet opettavat? Kuuluvatko ne elämään? Omat kysymykset huolista? Onko sinulla nyt tai ollut huolia? Millaisia huolia? Miten suhtaudut niihin ja miten selviät niistä? Mikä merkitys huolilla on henkiselle kehityksellesi? Miten voit oppia selviytymään huolista paremmin?

Ihmiset sanovat, että heillä on huolia, jotka askarruttavat heitä ja joista he haluavat eroon. Pienemmät huolet on helppo ratkaista tai syrjäyttää, mutta isommat huolet painavat mieltä. On aina helpotus, kun huolia aiheuttavat asiat ratkaistaan tai poistuvat.

Useimmiten huolia aiheuttavat muut ihmiset tai elämässä tapahtuvat asiat. Tavallisimmat huolet liittyvät läheisiin ihmissuhteisiin, rahaan, terveyteen, asumiseen tai ympäristöön.

Kun ongelma syntyy tai tulee tietoon, niin ihminen alkaa pohtia ja murehtia sitä, varsinkin jos asialle ei voi mitään tai se on vaikeasti hoidettavissa.

Henkisellä polulla tietoisesti kulkevan on ymmärrettävä, että on paljon asioita, jotka aiheuttavat huolta, jotta opimme. On asioita, joille emme voi mitään. Ne on hyväksyttävä ja mentävä elämässä eteenpäin. Ehkä ne ovat vihjeitä, että nyt on "suljettava ovi", mentävä elämässä eteenpäin ja katsottava, mitä uutta tulee. On asioita, joille voimme jotain ja silloin se on myös tehtävä, reippaasti.

Jokaisen on mietittävä, millainen huolten kantaja ja murehtija itse on sekä miten on toiminut, kun on huolia. Lisäksi on hyvä pohtia, miten kannattaa seuraavalla kerralla toimia, kun tulee huolia.

viikko 11, aihe 2   **22. HUUMORI (m)**
Mitä on huumori? Millaisissa tilanteissa on huumoria? Kuka on huumorihenkilö? Mikä vaikutus huumorilla on? Millaisiin tilanteisiin se sopii tai ei sovi? Vastakohta? Omat kysymyksesi huumorista? Oletko huumorintajuinen? Mitä huumori sinulle merkitsee? Miten voit lisätä huumoria elämässäsi?

Sanotaan, että ihminen tarvitsee huumoria ja että se on elämän suola ja keventää tunnelmaa. Huumorin avulla voidaan katsoa elämän tilanteita uudesta näkökulmasta ja nauraa yhdessä. Huumoria saadaan monesti oman tai toisten kokemista elämän tilanteista. Sitä voi myös kehitellä ja luoda sanaleikkinä. Pääasia on, että se naurattaa tai ainakin saa hymyn huulille.

Yleensä kaikki ymmärtävät huumoria ja tunnistavat sen huumoriksi, mutta ei aina eivätkä kaikki. On oltava herkkä sille, ettei loukkaa huumorillaan toisia tai toisten arvoja.

Nauru tekee hyvää ja siksi tarvitsemme huumoria. Jotkut ovat huumori-ihmisiä, muistavat paljon vitsejä ja osaavat kertoa niitä. Toiset taas eivät muista ainuttakaan vitsiä, mutta osaavat arvostaa huumoria.

On hyvä miettiä, mitä huumori on ja millainen huumori on hyvää eikä loukkaa toista. Erityisesti on hyvä muistaa huumorin hyvää tekevä ja elämää keventävä vaikutus.

Joskus on muistutettava itseä, ettei kaikkea tarvitse ottaa niin vakavasti ja totisena, vaan aina voi jälkeen päin nauraa tai ainakin hymyillä hassuille ja koomisille omille tai toisten sattumuksille.

Jokaisen on hyvä pohtia huumoria. Millainen on oma suhteesi siihen? Entä suhteesi toisten huumoriin? Miten lisäät sitä elämääsi.

viikko 12, aihe 1   **23. HYVÄKSYMINEN (m)**

Mitä ymmärrät sanalla hyväksyminen? Millaisissa tilanteissa on hyväksyntää? Mitä voi hyväksyä ja mitä ei? Hyväksymisen vastakohta? Omat kysymyksesi hyväksymisestä?
Oletko itse saanut hyväksyntää? Millaisissa asioissa? Kuka sitä antoi? Miltä se tuntui? Mikä merkitys hyväksymisellä on henkisessä kehittymisessäsi ja elämässäsi? Miten voit lisätä hyväksymistä elämässäsi?

Hyväksymisellä tarkoitetaan sitä, että on jokin, jotakin tai jopa joku, jota arvioidaan tai arvostellaan ja sitten hyväksytään tai hylätään.

Koulussa ja opiskelussa hyväksytään koesuoritus, tentti tai näyttö. Työpaikalla hyväksytään työsuoritus ja työn tekeminen. Kotonakin on monia toimintoja, joita toinen perheenjäsen (usein vanhemmat) voi hyväksyä. Esimerkkinä ovat siivoaminen, astioiden peseminen tai vaatteiden silitys. Jotkut hyväksyvät sen, kuinka matkalaukku pakataan tai remontti tehdään.

Ihmisillä on tarve saada hyväksyntää vanhemmilta, opettajalta, ystäviltä, tutuilta tai kavereilta. Varsinkin lapset tarvitsevat sitä, mutta on se aikuisillekin tärkeää. Usein sillä on merkitystä itsetunnon kasvattamisessa.

Joskus ihminen unohtaa, että toiset tarvitsevat hyväksyntää. Siksi olisi hyvä tietoisesti opetella ja oppia sanomaan toiselle kannustava ja positiivinen palaute. Jokainen tarvitsee kannustusta. Varsinkin lapsille on hyvä osoittaa hyväksyminen. Jos sitä ei muuten saa, niin aina voi keskustella asiasta ja osoittaa, että tarvitsee sitä.

Jokaisen on hyvä miettiä, mitä tarkoittaa hyväksyminen ja oletko itse saanut sitä ja antanut toisille.

viikko 12, aihe 2   **24. HYVÄ OLO (m)**

Mitä ymmärrät hyvällä ololla? Mikä aiheuttaa ihmisille hyvää oloa? Millainen olo se on? Vastakohta? Omat kysymyksesi hyvästä olosta? Milloin olet kokenut viimeksi hyvää oloa? Mikä sen aiheutti? Miltä se tuntui? Muita hyvän olon kokemuksiasi? Mistä saat hyvää oloa? Miten voit lisätä omaa hyvää oloasi?

Ihmisellä on hyvä olo, kun kaikki on hyvin. Hyvä olo tuntuu niin kehossa, tunteissa kuin ajatuksissa. Hyvä olo tulee yleensä siitä, että terveys, niin kehon kuin mielen terveys on hyvä. Siihen vaikuttavat paljon myös ihmissuhteet ja ympäristö. Joskus sen tuo hyvä uni, ulkoilu, meditaatio tai jokin fyysisen kehoon vaikuttava kuten hieronta, sauna, uiminen tai henkiparannus.

Usein hyvän olon kokemiseen tarvitaan jokin erityinen, odotettu tai odottamaton tapahtuma tai yhdessä jonkun tai porukan kanssa tehty juttu. Hyvä olo syntyy myös, kun ihminen kokee olevansa rakastettu tai huomion keskipisteenä. Joskus hyvälle ololle ei tarvita mitään syytä. Hyvää oloa voi kokea, vaikka on ongelmia, sairautta tai muita huolia aiheuttavaa.

Ihminen tavoittelee hyvää oloa tai ainakin mahdollisimman hyvää oloa. Joillekin se on tärkein asia elämässä. Joskus hyvän olon kaipuu johtaa asioihin, jotka vahingoittavat itseä tai toisia, kuten käy huumeiden tai liiallisen alkoholin käytössä. Sellainen hyvän olon tavoittelu on itsekästä ja jättää toiset huomiotta.

Jokaisen on hyvä pohtia hyvää oloa, mistä sen saa ja miten sitä voi jakaa.

viikko 13, aihe 1   **25. HÄPEÄ (h)**

Mitä on häpeä? Mitä hävetään? Miksi? Onko erilaista häpeää? Häpeävätkö jotkut enemmän kuin toiset? Häpeän vastakohta? Omat kysymyksesi häpeästä?

Mitä ja milloin olet hävennyt? Miksi? Miltä se tuntui? Miten voit päästä yli häpeän? Mikä merkitys häpeällä on henkisen kehityksen kannalta?

Häpeä tunteena on ihmisen perustunteita. On aina mysteeri, miten lapsi oppii häpeämään. Paljon lapsi oppii siitä, kuinka häntä ohjataan lapsuudessa. Kun hän tekee väärin, niin häntä käsketään häpeämään. Ehkä hänet laitetaan häpeänurkkaan miettimään, mitä tuli tehtyä.

Jokainen on hävennyt jotain, mitä tuli tehtyä tai sanottua. Se on tunne, joka sisältää katumista. Häpeää voidaan myös tuntea jostain, jonka joku muu henkilö on tehnyt. Joskus tunnetaan häpeää jopa menneiden sukupolvien tekemisistä.

Häpeä voi muodostua siitäkin, millainen ihminen on itse tai hänen läheisensä ovat tai, että hän ei ole sellainen, kuin toiset kuten vanhemmat, sukulaiset, koulu, työtoverit tai ystävät toivovat hänen olevan.

Jokaisen on hyvä miettiä, mistä on elämässään tuntenut häpeää, miten se on syntynyt, miltä se on tuntunut ja vieläkö se vaikuttaa. On tultava sinuksi häpeän kanssa ja opittava suhtautumaan siihen terveellä tavalla. On myös opittava toimimaan niin, ettei tarvitse hävetä. Tärkeää on miettiä, miten toimia niin, ettei siirrä häpeää seuraavalle sukupolvelle ja että he oppivat terveen tavan suhtautua siihen ja päästä sen yli.

viikko 13, aihe 2   **26. ILO (m)**

Mitä on ilo? Miltä ilo tuntuu? Onko olemassa erilaista iloa? Mikä merkitys ilolla on elämässä yleensä? Ilon vastakohta? Omat kysymyksesi ilosta? Milloin olit viimeksi iloinen? Mitä tapahtui ja miltä se tuntui? Mitkä asiat tuovat sinulle iloa ja mitkä vähentävät? Mitä voit tehdä lisätäksesi omaa ja toisten iloa? Mikä merkitys ilolla on henkisen kehityksen kannalta?

Ilo on tunne, mikä kuuluu jokaiselle ja on tuttu jo lapsuudesta. Ilo tekee hyvää ja ihmiset tekevät paljon asioita varta vasten kokeakseen iloa ja tuottaakseen sitä muille.

Kun ihminen on iloinen, niin siinä on läsnä muitakin tunteita kuten onnellisuutta, hyvää oloa ja mielihyvää. Ilo tuntuu koko kehossa ja usein siihen kuuluu nauru tai ainakin hymy. Joskus ilo on niin suurta, että ihminen kokee leijuvansa.

Joskus iloon ei tarvita paljoa. Se voi tulla vastaantulijan hymystä, muutamista sanoista tai jostain teosta. Suurin ilo tulee elämän isoimmista asioista. Joillekin se on rakkaan ihmisen tapaaminen, häät, lasten syntyminen, opiskeluun pääseminen, valmistuminen tai työn löytyminen. Monet materiaalisetkin asiat tuovat iloa.

Paljon iloa saadaan, kun kokoonnutaan yhteen sukulaisten tai ystävien kesken ja tehdään jotain mukavaa yhdessä. Paljon iloa voi kokea yksinkin.

Jokaisen on hyvä miettiä, mitä ilo on, mistä kaikesta saa iloa, mikä estää sitä ja mikä merkitys sillä on itselle. Näitä asioita voi tehdä tietoisesti niin, että iloa on tasaisesti vuoden jokaisena päivänä itselle ja muille.

viikko 14, aihe 1   **27. INHIMILLINEN (m)**
Mitä ymmärrät inhimillisyydellä? Miten ihminen käyttäytyy, kun hän on inhimillinen? Tai kun hän ei ole? Miten se liittyy ihmisyyteen? Vastakohta? Omat kysymyksesi inhimillisyydestä?
Oletko ollut tilanteessa, jossa voit sanoa jonkun toimineen tai itse toimineesi inhimillisesti? Mitä silloin tapahtui? Kuka toimi ja miten? Miltä se tuntui? Miten voit lisätä inhimillisyyttä?

Inhimillisyys pitää sisällään ajatuksen siitä, miten ihmisenä tulee toimia ja millainen hän perusolemukseltaan on tai tulisi olla.

Sanotaan, että joku toimii inhimillisesti. Silloin hän on ehkä antanut anteeksi jonkin teon tai sanat ja katsonut tekoa ihmisen näkökulmasta, ymmärtänyt taustoja. Usein se sisältää oletuksen, että toinen ei enää toimi niin.

Yleensä inhimillisyys näkyy jonkinlaisena hyvänä tekona, sanoina tai ajatuksena toista tai toisia kohtaan. Ollaan inhimillisiä pahan- tai väärintekijää kohtaan. Ei rangaista ollenkaan tai rangaistaan lievemmin kuin pitäisi.

Joskus inhimillisyyttä käytetään väärin. Näin saattaa tapahtua, jos ei selvitetä asioita ja taustoja. Väärintekijä ei ehkä ansaitsekaan lievennystä eikä siis tulla kohdelluksi inhimillisesti. Hän ei ole vielä oppinut sitä, mitä pitäisi.

Kaikkia pitäisi kohdella inhimillisesti. Se tekee hyvää ja tukee ihmisen kasvua ihmisyyteen. Ehkä pitäisi enemmän puhua siitä ja opettaa lasillekin, mitä se tarkoittaa.

Jokaisen on hyvä miettiä, mitä inhimillisyys on, miten voisi edistää sitä ja toimia itsekin niin kuin on hyvä ja inhimillisesti.

viikko 14, aihe 2   **28. INHO (h)**
Mitä ymmärrät inholla? Miten inho ilmenee? Onko inho perustaltaan pahaa? Voiko se olla myös hyvää? Mikä on inhon vastakohta? Omat kysymyksesi inhosta?
Mitä inhoat? Miksi? Milloin koit viimeksi inhoa? Millaisia ajatuksia ja muita tunteita siihen liittyi? Oletko kokenut, että joku inhoaa sinua? Miltä se

tuntui? Mitä voit oppia inhosta? Miten voit oppia voittamaan inhosi? Mikä on inhon merkitys henkisen kehityksen kannalta?

Inho on tunne, jossa koetaan voimakasta vastenmielisyyttä jotain asioita tai ihmisiä kohtaan, joista ihminen ei pidä eikä halua kohdata.

On usein vaikea sanoa, miten inho jotain tai jotakuta kohtaan on alun perin syntynyt. Monet lapsuuden kokemukset ovat yhtenä syynä, mutta jotkut kokevat inhonneensa joitakin asioita ilman, että sille löytyy alkua. Inhon kohteet voivat olla perittyjä tai kulttuuriin kuuluvia. Monet inhoavat asioita, joita pelkäävät kuten käärmeitä, hiiriä, lepakoita tai hämähäkkejä.

Myös ihmissuhteissa voi syntyä inhoa. Yleensä se liittyy riita-asioihin, asenne-eroihin, rasismiin, avioeroon tai jopa elämänkatsomuksiin. Vaarallisinta se on, jos siihen liittyy vihaa tai jopa tekoja toista tai toisia kohtaan.

Jokaisen on hyvä miettiä, mitä inhoaa, mistä se on alun perin tullut ja miltä se tuntuu. Inho, jolle ei ole perusteita kannattaa hylätä. Kun ihminen tiedostaa inhon kohteet, niin niihin voi oppia suhtautumaan toisin ja niiden kanssa voi oppia elämään. Jo tieto ja sen pohjalta saatu ymmärtäminen auttaa. Henkiselle polulle ei kuulu inhoaminen vaan rakkaus.

viikko 15, aihe 1   29. INTOHIMO (h)

Mitä on intohimo? Mihin asioihin se liitetään? Miten se ilmenee sanoina ja käytöksessä? Onko se eri asia kuin himo? Omat kysymyksesi intohimosta? Onko sinulla intohimoja? Jos on, niin millaisia? Miten ne näkyvät ja ohjaavat elämääsi? Miten voit oppia hyödyntämään intohimoa henkisen kasvun tukena?

Intohimolla tarkoitetaan sitä, että ihminen on erityisen innostunut ja kiinnostunut jostain ja haluaa intohimonsa kohdetta todella paljon. Sen eteen tehdään asioita välittämättä esteistä.

Ihmisillä on hyvin erilaisia intohimon kohteita. Tavallisimmin ne ovat materiaalisia asioita, mutta yhtä hyvin se voi olla ihminen tai jokin henkinen aate tai kiinnostuksen alue.

Intohimoa tarvitaan joskus, jotta saadaan asiat sujumaan hyvin. Harrastus, kun siitä tulee intohimon kohde, voi olla hieno asia. Se on positiivinen asia, kunhan se pysyy kohtuudessa eikä aiheuta kenellekään vahinkoa tai ongelmaa. Liiallisena ihminen käyttää paljon aikaa ja varojaan välittämättä mistään muusta.

Intohimon kohteena voi olla toinen ihminen. Liiallisena se voi johtaa mustasukkaisuuteen, omistamisen haluun ja toisen elinolosuhteiden rajaamiseen.

On hyvä katsoa ympärilleen ja muita ihmisiä ja pohtia, millaisia intohimoja näillä on, ja miten se auttaa tai estää heitä elämässä.

Jokaisen on hyvä miettiä, millaisia intohimon kohteita itsellä on, miten ne näkyvät arjessa ja miten paljon aikaa ja rahaa siihen kuluu. Positiivista intohimoa voi opetella, sillä se auttaa meitä tekemään hyviä asioita.

viikko 15, aihe 2   **30. INTUITIO (m)**

Mitä on intuitio? Milloin ja miten intuitio toimii parhaiten? Mikä estää intuition? Kuka on intuitiivinen henkilö? Oletko tavannut jonkun, jolla intuitio toimii hyvin? Omat kysymyksesi intuitiosta? Oletko kokenut intuitiivisia tilanteita? Mitä tapahtui? Olitko yksin vai oliko joku mukana? Teitkö kysymyksen ja saitko vastauksen intuitiivisena välähdyksenä? Miten voit lisätä ja kehittää intuitiota?

Intuitiolla tarkoitetaan välitöntä sisäistä näkemistä ja ymmärtämistä. Sen avulla saadaan tietoa ja ymmärrystä asioista hetkessä ja ilman tietoista päättelyä.

Jokainen on kokenut intuitiivisia välähdyksiä. Erityisesti luovat ihmiset ja tieteen tekijät osaavat hyödyntää intuitiota. Usein siinä paneudutaan intensiivisesti johonkin ongelmaan tai suunnitelmaan ja saadaan ahaa elämys. Tällainen lisääntyy vielä, kun jotain ideoidaan yhdessä la porukalla.

On vaikea tietää, mistä nuo intuitiiviset välähdykset, tietäminen ja ymmärtäminen tulevat. Ovatko ne meidän omia tai korkeamman Minän tietoa? Ovatko ne kaikkeuden Akaashisesta tietovarastosta? Tulevatko ne enkeleiltä, oppailtamme vai muilta henkisten tasojen olennoilta? Sillä ei ole väliä, mistä ne tulevat, koska ne ovat meidän yhteistä ja yleistä tietoa.

Jokainen voi harjoitella intuitiota tietoisesti meditoimalla jotain aihetta tai ongelmaa. Kun ihminen ensin miettii sitä, mitä itse tietää, sitten hiljentää mielensä ja tekee kysymyksiä ja hiljentyy kuuntelemaan vastauksia, niin ihminen saa kokea intuitiivisia välähdyksiä ja ymmärtää asiasta enemmän kuin aiemmin.

viikko 16, aihe 1   **31. IRTI PÄÄSTÄMINEN (m)**

Mitä tarkoittaa irti päästäminen? Mistä pitää päästää irti? Mitä hyvää siitä seuraa, että päästää irti? Mitä voi saada tilalle, jos päästää irti? Mikä on irti päästämisen vastakohta? Omat kysymyksesi irti päästämisestä?

Mitä olet päästänyt irti menneisyydessäsi? Mitä siitä seurasi? Miten opit päästämään irti? Mikä merkitys irti päästämisellä on henkisesti?

Usein kuulee sanottavan, että päästä jo irti. Ihminen pitää kiinni asioista, materiasta tai ihmisistä, jotka ovat jo tehneet tehtävänsä tai jotka kahlitsevat ihmistä niin, ettei hän pääse elämässään eteenpäin.

Usein ihmiset jäävät "kiinni" esimerkiksi menneisyyteen, tapoihin, materiaan, ihmisiin tai suruun. Irti päästäminen koetaan muutoksena, johon ei olla valmiita.

Toisen ihmisen on kuitenkin vaikea sanoa toiselle, milloin on aika päästää irti. Joskus ihminen kuitenkin tarvitsee ravistelua ja toista ihmistä huomatakseen, että nyt on aika päästää irti ja mennä eteenpäin.

Onneksi meitä ohjataan muuttamaan suuntaa, kun on sen aika. Joskus se on jokin elämässä tapahtuva vaikea asia kuten työttömyys, avioero, tulipalo tai läheisen kuolema. Joskus se voi olla jokin pienempi asia kuten kirja, esitelmä tai keskustelu toisen kanssa. Se voi olla myös jonkinlainen henkimaailmasta saatu viesti.

Jokaisen kannattaa pohtia, mistä omassa elämässä on hyvä päästää irti, ja mitkä asiat toimivat taakkoina ja esteinä. Voit miettiä, mitkä asiat elämässäsi ovat aikansa eläneitä, ja mitä uutta kannattaa etsiä ja miksi.

viikko 16, aihe 2   **32. ITSEKURI (m)**

Mitä itsekuri tarkoittaa? Onko itsekuri hyvä henkisen kasvun kannalta? Voiko itsekuria olla liikaa? Estääkö se jotain? Oletko havainnut, että jollakulla on itsekuria? Miltä se näytti? Mikä on itsekurin vastakohta? Omat kysymyksesi itsekurista?
Onko sinulla itsekuria? Missä asioissa sinulla on itsekuria ja missä ei? Täytyykö sinun lisätä itsekuria? Miten voit lisätä itsekuria?

Itsekuri tarkoittaa oman käytöksen hallitsemista ja päämäärätietoista työskentelyä tavoitteiden saavuttamiseksi. Se on myös itsensä johtamista, rajojen asettamista ja niissä pysymistä sekä päätöstä aloittaa jotain ja välttää viivyttelyä.

Itsekuri tarkoittaa toimeen ryhtymistä senhetkisestä tunnetilasta huolimatta. Se näkyy myös siinä, kuinka hyvin ihminen onnistuu etenemään kohti asettamiaan tavoitteita. Ihminen lupaa itselleen tai lähipiirilleen tehdä jotain ja tarvitsee itsekuria pysyäkseen lupauksessa. Jopa arjen askareiden tekeminen usein lipsuu, joten tarvitaan itsekuria hoitaa ne ajallaan.

Usein itsekuri liitetään esimerkiksi elämätapojen muuttamiseen kuten laihduttamiseen tai alkoholin, tupakoinnin ja huumeiden lopettamiseen. Se voi liittyä myös henkisiin pyrkimyksiin kuten säännöllisen rukoilemiseen tai meditaation harjoittamiseen.

Jokaisen on hyvä arvioida elämäänsä aika ajoin ja pohtia, tarvitseeko itsekuria. Siirrätkö asioita päivästä toiseen tai jätät huomiotta ja tekemättä ja tunnet siitä huonoa omaatuntoa? Oletko luvannut jotain joko itselle, toisille tai Korkeimmalle, mutta et ole jostain syystä onnistunut? Ota itsekuri avuksi.

viikko 17, aihe 1   **33. ITSETUNTO (m)**

Mitä on itsetunto? Tunnetko ketään, jolla on hyvä itsetunto? Miten sellainen näkyy ulospäin? Mikä on hyvän itsetunnon vastakohta? Omat kysymyksesi itsetunnosta?

Kuinka hyvä itsetuntosi on asteikolla 1–10? Voisiko se olla parempi? Mitkä asiat ovat vaikuttaneet itsetuntoosi? Onko itsetuntosi parantunut vuosian saatossa ja jos on, niin miten? Miten voit kehittää itsetuntoasi?

Kun ihmisellä on hyvä itsetunto, hän kokee olevansa vahva. Hän useimmiten tietää, mitä tekee ja mitä on tehnyt väärin. Hänellä on hyvä ryhti ja hän pitää päänsä pystyssä. Hän haluaa pitää ja pystyykin pitämään puolensa. Hän usein myös tukee ja puolustaa toisia.

Hyvä itsetunto syntyy jo lapsuudessa, jolloin lapsi saa hyväksyntää ja kannustusta. Häntä ei rangaista, vaan häntä tuetaan ja kasvatetaan toimimaan oikein.

Myös huono itsetunto syntyy lapsuudessa, jolloin lapsi usein jää vaille huomiota. Huonon itsetunnon omaavalta usein vaaditaan liikaa ja moititaan, kun hän ei osaa. Häntä ei arvosteta sellaisena kuin hän on. Kaikki epäonnistumiset vahvistavat sitä, kuinka huono hän kokee olevansa.

Jokaisen on hyvä miettiä, millainen itsetunto itsellä on ja miten se on syntynyt. Millaiset tekijät ovat siihen vaikuttaneet ja edelleen vaikuttavat? Itsetuntoa voi parantaa huomattavasti. Usein siihen tarvitaan itsensä tuntemaan opettelua ja uusien elämäntapojen löytämistä. Meditaatio on tähän todella hyvä, mutta kaikki itsensä tuntemisen ja kehittämisen keinot auttavat.

viikko 17, aihe 2   **34. JUMALA (m)**

Onko Jumala olemassa? Millainen rooli Hänellä on elämässä ja kaikessa, mitä on? Miten Hän liittyy ihmisen henkiseen kehittymiseen? Omat kysymyksesi Jumalasta?

Uskotko Jumalaan? Jos uskot tai et usko, niin miksi niin on? Miten uskosi on muodostunut? Uskotko johonkin muuhun "korkeampaan"? Miten pidät yhteyttä Häneen? Kuinka usein? Pitäisikö pitää enemmän yhteyttä Jumalaan tai johonkin Korkeampaan?

Jumala edustaa kaikkein Korkeinta, joka ihmisille merkitsee Luojaa tai kaiken taustalla olevaa Henkeä. Nimellä ei ole väliä eikä silläkään, uskooko ihminen Häneen vai ei.

Jokaisen on silti hyvä miettiä, mikä on kaiken elämän taustalla. Siihen liittyvät läheisesti maailmankuva ja ihmiskäsitys. Onko kaikki materiaa, henkistä vai jotain siltä väliltä? Miten kaikki tämä, mitä näemme ja koemme, on ylipäätään mahdollista?

Jos on joku korkeampi voima ja tahto, Jumala, niin miten Hän kaikkea tätä ohjaa ja mikä on kaiken elämän tarkoitus? Henkisellä polulla tietoisesti kulkevan on pohdittava näitä ja koko elämää, sillä sattumaa ei ole. Saamme vastauksia kysymyksiimme, kun olemme avoimia. Jokin ohjaa elämäämme. Kun sen ymmärrämme, niin tajuamme, että voimme olla yhteydessä tuohon Korkeampaan. Voimme rukoilla ja pyytää ohjausta, siunausta ja suojelusta. Ymmärrämme myös, että meillä on tietyissä asioissa vapaus, mutta myös vastuu, ja juuri se on mielenkiintoista.

Mitä enemmän käännämme katseemme henkiseen ja siihen, minkä uskomme olevan kaiken takana, sitä enemmän saamme varmistusta siitä, että meitä ohjataan, ja sitä hienommaksi elämämme muuttuu. Jokaisen on hyvä pohtia näitä.

viikko 18, aihe 1   **35. KAIPAAMINEN (m)**

Mitä on kaipaaminen? Onko olemassa erilaista kaipaamista? Voiko kaivata jotain tai jotakuta liikaa? Onko oikein vai väärin kaivata asioita tai ihmisiä? Miten siihen on hyvä suhtautua henkisestä näkökulmasta? Omat kysymyksesi kaipaamisesta? Mitä asioita tai ihmisiä kaipaat? Miltä kaipaaminen tuntuu? Millaista on hyvä kaipaaminen?

Ihmisen eräs perustunteista on kaipaaminen. Kaipaus on meissä sisäisenä tunteena, jotkut sanovat jopa henkisenä kipuna. Sitä on hyvin eriasteista riippuen siitä, millaisen arvon kaipauksen kohteelle ihminen antaa.

Yleensä kaivataan jotain, mitä ei juuri sillä hetkellä ole, mutta on ollut aiemmin olemassa. Se voi olla myös jotain, mitä ihminen haluaa elämäänsä. Suurinta kaipaus on ehkä jossain, mitä ihminen ei voi saada tai ei enää voi saada ja on joutunut luopumaan.

Usein kaipaus kohdistuu toiseen ihmiseen, mutta se voi kohdistua myös materiaalisiin tai muihin menetettyihin asioihin. Ihminen on kokenut positiivisia ja ihania asioita ja kaipaa niitä. Jotkut joutuvat jättämään kotinsa, kotimaansa ja rakkaat ihmiset. On luonnollista kaivata niitä. Monet kaipaavat lapsuutensa asioita ja tapahtumia, jotka ovat olleet ihania, merkityksellisiä ja tärkeitä.

Jokaisen on hyvä miettiä, millaisia asioita kaipaa. On opittava luopumaan menneistä ja monista tulevaisuutta koskevista toiveista, jottei niistä tulisi painolastia henkisellä tiellä. Mennyttä voi miettiä, mutta merkitystä on loppujen lopuksi vain sillä, mitä on nyt ja mitä teemme tulevaisuutta ajatellen.

viikko 18, aihe 2   **36. KARMA (m)**
Mitä on karma eli syyn ja seurauksen laki? Miten se näkyy ihmisen elämässä? Miten se auttaa ymmärtämään elämää? Kuinka tärkeää on noudattaa karman lakia omassa elämässä? Omat kysymyksesi karmasta? Miten olet joutunut kokemaan karman omassa elämässäsi? Miten voit oppia hyödyntämään karman lakia paremmin?

Karma eli syyn- ja seurauksen laki on Raamatussa ohjeena "sitä niitämme, mitä kylvämme". Se on universaalinen laki ja sen tarkoituksena on ohjata meitä valitsemaan, mitä sanomme, ajattelemme ja teemme. Myös tunteet kuuluvat karman lain piiriin.

Ihminen voi jättäytyä arjen varaan ja ajattelee tällöin, että arki opettaa. Lapsi oppii varomaan tulta, kun kerran polttaa näppinsä. Joskus kuitenkin tarvitaan monta oppikertaa.

Jotta emme eläisi sokeana ja karman lain ohjaamana, niin paras keino on tehdä havaintoja omasta ja toisten elämästä, pohtia (= meditoida) tehtyjä havaintoja ja muuttaa tietoisesti tapaa tuntea, ajatella ja tehdä asioita. Arjen kiireessä se on vaikeaa, mutta ei mahdotonta.

Tee päätös itsesi muuttamisesta, hiljenny ja ota muutoksen kohteeksi asia kerrallaan. Näin voit pohtimalla ja meditoimalla luoda uudenlaisen tavan tuntea, ajatella ja tehdä. Tietoinen itsesi muuttaminen onnistuu sitä paremmin, mitä useammin sitä teet. Sen jälkeen et enää ole sokeasti karman ja olosuhteiden armolla, vaan voit päättää, mitä ja miten tunnet, ajattelet ja teet.

Jokaisen on hyvä pohtia karmaa ja miten se näkyy omassa ja toisten elämässä. Elämäsi muuttuu varmasti paremmaksi, kun ymmärrät karman elämässä.

viikko 19, aihe 1   **37. KATEUS (h)**
Mitä on kateus? Mitä se aiheuttaa ihmisessä? Onko kateus paha asia vai voiko siinä olla hyvääkin? Omat kysymyksesi kateudesta?

Oletko ollut kateellinen? Milloin ja minkälaisessa tilanteessa? Mitä asioita
tai ihmisiä kadehdit? Miltä kateus tuntui? Miten kateudesta voi päästä
eroon?

Kateus on yksi ihmisen perustunteista. Haluamme tai vain
kadehdimme sitä, mitä toisilla on, mutta meillä ei ole. Vertaamme
koko ajan itseämme toisiin ja siihen, mitä heillä on. Luulemme, että
meistä tulee onnellisia vasta, kun saamme sen saman tai enemmän.
Usein emme edes huomaa olevamme kateellisia.

Kateus kohdistuu usein materiaalisiin asioihin. Se voi kohdistua
myös asioihin, joita toisilla on varaa tehdä kuten opiskella, matkustaa,
harrastaa tai ostaa, mitä haluaa.

Kateus voi kohdistua myös ei materiaalisiin asioihin kuten siihen,
mitä toiset osaavat tai tekevät työkseen. Joku osaa lausua runoja, tehdä
taidetta tai tiedettä, kirjoittaa kirjoja tai välittää henkiparannusta ja
viestejä henkimaailmasta. Joku on lääkäri tai professori, joku taas
työmies tai työtön.

On varottava, ettei kateus saa meitä tekemään vahinkoa itselle tai
toisille. Joskus se yllyttää meitä kiusaamaan, ahnehtimaan tai jopa
varastamaan, mikä ei ole oikein.

*Jokaisen on pohdittava, kuinka kateellinen on ja mitä kadehtii. On
osattava iloita siitä, mitä itsellä on. Joskus kateus auttaa meitä
ponnistelemaan enemmän kuin tavallisesti.*

viikko 19, aihe 2   **38. KATUMINEN (m)**

Mitä on katuminen? Millaisia asioita tai tapahtumia ihminen katuu tai tulisi
katua? Miten katuminen tapahtuu ja mitä siitä seuraa? Mikä merkitys
katumisella on henkisen kasvun kannalta? Omat kysymyksesi katumisesta?
Oletko katunut jotain? Mitä olet katunut? Miten katuminen tapahtui? Mitä
siitä seurasi? Mikä olisi paras tapa selvittää asiat, joita kadut?

Katumisella tarkoitetaan sitä, että ihminen on tehnyt tai sanonut jotain,
mitä katuu jälkeen päin. Hän toivoo, ettei hän olisi sanonut tai tehnyt
niin. Joskus katumisen syynä on jokin pieni asia, tapahtuma tai vain
muutama sana. Joskus taas on kyse jostain isosta ja jopa
pitempiaikaisista teoista tai sanoista.

Tällaiset katumista aiheuttavat teot ja sanat voivat olla tahallisia tai
tahattomia. Ehkä syynä on riita, kosto, katkeruus, kiukku, ylpeys,
ahneus tai vallan tavoittelu.

On ihmisiä, jotka eivät kadu ainakaan tietoisesti. Usein he vielä
jatkavat, vaikka ei pitäisi. Sisimmässään ihminen yleensä tietää,
milloin hän on tehnyt väärin.

Riippuu tilanteesta, millainen vaikutus teoilla ja sanoilla on tekijälle tai sanojalle. Kaikkein parasta olisi mahdollisimman pian selvittää asia ja pyytää anteeksi. Mikäli asia jää, niin siitä tulee ongelma ja se usein mutkistuu.

Jokaisen on hyvä pohtia elämäänsä ja katsoa, onko siellä jotain kaduttavaa. On asioita, joille ei enää voi mitään muuta kuin katua sisimmässään. Mutta jos asialle voi vielä tehdä jotain, niin se kannattaa tehdä vielä eläessä. Anteeksi pyytäminen auttaa monta kertaa.

viikko 20, aihe 1   39. KAUNA (h)

Mitä on kauna? Oletko tavannut ihmisen, joka on kaunainen? Millaisista asioista voi kantaa kaunaa? Miten kaunasta voi selvitä? Onko kaunalla vastakohtaa? Omat kysymyksesi kaunasta? Oletko itse ollut kaunainen? Miten voit ehkäistä kaunaa niin, ettet koskaan tulisi kaunaiseksi?

Kauna on tunneperäistä kipua, vihaa ja raivoa, joka voi kohdistua henkilöön tai tilanteeseen, josta meille on aiheutunut mielipahaa. Tällainen mielipahan kokemus, jota ei ole korjattu eikä oikaistu, aiheuttaa kaunaa. Sitä on myös vaikea antaa anteeksi ja ihminen kantaa tapahtuman muistoa mielessään pitkän aikaa.

Usein taustalla on huonommuutta, kateutta, turhautumista, paheksuntaa tai vihamielisyyttä. Kaikki tällainen aiheuttaa kokijassaan katkeruuden ja kaunan tunteita.

Ihminen alkaa kokea toisen viholliseksi ja kantaa kaunaa. Kun kauna tunteena on syntynyt, niin se usein kasvaa. Täytyy olla tosi valveutunut ja vahva, että tunnistaa tällaisen ja pääsen sen yli jo, ennen kuin se on alkua pidemmällä. Siksi jokaisen kannattaa miettiä, mitä kauna on, onko sitä itsellä tai onko sitä jossain lähipiirissä.

Kauna on vaikea työstettävä, jos se on jo syntynyt, mutta siitä ei todellakaan ole mahdoton päästä. Meditaatio on siinä hyvänä apuna, mutta myös kaikki muut itsensä tuntemisen ja kehittämisen keinot auttavat.

Kauna vie paljon energiaa ja tilaa ihmisen tunteissa ja ajatuksissa. Siksi siitä on pyrittävä eroon mahdollisimman varhaisessa vaiheessa ja ennen kuin se aiheuttaa ongelma.

Jokaisen on hyvä pohtia, mitä ymmärtää kaunalla ja onko omassa tai läheisten elämässä ollut kaunaa. Miten siitä voi päästä eroon ja miten estää sellaisen syntymisen?

viikko 20, aihe 2   **40. KAUNEUS (m)**

Mitä ymmärrät kauneudella? Millainen ihminen tai asia on kaunis? Onko kauneutta eriasteista? Miten ne vaikuttavat ihmisten elämässä? Kauneuden vastakohta? Omat kysymyksesi kauneudesta?

Millaisen arvosanan antaisit itsellesi, kun ajatellaan kauneutta? Miksi? Miten suhtaudut ulkoiseen ja sisäiseen kauneuteen? Pitäisikö sinun muuttaa käsitystäsi kauneudesta?

Kauneus tuottaa katsojassa esteettistä mielihyvää. Ihmiset pitävät hyvin erilaisia asioita kauniina.

Yleensä kauneutta löydetään luonnosta, musiikista, taiteista, kirjallisuudesta, koriste-esineistä, vaatteista ja rakennuksista. Erityisesti ihmisiä katsotaan ja arvotetaan sillä silmällä, kuka on kaunis tai komea.

On olemassa myös universaalinen kauneuden idea, jonka avulla kaikki tuntevat sisimmässään, mikä on kaunista. Yleensä siinä on jonkinlaista harmoniaa ja "silmä lepää", kun sitä katsoo. Ehkä tulee halu koskettaa tai sivellä kädellä ja sitä katsoessa tulee hyvä olo.

Moni ihminen näkee omassa työssään kauneutta, mistä hän saa tyydytystä ja iloa.

Valitettavasti on olemassa myös vääristynyttä kauneutta eli sellaista, jota arvostetaan ja josta maksetaan moninkertaisesti sen arvon verran. Yleensä siinä painavat muut arvot.

Jokaisen on hyvä miettiä kauneutta ja omaa kauneuden ihannettaan. Mihin se perustuu? Millaisia kauniita asioita on jäänyt mieleen?

Olisi myös hyvä lisätä kauneutta ympärillä niin, että siitä voivat muutkin nauttia. Sellainen kauneus tekee aina hyvää niin omalle kuin toisten sielulle.

viikko 21, aihe 1   **41. KEHITTYMINEN (m)**

Mitä on kehittyminen yleensä ja mitä on henkinen kehittyminen? Mikä kehittyy? Miten se näkyy ulospäin? Mikä merkitys kehittymisellä on ihmiselle? Omat kysymyksesi kehittymisestä?

Mitä olet tehnyt itsesi kehittämiseksi? Koetko kehittyneesi henkisesti? Jos olet, niin miten? Mitä voit itse tehdä kehittymisesi eteen?

Kaikki muuttuu ja kehittyy koko ajan, myös ihminen. Henkisellä polulla on kyse ensisijaisesti henkisestä kehittymisestä, kasvusta henkisenä olentona.

Ihminen on henkinen olento, joka on tullut maan päälle oppimaan kaikkea, mitä täällä fyysisessä kehossa voi oppia. Hän on saanut lisäksi henkisen olemuspuolen, jossa on tunne- eli astraali-, ajatus- eli mentaali- ja syy- eli kausaalikehot, joiden tarkoituksena on olla osana kehittymisprosessia.

Se, mikä kehittyy, on ihmisen sielu. Luomisprosessissa saimme jumalkipinän eli Minän, jonka tarkoitus on kerätä oppia ja kokemuksia ja siten kehittyä. Kaikki, mitä sielu oppii inkarnaatioiden matkoillaan, kertyy syy- eli kausaalikehoon. Lopulta ihmisen ei enää tarvitse syntyä maan päälle. Kehitys jatkuu toisilla tasoilla.

Jokaisen on hyvä tietoisesti pyrkiä kehittymään. Tässä on hyvänä apuna meditaatio, jonka avulla ihminen voi selvittää, millainen on nyt, mitä kaikkea on jo oppinut ja mitä vielä pitäisi. Se on kuin sielun siivoamista kellarista vinttiin. Se on kovaa työtä, mutta se kannattaa. Kehittymisen huomaa pienistä asioista.

viikko 21, aihe 2   **42. KIITOLLISUUS (m)**

Mitä on kiitollisuus? Mistä ja ketä kiitetään? Onko erilaista kiittämistä? Miten kiitollisuutta osoitetaan? Kiitollisuuden vastakohta? Omat kysymyksesi kiitollisuudesta?
Mistä ja ketä sinä kiität? Ketä kohtaan tunnet kiitollisuutta? Oletko jäänyt kiitollisuuden velkaa jollekulle? Voisitko osoittaa kiitollisuutta enemmän? Miksi ja kenelle?

On tapana kiittää, kun saadaan jotain. Se kuuluu hyviin tapoihin. Sitä opetetaan kotona ja koulussa, vaikka nykyisin hyvien tapojen opettelu tai omaksuminen ei aina ole itsestään selvää. Useimmat kuitenkin ymmärtävät sen merkityksen ja osaavat käyttää oikein.

Tavallisimmin kiitetään ruoasta. Kiitos kuuluu sanoa, kun saadaan lahja tai joku auttaa tai tekee palveluksen. Jotkut kiittävät, kun tapahtuu jotain hienoa. Ihmiset kiittävät, kun he saavat kauan kaivatun lapsen tai sairaus paranee.

Jotkut pitävät kaikkea, mitä heillä on elämässä, itsestään selvänä, eivätkä kiitä. Joillekin kaikki on taas saatu Jumalalta tai Luojalta ja siitä kaikesta he kiittävät.

Kiittäminen on paitsi kaunis tapa, niin myös positiivista energiaa säteilevä tapahtuma. Sitä se on varsinkin, kun kiitos tulee sydämestä.

Opettele kiittämään. Kiitä niin, että saaja todella tuntee kiitoksen tulevan sydämestäsi. Kannattaa myös aika ajoin tehdä kiitosrukous, jossa kiität kaikesta mahdollisesta. Näin luot positiivisen ilmapiirin ja runsautta omaan ja toisten elämään.

Jokaisen on hyvä miettiä, kuinka paljon on kiitoksen aiheita. Samalla voi lakata murehtimasta sitä, mitä ei ole saanut.

viikko 22, aihe 1   43. KIROILU (h)

Mitä on kiroilu? Millaisia kirosanoja on? Miksi ihmiset kiroilevat? Ketkä tutuistasi tiedät kiroilevan? Mikä on kiroilun merkitys? Miten se vaikuttaa? Omat kysymyksesi kiroilusta? Kiroiletko sinä? Jos kiroilet, niin miksi? Miten se vaikuttaa sinuun ja miltä se tuntuu? Miten voit oppia vähentämään kiroilua?

Ihmisellä on tarve käyttää voimasanoja korostaakseen puhettaan tai sitä mitä he sanovat.

Kirosanat ovat sananmukaisesti voimasanoja, joilla on voimaa, joten niitä tulisi käyttää harkiten. Ne vaikuttavat ja kutsuvat luokseen. Varsinkin kaikkea pahaa luokseen kutsuvia kannattaa välttää.

Paljon käytetään myös toisia ihmisiä loukkaavia sanoja kuten ihmisen sukupuoleen ja kehoon liittyviä sanoja. Joskus kiroillaan vain tavan vuoksi ajattelematta sitä tarkemmin.

Kiroilu liittyy usein sosiaaliseen kanssakäymiseen. On hienoa kuulua porukkaan ja siksi kiroillaan. Se on näin varsinkin nuorten ryhmissä, mutta myös miesten porukoissa. Ei kiroilu naistenkaan keskuudessa ole harvinaista.

Jos tuntee tarvitsevansa jonkinlaisia voimasanoja tai kiroilua, niin kannattaa miettiä, mitä sanaa käyttää. Voimasanoja löytyy varmasti sellaisiakin, jotka eivät loukkaa toisia tai kutsu pahaa luokseen.

Jokaisen on hyvä miettiä, millaisia kirosanoja käyttää ja millaisissa tilanteissa. On hyvä kuvitella, millaisen vaikutuksen ne tekevät, ja on hyvä valita voimasanat harkiten.

viikko 22, aihe 2   44. KIUKKU (h)

Mitä on kiukku? Mikä aiheuttaa kiukkua? Miten se näkyy ulospäin? Onko erilaista ja erivahvuista kiukkua? Kiukustuvatko toiset helpommin kuin toiset? Miten kiukku sopii henkiseen kehitykseen? Omat kysymyksesi kiukusta? Kiukustutko joskus tai jopa usein? Miksi? Mitkä asiat saa sinut kiukustumaan? Miltä kiukku tuntuu? Miten kiukkua voi oppia hillitsemään tai ehkäisemään?

Kiukku on vahva ja koko kehossa tuntuva kielteinen tunne. Joskus voi tuntea, kuinka kiukku nousee ja lisääntyy. Jokainen ihminen kiukustuu joskus ja varsinkin silloin, kun asiat eivät suju. Yleensä kiukun syynä on jokin, mikä ei ole itselle mieluinen tai se on vastoin omia tai yleisiä ja yhteisiä sääntöjä.

Nykyään on helppo saada tuntumaa kiukkuun, kun lukee lehtiä, katsoo televisiota, somepäivityksiä tai internettiä. Ehkä eniten kiukustumista tulee siellä, missä ihmiset ovat toistensa kanssa. Sitä löytyy esimerkiksi perhepiirissä, sukulaisten kanssa, työpaikoilla, harrastuksissa, yhdistyksissä tai baarissa.

Usein kiukkua edeltää riita, sanaharkka tai erimielisyydet. Kiukku voi kestää vain jonkin aikaa ja sitten laantuu, riidat sovitaan ja erimielisyydet unohdetaan. Joskus niin ei kuitenkaan käy. Kiukku muuttuu vihaksi, jota pidetään yllä joko tahallaan tai tietämättömänä. Aina kun tavataan tai tilanne tulee uudestaan, kiukku syntyy uudelleen.

Jokaisen on hyvä muistella tilanteita, joissa itsellä on ollut kiukkua, miten se on syntynyt ja mitä siitä on oppinut. Kannattaa etukäteen varautua siihen, että ei päästä kiukkua syntymään, vaan valitsee positiivisen otteen.

viikko 23, aihe 1   45. KIUSAAMINEN (h)

Mitä on kiusaaminen? Oletko ollut todistamassa kiusaamista tai kuullut siitä? Mitä tapahtui? Selvitettiinkö asia? Omat kysymyksesi kiusaamisesta? Oletko itse joutunut kiusatuksi? Miltä se tuntui? Miten selvisit siitä? Selvitettiinkö asia? Oletko itse kiusannut jotakuta? Jos olet, niin mitä tapahtui? Miten kiusaamista voi selvittää ja tulee ehkäistä?

Kiusaaminen on toiseen ihmiseen kohdistuvaa fyysistä, sanallista tai henkistä pahoinpitelyä. Jokainen on kohdannut, nähnyt tai kuullut kiusaamisesta. Nykyisin siitä puhutaan paljon. Jopa kuuluisat ihmiset kertovat kokeneensa kiusaamista.

Usein kiusaamiseen liittyy toisen vähättelyä, syyttelyä, syrjintää tai mustamaalaamista tai jopa tekoja. Sitä on myös selän takana toimiminen sekä väärän tiedon tai valheiden levittäminen. Uhri jätetään yhteisön ulkopuolelle, erotetaan porukasta, hänen kanssaan ei puhuta eikä hänelle vastata. Usein kiusaamiseen liittyy valta ja vallankäyttö, jopa vainoaminen.

Kiusaamista on jo lapsilla. Jopa sisarukset voivat kiusata toisiaan, mutta vaikeaa se on, kun sitä tekevät koululaiset tai samanikäiset toisilleen. Valitettavasti some, kännykät ja internet ovat lisänneet mahdollisuuksia kiusata.

Kiusaamista tapahtuu myös aikuisten keskuudessa, työssä, ystäväpiirissä ja harrastuksissa. Se on yhtä lailla satuttavaa kuin nuorempana. Kiusaamisella aiheutetaan paljon mielipahaa, jopa psyykkisiä ongelmia.

Kiusaamiseen pitää puuttua. Jo lapsille pitää opettaa, ettei saa kiusata ja miltä kiusatusta tuntuu. Kiusaamiseen puuttuminen on vaikeaa, mutta ei mahdotonta. Jokainen, joka tietää kiusaamisesta tai näkee sitä, on vastuussa ja velvollinen puuttumaan.

Jokaisen on hyvä pohtia, mitä on kiusaaminen, miten sitä voi ehkäistä ja miten siitä voi selvitä.

viikko 23, aihe 2   46. KOSTO (h)

Mitä on kosto? Oletko ollut todistamassa kostoa, kuullut tai lukenut sellaisesta? Miksi joku kostaa? Mistä syystä voi kostaa? Mitä kosto voi aiheuttaa? Omat kysymyksesi kostosta?
Onko sinulla kokemuksia kostosta? Jos on, niin millaisia? Hyväksytkö koston? Mitä kosto tarkoittaa henkisen kehityksen kannalta? Miten kostoa voi vähentää?

Ihminen kostaa toiselle, kun hän uskoo kokeneensa vääryyttä, kokee kärsineensä epäoikeudenmukaisuutta tai häntä on loukattu. Koston tarkoituksena on vahingoittaa toista ja osoittaa, että tämä on tehnyt jotain pahaa. Hän ehkä ajattelee, että kosto on oikein ja asia on sillä kuitattu.

Kosto ei tule kaikille mieleen ja tosi harva lopulta kostaa. Toisaalta jotkut hautovat kostoa pitkään. Kosto ei ole koskaan oikein. Se aiheuttaa aina ongelmia niin uhrille kuin tekijälle. Se voi aiheuttaa jopa kostonkierteen, mistä on esimerkkinä ns. verikosto.

Kun ihminen tulee kohdelluksi väärin, niin asiaa tulee aina katsoa syyn ja seurauksen lain kautta. Kostossa ovat usein mukana vahvat tunteet, joten sitä ei ole helppoa sivuuttaa kevyesti tai vain sanomalla, että ansaitsin sen. Asia pitää aina selvittää, ja jos mahdollista, tulee miettiä, että se on ehkä edellisten elämien perua tai että se on annettu meille opiksi.

Jokaisen on hyvä miettiä, missä määrin kosto ajatuksena liittyy itseen tai johonkuhun läheiseen. Jos sellaista ei löydy, niin elokuvista tai kirjoista löytyy hyviä esimerkkejä. Ihminen oppii paljon pelkästään katsomalla, kuuntelemalla tai lukemalla.

viikko 24, aihe 1   **47. KUNNIOITUS (m)**

Mitä on kunnioitus? Millainen ihminen on sellainen, jota kunnioitetaan? Mihin kunnioitus perustuu? Miten kunnioitusta osoitetaan? Miten ihailu liittyy kunnioitukseen? Kunnioituksen vastakohta? Omat kysymyksesi kunnioituksesta?
Ketä kunnioitat? Miksi? Miltä kunnioitus tuntuu? Miten voit lisätä kunnioittamista?

Kun ihminen kunnioittaa toista ihmistä tai asiaa, niin hän osoittaa arvostusta ja ihailua kauniilla käytöksellä sekä tasa-arvoisella kohtelulla. Siihen vaikuttavat vahvasti oppiminen ja kasvatus joko vahvistaen tai vähentäen sitä.

Yleensä kunnioitus kohdistuu ylempiin kuten esimiehiin, joiden kunnioitus perustuu valtaan. Perinteisesti kunnioitetaan joidenkin ammattien edustajia kuten lääkäreitä, opettajia, pappeja tai professoreita, joiden kunnioitus perustuu tietoon, kulttuuriin ja asemaan. Joissakin kulttuureissa kunnioitetaan iän mukana tuomaa viisautta.

Paljon kunnioitusta saavat ihmiset, joita ihaillaan jonkin erityisen taidon vuoksi. Tällaisia ovat esimerkiksi muusikot, filmitähdet, näyttelijät tai urheilijat. Myös eri ammattien "suuret" edustajat kuuluvat näihin: arkkitehdit, lasitaiteilijat, insinöörit, lääkärit, keksijät ja tieteilijät.

Kunnioittaminen on yleensä hyvin positiivista, kunhan se pysyy kohtuuden rajoissa eikä aiheuta kohteelle ongelmia tai johda tämän ylpistymiseen.

Jokaisen on hyvä miettiä, ketä kunnioittaa, miksi ja miten. Joskus kannattaa kysyä, ansaitseeko ihminen kunnioitusta. Pitäisi myös kunnioittaa niitä, jotka ansaitsevat.

viikko 24, aihe 2   48. KUOLEMA (h)
Mitä on kuolema? Mitä kuolemassa tapahtuu? Mitä on kuoleman jälkeen? Mistä saa tietoa kuolemasta ja sen jälkeisestä elämästä? Miten tieto siitä vaikuttaa elämään? Omat kysymyksesi kuolemasta? Mikä on oma käsityksesi kuolemasta? Pelkäätkö kuolemaa? Jos pelkäät, niin miksi? Miten voi voittaa kuolemanpelon?

Fyysiseksi kuolemaksi määritellään hetki, jolloin sydän lakkaa lyömästä ja sekä hengitys että aivotoiminta loppuvat. Sen jälkeen fyysiset elintoiminnot lakkaavat.

Fyysinen kuolema pelottaa ihmisiä. Useimpien mielestä kuolemasta ei voi saada tietoa ja siksi siitä on erilaisia teorioita. Joidenkin mielestä kuoleman jälkeen ei ole mitään. Joidenkin mielestä ihmiset jaetaan sen mukaan, kuinka ovat eläneet: toiset taivaaseen ja toiset helvettiin. Joillekin uskoville on olemassa välitila eli kiirastuli, jossa ihminen puhdistuu henkisesti. Joillekin kuoleman tarkoittaa "kuolonuneen nukkumista".

Henkisellä polulla henkisen ihmiskäsityksen omaavat ihmiset tietävät, että kuolemasta voi saada tietoa. On ihmisiä, jotka ovat kliinisesti kuolleet ja palanneet takaisin. On ihmisiä, joilla on kyky nähdä henkisillä silmillä kuoleman jälkeisille henkisille tasoille ja kertoa asioita sieltä. Joillakin on kyky kuulla ja nähdä niitä ihmisiä, jotka ovat jo siirtyneet "rajan taakse". Näiden ihmisten avulla on saatu tietoa, mitä on kuoleman jälkeen ja että ihmisen henkinen olemus jatkaa henkisillä tasoilla fyysisen kuoleman jälkeen.

Jokaisen kannattaa etsiä tietoa ja selvittää itselleen, mitä on kuoleman jälkeen, koska se tieto auttaa jo täällä elämässä ja poistaa pelkoja.

viikko 25, aihe 1   49. KURI (h)

Mitä on kuri? Entä itsekuri? Tarvitaanko elämässä kuria? Millaista kuria on olemassa? Onko olemassa erilaista kuria? Onko kuri hyvä vai huono asia? Omat kysymyksesi kurista?
Oletko saanut osaksesi kuria? Jos olet, missä ja milloin? Kuka kuritti? Miltä se tuntui? Oletko itse kurittanut jotakuta? Tarvitsetko kuria/ itsekuria? Miten voisit lisätä / vähentää sitä?

Kurilla tarkoitetaan sitä, että ihmiset laitetaan noudattamaan yhteisiä sääntöjä. Valitettavasti on ihmisiä, jotka eivät noudata yhteisiä sääntöjä. Heitä varten tarvitaan valvontaa, kuria ja kurinpitotoimia, jopa rangaistuksia.

Ihmiset elävät sosiaalisissa yhteisöissä, joissa tarvitaan ohjeita, sääntöjä ja lakeja, kuinka eletään sekä, mitä saa tehdä ja mitä ei.

Kuria tarvitaan yhteiskunnassa, mutta myös perheissä, työpaikoilla ja harrastuksissa. Jo lapset opetetaan tietämään, mikä on oikein ja väärin.

Se, miten toimitaan tilanteissa, joissa ei ole noudatettu yhteisesti sovittuja sääntöjä, vaihtelee ja muuttuu aikojen kuluessa.

Nykyään katsotaan, että fyysinen kurittaminen ei kuulu sivistyneeseen yhteiskuntaan. Sen sijaan sanallinen kurittaminen ja eristäminen kuuluvat. Lapset voidaan lähettää huoneeseensa tai laittaa häpeänurkkaan. Rikolliset eristetään vankilaan tai ohjataan yhdyskuntapalveluun. Oppilaat ja opiskelijat voidaan erottaa määräajaksi tai kokonaan.

Jokaisen on hyvä miettiä kuria, miten se ilmenee yhteiskunnassamme ja omassa elämässä sekä mikä vaikutus sillä on. Itsekuri on tärkeä osa henkistä kasvua.

viikko 25, aihe 2   50. KÄRSIMYS (h)

Mitä on kärsimys? Mitkä asiat aiheuttavat kärsimystä? Millaisia tunteita siihen liittyy? Tunnetko jonkun, joka kärsii? Mistä syystä hän kärsii?

Kärsimyksen vastakohta? Mitä kärsimys opettaa? Omat kysymyksesi
kärsimyksestä?
Oletko itse kärsinyt joskus? Mikä sen aiheutti? Miltä se tuntui? Kauanko se
kesti? Miten kärsimyksestä voi selvitä?

Kärsimys on epämukava tunne ja kokemus ihmisen olemuksessa. Sen
voi aiheuttaa fyysinen kipu tai muu vaiva, mutta se voi olla myös
laatuaan henkistä.

Jotkut sietävät kipua ja muita vaivoja tai henkisiä paineita enemmän
kuin toiset eivätkä koe niitä kärsimyksenä. Jotkut ovat taas hyvin
herkkiä ajattelemaan niitä kärsimyksenä.

Ihminen pyrkii aina tekemään kaikkensa, jotta ei kärsisi. Kipua ja
muuta fyysistä vaivaa lääkitään tai hoidetaan muilla keinoilla. Myös
henkisiin kärsimyksiin haetaan apua.

On kuitenkin kärsimystä, johon ei saa apua ja siitä tulee osa elämää.
On myös ihmisiä, jotka eivät edes yritä saada apua tai helpotusta
kärsimykseensä. Joko he nauttivat siitä tai hakevat lähimmäisten
sääliä ja myötätuntoa.

Vaikka kärsimys kuuluu elämään ja jokainen kärsii jossain
vaiheessa, niin sen lieventäminen tai poistaminen on mahdollista ja
suotavaa. On hienoa, jos voi auttaa toisia heidän kärsimystensä
lieventämisessä tai poistamisessa.

*Jokaisen on hyvä miettiä niin omaa kuin toisten kärsimyksiä ja miten
niitä voi ja on mahdollista lieventää ja poistaa. Kärsimys myös
opettaa paljon, mitä on syytä pohtia henkisestä näkökulmasta.*

viikko 26, aihe 1   **51. LEMPEYS (m)**
Mitä on lempeys? Kuka on lempeä? Onko olemassa erilaista lempeyttä?
Miltä lempeys tuntuu? Lempeyden merkitys ihmiselle ja henkiselle
kehitykselle? Vastakohta? Omat kysymyksesi lempeydestä?
Mitkä ovat omat kokemuksesi lempeydestä? Kuinka lempeä itse olet?
Oletko itse saanut kokea lempeyttä? Miten voit lisätä lempeyttä?

Lempeys näkyy siinä, kuinka ihminen kohtelee toista ihmistä. Se voi
tuntua kevyenä ja hyväilevänä kosketuksena ja kuuluu myös usein
äänensävyssä. Usein siihen kuuluu toisen hyväksyminen, mikä näkyy
niin sanoissa, ilmeissä, eleissä kuin teoissa.

Lempeys koetaan hyvänä ja sitä kaivataan, jos sitä ei ole saatu
pitkään aikaan. Erityisen lempeitä ollaan lapsia kohtaan, mutta myös
muita perheenjäseniä kohdellaan lempeästi. Lempeys kuuluu myös
rakastavaisten tapaan kohdella toisiaan ja avioliittoon, jossa puolisot

rakastavat toisiaan. Erityisesti lempeyttä kohdistetaan lemmikki-eläimiin, mistä merkkinä on eläinten silittäminen ja koskettelu.

Lempeys on myös kulttuuriin sidottu. Toisissa kulttuureissa sitä osoitetaan enemmän kuin toisissa. Viime vuosina ja kansainvälistymisen aikana ovat poskisuudelmat ja halaaminen lisääntyneet. Ainakin ne ovat lisänneet läheisyyttä toisia kohtaan ja jossain määrin tuoneet myös lempeyttä.

Lempeys näkyy myös silloin, kun jotakuta pitäisi kurittaa tai käytöstä moittia, mutta ollaankin lempeämpiä kuin pitäisi. Joku voisi sanoa sitä pehmoiluksi, mutta ehkä se onkin rakkautta.

Jokaisen kannattaa miettiä ja toteuttaa lempeyttä, sillä se antaa voimia jaksaa elää.

viikko 26, aihe 2   **52. LEVOLLISUUS (m)**

Mitä on levollisuus? Tarvitaanko levollisuutta? Miten levollisuus saavutetaan? Mikä merkitys sillä on ihmiselle ja kehitykselle? Vastakohta? Omat kysymyksesi levollisuudesta? Oletko kokenut levollisuutta? Missä ja milloin? Miltä se tuntui? Mikä auttoi saavuttamaan levollisuuden? Mikä auttaa ylläpitämään sitä? Miten voit oppia lisäämään levollisuutta?

Levollisuus on rauhaa ja hiljaisuutta. Ihminen lepää niin henkisesti kuin fyysisesti. Kun hän tekee jotain, niin hän tekee sen rauhallisesti. Se myös näkyy hänen olemuksessaan.

Joillekin levollisuus tarkoittaa sielunrauhaa. Voi sanoa, että hän on sinut itsensä ja useimmiten myös toisten kanssa.

Miten levollisuuden voi saavuttaa? Joillekin se on helpompaa kuin toisille. Joillekin se on jopa luontaista. Useimmat joutuvat kuitenkin tekemään työtä sen eteen ja miettimään, miten sen voi saavuttaa.

Paras tapa saavuttaa levollisuus on meditaatio, jonka avulla opitaan tuntemaan itsensä ja hallitsemaan niin tunteet, ajatukset kuin teotkin. On selvitettävä, millainen ihminen itse on ja mietittävä keinot muuttua. Jossain vaiheessa levollisuus astuu kuvaan, mikä tarkoittaa, että ihminen hallitsee itsensä.

Jokaisen ihmisen on hyvä miettiä levollisuutta ja sen vaikutusta niin omaan kuin läheisten elämään. Silloin hän ei enää ole ulkoisten olosuhteitten, ympäristön virikkeiden ja ärsykkeiden alainen. Hän voi valita, kuinka reagoi eri asioihin. Kun ihminen tietää, mitä hyvää levollisuus tuo elämään, niin hän pyrkii siihen kaikin mahdollisin keinoin.

viikko 27, aihe 1   53. LOUKKAUS (h)

Mitä on loukkaus? Mikä aiheuttaa loukkaantumista? Millaiset ihmiset
loukkaavat? Miksi? Millaiset ihmiset loukkaantuvat helposti? Miten
loukkaantumisesta selviää? Omat kysymyksesi loukkauksesta?
Oletko itse loukkaantunut joskus? Mikä sen aiheutti? Kuka loukkasi? Miltä
se tuntui? Miten siitä selvisit? Miten loukkaantumisesta selviää nopeasti?
Miten sellaisen voi ohittaa? Oletko itse loukannut jotakuta joskus?

Ihminen loukkaantuu, kun joku sanoo tai tekee jotain, mikä ei tunnu
hyvältä. Se on sisäinen tunne, että itselle on tehty jotain pahaa tai
väärin. Ihminen kokee sen loukkauksena.

Loukkaukset ovat usein tahattomia, mutta ne voivat ollaan myös
tahallisia eli tarkoituksena on loukata toista.

Loukkaus on useimmiten sanallista ja sanotaan suoraan "päin
naamaa". Mutta se voi olla ihmisen "selän takana" sanottu jollekulle
toiselle tai jonkin porukan kesken tai vaikkapa somessa.

Loukkaus voi kohdistua ihmisen ulkonäköön, hänen luonteeseensa
tai tekemisiinsä. Loukkaantumista aiheutuu myös, jos arvostellaan
perhettä tai ulkoisia olosuhteita. Erityisen julmaa loukkaus on, jos se,
millä loukataan, ei edes ole totta.

Loukata voi myös teoilla. Loukkaantumista aiheuttavat esimerkiksi
syrjintä ja huomiotta jättäminen työpaikoilla, perhepiirissä,
harrastuksissa tai perinnönjaossa.

*Jokaisen on hyvä pohtia, mitä loukkauksella tarkoitetaan ja onko itse
loukkaantunut jostain tai loukannut toista. Erityisen mielenkiintoista
on katsoa, miten tilanne on hoidettu. Onko siitä jäänyt jotain
"hampaankoloon" vai onko se selvitetty.*

viikko 27, aihe 2   **54. LUOTTAMUS (m)**

Mitä on luottamus? Mihin voi luottaa? Miten luottamus syntyy? Miltä
luottamus tuntuu? Tarvitaanko luottamusta? Kuka henkilö on luottamuksen
arvoinen? Mikä on luottamuksen vastakohta? Omat kysymyksesi
luottamuksesta?
Mihin sinä luotat? Miksi? Miltä se tuntuu? Onko joku pettänyt
luottamuksesi? Mitä silloin tapahtui? Miten voit oppia lisäämään
luottamusta? Tai sivuuttamaan, kun ei luoteta?

Luottamus on uskoa johonkin kuten toisiin ihmisiin, puolisoon,
yhteiskuntaan, lakiin, oikeudenmukaisuuteen ja Jumalaan.

Luottamus syntyy jo siitä, että pienen lapsen tarpeet tyydytetään.
Luottamus horjuu, kun lapsi odottaa saavansa jotain eikä saakaan.

Siitä lähtien ihminen peilaa päivittäin tapahtumia ja ihmisiä tietoisesti tai tiedostamattaan ja rakentaa luottamustaan.

Luottamus on jokaisella erilainen ja muodostunut elämänkokemusten myötä. Usein se kertoo myös itsetunnosta. Hyvällä itsetunnolla omaava luottaa enemmän kuin huonolla itsetunnolla varustettu.

Koska ihmiset ovat erilaisia, niin tietty varovaisuus on aina tarpeen. Hyväkin ystävä voi pettää ja jopa sukulainen voi tuottaa pettymyksen. Ei edes omaan puolisoon tai lapsiin voi aina luottaa. On hienoa, kun joku osoittautuu luottamuksen arvoiseksi.

Jokaisen on hyvä pohtia, mitä luottamus on ja millainen on oma kanta siihen. Omaa elämää voi pohtia ja katsoa, löytyykö sieltä positiivisia tai negatiivisia kokemuksia siitä, miten luottamus on rakentunut. On myös hyvä opetella suhtautumaan luottamusta vaativiin asioihin positiivisesti.

viikko 28, aihe 1   **55. LUOVUUS (m)**

Mitä on luovuus? Kuka on luova? Millainen on luova henkilö? Onko erilaista luovuutta? Miten luovuus näkyy? Millaisia asioita tai esineitä luodaan? Miten luovuutta arvostetaan? Mikä ehkäisee luovuutta? Omat kysymyksesi luovuudesta?
Oletko itse luova? Miten se näkyy? Miltä luova hetki tuntuu? Mitä olet luonut? Miten luovuutta voisi lisätä?

Luovuus on ihmisen kykyä tuottaa uutta ja omaperäistä. Usein siinä näkyy esteettisyys, harmonia, uutuus, epätavallisuus ja nerokkuus.

Jokainen ihminen on luova, toiset vain ovat oppineet käyttämään sitä enemmän kuin toiset. Luovuuden ilmaisemista voi kehittää eli harjoitus tekee mestarin. Siinä auttaa paljon tieto ja kokemukset.

Luovuus näkyy kaikessa, mitä ihminen tekee. Luovuutta ei ole ainoastaan tieteessä, taiteessa tai kulttuurissa. Arjen luovuus on yhtä arvokasta ja kehittävää. Esteenä ovat vain tietämättömyys, asenteet ja ennakkoluulot.

Ihmisillä on persoonallisia ja jopa fyysisiä eroja, joten jotkut eivät pysty ihan samaan kuin toiset. On kuitenkin hyvä etsiä oma luovuuden kanava ja alue. Sen tuntee innostuksesta ja mielihyvästä, mitä siitä saa.

Luovuus kehittää ihmisessä kaikkia osapuolia, niin fyysisiä kuin henkisiä. Se tuo iloa ja hyvää mieltä paitsi itselle, niin myös toisille.

Jokaisen on hyvä miettiä, mitä luovuus on, millaista luovuutta on ennen kaikkea itsellä. Etsi oma luovuuden kanavasi. Mieti myös, mitä on arjen luovuus ja tee joka päivä jokin luova asia, josta saat iloa.

viikko 28, aihe 2 **56. LÄSNÄOLO (m)**
Mitä tarkoitetaan sillä, että ollaan läsnä tässä ja nyt? Mitä hyötyä on siitä,
että on läsnä? Mikä estää olemasta läsnä? Mikä merkitys läsnäololla on
henkiselle kehitykselle? Omat kysymyksesi läsnäolosta?
Osaatko olla läsnä tässä ja nyt? Miten usein huomaat ajattelevasi mennyttä
tai tulevaa? Miten voit lisätä läsnäoloa tässä ja nyt?

Ihmisillä on taipumus miettiä joko mennyttä tai suunnitella tulevaa,
vaikka tämä juuri nyt on se hetki, mitä eletään. Kyse on siitä,
osaammeko olla läsnä tässä ja nyt eli mihin suuntaamme juuri nyt
tarkkaavaisuutemme, ajatuksemme ja niiden myötä tunteemme.

Lapset osaavat nykyhetkessä elämisen hyvin ja heistä voi ottaa
mallia. Heillähän ei vielä ole paljon muistoja menneestä ja usein he
vasta opettelevat tulevaisuuden pohtimista.

Ihmisen on hyvä muistella mennyttä ja suunnitella tulevaa, mutta
vain tietyssä määrin. Menneestä voimme oppia ja hyvin suunniteltu
tulevaisuus on puoliksi tehty. Silti nykyhetki ja siinä eläminen pitäisi
olla keskiössä.

Menneisyyden muistelu ja tulevaisuuden pohdinta vievät
energiaamme ja tarkkaavaisuuttamme pois tästä hetkestä. Parhaiten
pystymme elämään nykyhetkessä ja olemaan läsnä juuri nyt, kun
keskitymme intensiivisesti tekemään jotain. Erityisesti luovuutta
edellyttävä tekeminen on tästä hyvä esimerkki.

Jokaisen on hyvä miettiä, miten hyvin pystyy päivittäin olemaan
läsnä tässä hetkessä ja miten paljon miettii menneitä tai suunnittelee
tulevaa. Olisiko aika tehdä asialle jotain?

viikko 29, aihe 1 57. MUSTASUKKAISUUS (h)
Mitä on mustasukkaisuus? Miksi joku on mustasukkainen? Miten
mustasukkaisuus näkyy ja miltä se tuntuu? Omat kysymyksesi
mustasukkaisuudesta?
Oletko itse kokenut mustasukkaisuutta? Miltä se tuntui? Onko joku ollut
sinusta mustasukkainen? Oliko siihen aihetta? Miten siitä selvisit? Miten
mustasukkaisuudesta pääsee eroon?

Mustasukkaisuudessa on kyse eräänlaisesta rakkaudesta. Se syntyy,
kun ihminen pelkää menettävänsä rakkaansa. Siihen voi liittyä myös
halua yksin omistaa toinen ihminen.

Menettämisen pelko tai omistamisen halu saa ihmisen toimimaan
mustasukkaisesti. Tulee perusteettomia petetyksi tulemisen ajatuksia,
syytöksiä ja luottamuksen puutetta. Alussa ja pienessä mittakaavassa
se usein purkautuu riitoina.

Pahinta on, kun jotkut alkavat kontrolloida toisen tekemisiä ja jopa estää niitä. Sellainen ei enää ole rakkautta vaan sairaalloista mustasukkaisuutta ja halua omistaa toinen.

Mustasukkaisuus on ensi sijassa tunne, mutta siihen liittyvät ajatukset. Mitä enemmän ajatukset siinä pyörivät, sen vahvemmaksi tunnekin tulee, kunnes niitä on enää vaikea tai jopa mahdotonta hallita. Tämä on hyvä esimerkki siitä, miten menetämme tunteiden ja ajatustemme hallinnan.

Jokaisen on hyvä pohtia mustasukkaisuutta ja sitä, onko itse ollut mustasukkainen, joutunut sellaisen kohteeksi tai nähnyt sellaista. Koska se ei ole oikeaa rakkautta ja koska se vahingoittaa kaikkia osapuolia, niin sellainen tulee aina työstää jollain tavalla.

viikko 29, aihe 2   **58. MUUTOS (m)**

Mitä tarkoitetaan muutoksella elämässä? Mikä muuttuu? Onko muutos aina hyvä? Muutoksen merkitys elämässä ja henkisen kehityksen kannalta? Omat kysymyksesi muutoksesta? Miten elämäsi on muuttunut? Miten muutokset ovat vaikuttaneet sinuun? Mitkä muutokset olivat omia valintojasi? Mitkä ei? Miten voit oppia suhtautumaan muutoksiin positiivisesti?

Elämä muuttuu kaiken aikaa. Mikään ei ole pysyvää. Jotkut asiat muuttuvat nopeammin ja niiden muutoksen voi huomata. Toiset asiat muuttuvat hitaammin eikä sitä muutosta aina huomaa. Sanotaan, että ihmisen kehon kaikki solut uudistuvat seitsemän vuoden aikana. Lapsen kasvu ja kehitys tai ihmisen vanheneminen ovat hyviä esimerkkejä muutoksesta.

On ympäristön muutoksia, jotka ihminen itse aiheuttaa. Näin on tilanne, kun rakennetaan tai puretaan taloja, tehdään teitä, kaadetaan metsää tai saastutetaan luontoa. Muutoksia aiheutuu luonnonkatastrofeista, joita ovat esim. onnettomuudet, tulvat, tulivuoren purkaukset, palot ja myrskyt.

On muutoksia, joille ihminen itse ei voi mitään. Tällaista tapahtuu, kun joku läheinen kuolee, tekee rikoksia tai muuttaa muualle.

Ihminen voi vaikuttaa omilla ratkaisuillaan omaan elämäänsä. Tällaisia valintoja tehdään, kun mietitään ammattia, lähdetään opiskelemaan, haetaan työpaikkaa, solmitaan ystävyyssuhteita, mennään avioliittoon, valitaan asuminen tai aletaan harrastaa jotain.

Jokaisen on hyvä miettiä, millaisia muutoksia erilaiset ratkaisut ovat tuoneet itselle ja läheisille. Ihminen voi paljon vaikuttaa elämäänsä myös henkisillä ratkaisuillaan.

viikko 30, aihe 1   **59. MYÖTÄTUNTO (m)**

Mitä on myötätunto? Miten se näkyy? Miltä se tuntuu? Kehen se kohdistuu useimmiten? Mitä myötätunto on henkisen kehityksen kannalta? Omat kysymyksesi myötätunnosta?
Oletko tuntenut myötätuntoa jotakuta kohtaan? Mikä tilanne oli? Millaisia tunteita siihen liittyi? Mikä vaikutus sillä oli sinuun? Oletko itse saanut myötätuntoa? Miten voit oppia tuntemaan myötätuntoa tietoisesti enemmän?

Myötätunto on yksi ihmisen perustunteista. Se liittyy läheisesti rakkauteen ja siihen sisältyy vahvana empatia. Ihminen osaa asettua toisen ihmisen asemaan ja ymmärtää, miltä tästä tuntuu ja miten lohduttaa tätä.

Myötätuntoa tunnetaan erityisesti silloin, kun toisella on esimerkiksi vaikeaa, ongelmia tai sairautta. Usein hän toivoo toiselle helpotusta ja apua tilanteessa, jossa tämä on.

On paljon erilaisia tapoja osoittaa myötätuntoa. Sitä voi ilmaista sanoilla tai teoilla. Joskus pelkkä kosketus, ele tai katse kertoo myötätunnosta.

Aina ei riitä, että osoitetaan myötätuntoa, vaan avun tulee olla tekoja. Ihmistä ei saa jättää yksin, kun hänellä on vaikeaa. Lisäksi pitää olla tukena riittävän kauan.

On ihmisiä, jotka eivät osaa tuntea myötätuntoa tai ottaa sitä vastaan. He ovat usein muutenkin tunnekylmiä ja yksinäisiä.

Jokaisen on hyvä pohtia myötätuntoa ja samalla rakkautta sekä miten niitä osoitetaan toisille. Myös niiden vastaanottaminen tai niihin vastaaminen eivät ole kaikille helppoa. Mutta sellaista voi mietiskellä ja opetella sekä tehdä harjoituksia. Meditaatio on tässä hyvä.

viikko 30, aihe 2   60. NARSISMI (h)

Mitä on narsismi? Millainen ihminen on narsisti? Miten hän käyttäytyy?
Mikä voi olla syynä narsismiin? Omat kysymyksesi narsismista?
Oletko ollut tekemisissä narsistin kanssa? Onko sinussa narsistisia piirteitä?
Miten narsistin kanssa voi elää? Miten tieto auttaa kohtaamaan narsismia?
Miten voit tukea narsistin uhria?

Narsismilla tarkoitetaan itserakkautta sekä itse- ja minäkeskeisyyttä. Narsisti on tunnekylmä ja tunteiltaan pinnallinen. Hän ei tunne empatiaa, myötätuntoa, syyllisyyttä tai katumusta. Hän kuvittelee itsestään suuria, valehtelee sairaalloisesti ja manipuloi muita. Hän voi olla impulsiivinen, mutta myös hyvin suunnitelmallinen ja vallanhimoinen eikä hahmota tekojensa seurauksia. Hän saa tyydytystä asioista eri tavalla kuin muut.

Kukaan ei synny narsistiksi, mutta siihen voi olla perinnöllinen taipumus. Lapsuuden kokemukset lisäävät narsismin syntymistä. Harva ihminen on täysin kokonaan narsisti, mutta silti voi aiheuttaa lähellä oleville ihmisille psyykkisiä vaurioita.

Usein narsisti kiusaa niitä, jotka hän kokee itselleen uhaksi tai vastustajaksi. Hän syyttelee, levittää väärää tietoa ja jopa vainoaa. Hän ei suostu puhumaan tämän kanssa eikä selvittämään ongelmia. Hän pyrkii ajamaan vastustajansa yhteisön ulkopuolelle ja erottamaan tämän muista. Tätä on joskus vaikea huomata, koska hän voi olla muille lipevä ja pinnallisen viehätysvoimainen.

Jokaisen tulee huomata, onko joku narsisti ja tukea niitä, jotka joutuvat narsistin uhriksi.

viikko 31, aihe 1   **61. OIKEUDENMUKAISUUS (m)**

Mitä on oikeudenmukaisuus? Millaisissa asioissa se toteutuu hyvin? Entä huonosti? Vastakohta? Omat kysymyksesi oikeudenmukaisuudesta?
Oletko ollut tilanteessa, jossa toteutui oikeudenmukaisuus? Mitä silloin tapahtui? Keitä oli mukana? Miten voit pitää huolta, että oikeudenmukaisuus toteutuu?

Oikeudenmukaisuus tarkoittaa tasa-arvoa, yhdenvertaisuutta ja oikeamielisyyttä. Se kuuluu ihmisen perusoikeuksiin ja demokraattiseen yhteiskuntaan, jossa se on kirjattu lakiin ja sitä opetetaan lapsille.

Usein oikeudenmukaisuutta punnitaan, kun tapahtuu jotain väärää tai jotakuta on loukattu. Erityisesti sitä punnitaan, kun joku tekee rikoksen tai kohtelee toisia muiden mielestä väärin.

Kun oikeudenmukaisuutta on loukattu, niin se tulee oikaista ja uhrin tulee saada siitä hyvitys sekä tekijän rangaistus. Tarkoituksena on, että ihminen, joka on tehnyt väärin, oppii siitä eikä enää tee niin.

Oikeudenmukaisuutta loukataan paljon erilaissa tilanteissa perhepiirissä, yhteisöissä ja jopa työpaikoilla. Usein tätä on vaikeaa selvittää, mutta kokemuksena se voi olla iso.

Kun vääryys oikaistaan ja oikeudenmukaisuus toteutuu, niin se tuntuu aina hyvältä. Tätä pitäisi enemmän opettaa lapsille ja puuttua, mikäli havaitaan ongelmia.

Jokaisen on hyvä miettiä, mitä oikeudenmukaisuus on ja miten se näkyy omassa elämässä ja yleensä. Sitä on myös osattava puolustaa, kun siihen on tarvetta.

viikko 31, aihe 2   **62. ONNI (m)**

Mitä on onni? Mikä tuo onnea? Miltä onni tuntuu? Tunnetko onnellisen
ihmisen? Miltä onnellinen ihminen näyttää? Mitä onnellinen ihminen tekee?
Mikä on onnen vastakohta? Omat kysymyksesi onnesta?
Milloin olet ollut viimeksi oikein onnellinen? Miltä silloin on tuntunut?
Miten voit lisätä onnea omaan ja toisten elämään?

Onni on yksi ihmisen perustunteista. Se tuntuu ihmisen sisällä
kokonaisvaltaisena hyvänä olona. Ihminen kokee olevansa
onnellinen, kun kaikki asiat ovat hyvin ja juuri niin, kuin hän on
toivonut. Onnea koetaan myös, kun ihminen saa jotain toivomaansa
tai sellaista hyvää, mikä tulee odottamatta. Se on jotain, jota kaikki
tavoittelevat ja haluavat.

Onnen tunne on sitä suurempi, mitä isompi on asia, mitä hän toivoo.
Se voi olla materiaalista hyvää. Joku voittaa lotossa, pääsee uuteen
asuntoon tai voi ostaa auton. Se voi olla myös jotain pientä kuten se,
että naapuri tuo leivonnaisia tai posti tuo odotetun kirjeen, jossa on
hyviä uutisia.

Onni voi tulla myös 'ei materiaalisista' asioista. Joku on onnellinen,
kun lapset tai lapsenlapset tulevat kylään tai soittavat. Monelle ura on
tärkeää ja siksi koetaan onnea, kun saa ylennyksen ja lisää palkkaa tai
uuden mieluisan työn. Joku arvostaa sitä, että hänet tai hänen ansionsa
huomataan. Jollekin riittää jo se, että joku sanoo jotain hyvää.
Henkisellä polulla onni tulee siitä, että huomaa edistyneensä ja kokee
osaavansa jotain uutta.

*Jokaisen kannattaa miettiä, mitä onni on, mistä itse tulee
onnelliseksi ja mitä sellaista voi tehdä, että toiset kokevat onnea.*

viikko 32, aihe 1   **63. PAHA OLO (h)**

Mitä on paha olo? Mikä tai kuka aiheuttaa pahaa oloa? Tunnetko jonkun,
jolla on paha olo? Miten hän on käyttäytynyt? Omat kysymyksesi pahasta
olosta?
Oletko itse kokenut pahaa oloa? Miltä se tuntui? Miten toimit silloin? Mikä
tai kuka sen aiheutti? Miten selvisit siitä? Miten pahasta olosta voi toipua
mahdollisimman nopeasti?

Paha olo on tunne, joka kertoo, että ihminen ei voi hyvin. Se on usein
aika epämääräinen sisäinen tunne eikä ihminen aina tiedä, mistä se
johtuu. Erityisen pahaa oloa koetaan, kun ihminen on ahdistunut tai
masentunut.

Joskus paha olo on selvästi jonkin fyysisen sairauden tai ongelman
aiheuttama. Mutta yhtä hyvin se voi olla psyykkistä. Sen voi aiheuttaa

ihmisten väliset riidat, pahat puheet, kiusaaminen, epäonnistumiset, haukkuminen tai jokin tapahtuma, joka koetaan epämiellyttäväksi.

Kun ihminen tuntee pahaa oloa, niin on hyvä miettiä sille syytä ja pyrkiä poistamaan se. Usein auttaa, kun siitä puhuu toiselle tai pyytää apua. Myös toisen myötätunto tuntuu hyvältä ja tietää, ettei ole yksin asian kanssa.

Materiaalisiin ongelmiinkin kannattaa hakea apua. Henkiseen pahaan oloon voi joskus olla hyvä saada lääkitystä tai psykoterapiaa.

Henkisellä polulla kulkevan on hyvä pohtia ja mietiskellä, mikä on syynä pahaan oloon ja miten sen voi voittaa ja poistaa. Jo pelkkä ajatustavan muutos, tahto tai jokin mieluisa tekeminen voivat auttaa.

viikko 32, aihe 2   **64. PEHMEYS (m)**

Mitä on pehmeys? Millainen on pehmeä henkilö ja miten se näkyy? Onko erilaista pehmeyttä? Onko pehmeys hyvä vai huono asia? Vastakohta? Omat kysymyksesi pehmeydestä?
Oletko itse pehmeä, kova vai jotain siltä väliltä? Millaisia pehmeitä ihmisiä sinulla on lähelläsi? Miten voit hyödyntää pehmeyttä?

Ihmisen pehmeydellä tarkoitetaan psyykkistä tai henkistä pehmeyttä. Pehmeys on luonteenpiirre, mutta siihen vaikuttavat erityisesti kokemukset lapsuudessa.

Hyvin pehmeä ihminen ei osaa päättää eikä vastustaa toisia, vaan myötäilee heitä. Hän mieluummin kuuntelee kuin puhuu itse. Häneltä puuttuu aloitekykyä ja loppuun saattamisen taitoa. Häntä voisi kuvata usein sanalla nöyrä ja joskus hän jopa nöyristelee, jotta asiasta ei tule ongelmaa. Jotkut haluavat olla näkymättömiä ja pukeutuvat usein mustaan. Pehmeys voidaan joskus tulkita ujoudeksi tai saamattomuudeksi.

Pehmeyden taustalla on usein pelkoa muita kohtaan tai se näkyy tilanteiden pelkona. Pehmeä ihminen on kuitenkin usein herkkä, toisia ajatteleva ja lämminsydäminen. Hän tulee myös helposti mukaan, kun häntä houkutellaan ja hän on siitä hyvin kiitollinen.

Jokaisen on hyvä miettiä, mitä pehmeys on, miten se näkyy ja onko itse pehmeä. Jokainen tarvitsee tietynlaista pehmeyttä. Se kuuluu ihmisyyteen ja on hyvä ominaisuus yhteisössä. Liiallinen pehmeys aiheuttaa ongelmia. Siksi pehmeän ihmisen on hyvä opetella olemaan pehmeä oikealla tavalla.

viikko 33, aihe 1   65. PELKO (h)

Mitä on pelko? Miten se ilmenee? Onko olemassa erilaista pelkoa? Voiko pelko olla hyvää? Milloin se ei ole tervettä? Miten pelosta voi päästä? Omat kysymyksesi pelosta?
Milloin olet viimeksi pelännyt? Miksi? Mikä sen aiheutti? Miltä se tuntui? Tunnetko ihmisiä, jotka pelkäävät paljon? Millaisia henkilöitä he ovat? Miten pelon voi voittaa?

Pelko on yksi ihmisen perustunteista. Sen tarkoituksena on varoittaa vaaroista, suojella häntä niiltä ja opettaa puolustautumaan niitä vastaan.

Pelkoa on monenlaista ja eriasteisia. Jokainen pelkää jotain. Ihminen pelästyy äkillisissä henkeä uhkaavissa tilanteissa kuten tulipaloissa, auto-onnettomuuksissa tai kaatumisissa. Myös pienemmät onnettomuudet pelästyttävät kuten käden polttaminen tai kompastuminen. Siinä keho reagoi refleksinomaisesti.

Ongelmaksi pelko tulee, kun ihminen pelkää asioita enemmän kuin normaalisti. Tällaisia ovat esim. korkeanpaikan, suljetun paikan, mikrobien, hiirien, käärmeiden, lepakkojen ja hämähäkkien pelot. Joskus pelko saa ihmisen valtaansa niin, ettei hän uskalla poistua kotoa tai se estää elämästä normaalisti.

Jokaisen ihmisen tulee miettiä, mitä pelko on, mitä hän itse pelkää. Pelkoja voi työstää ja pohtia, mistä ne johtuvat. Kannattaa opetella uusi tapa reagoida. Asiaa auttaa vielä, kun ymmärtää, että pelko on kehon tapa reagoida. Koska se on myös tunne, niin se on tunnekehon reaktio. Kummassakin tapauksessa pelot voi oppia hallitsemaan.

viikko 33, aihe 2   66. PETOLLISUUS (h)

Mitä on petollisuus? Millainen ihminen on petollinen? Millaisia tekoja petollinen ihminen tekee? Mitä petollinen ihminen tekee uhrille? Millaisia tunteita siitä nousee? Miksi ihminen pettää? Omat kysymyksesi petollisuudesta?
Oletko itse kohdannut tai kuullut petollisuudesta? Millaisesta petollisuudesta on ollut kyse? Miten voit ymmärtää petollisuutta osana henkistä kehitystä?

Petollisuudella tarkoitetaan sitä, että ihminen joko lupaa jotain eikä pidä lupaustaan tai ottaa itselleen viekkaudella tai valheilla jotain, mikä ei hänelle kuulu.

Monilla on kokemuksia alkoholistivanhempien pettämistä lupauksista. Politiikassa ja työpaikoillakin lupausten pettäminen on todella yleistä.

Rikollisia pettäjiä löytyy esimerkiksi kavaltajista ja talousrikollisista. Ehkä joskus voi nimetä pettäjäksi varastakin tai niitä, jotka esimerkiksi perinnönjaossa ahnehtivat enemmän kuin heille kuuluu.

Joskus petollisuus on niin salakavalaa, ettei sitä huomata pitkään aikaan tai lainkaan, jolloin pettäjä pääsee kuin koira veräjästä.

Petollisuus on aina rikos. Se aiheuttaa uhreille joko taloudellisia menetyksiä tai henkisiä kärsimyksiä.

Jokaisen on hyvä miettiä, mitä petollisuus on ja onko kohdannut sitä tai kuullut siitä. Henkisellä polulla kulkeva ymmärtää, että ihminen niittää sitä, mitä hän kylvää, ja että hän joutuu viimeistään kuoltuaan vastaamaan kaikesta, mitä tekee, petoksistakin.

viikko 34, aihe 1   67. PETTYMYS (h)

Mitä on pettymys? Millaisiin ihmisiin tai asioihin ihmiset usein pettyvät? Miksi? Miten pettymyksestä voi selvitä? Miltä pettymys tuntuu? Omat kysymyksesi pettymyksestä?
Milloin olet viimeksi pettynyt johonkin tai johonkuhun? Mihin petyit? Miksi? Miten selvisit siitä? Miten voit voittaa pettymyksen niin, että selviät siitä nopeasti?

Pettymys liittyy toivoon. Ihminen toivoo jotain ja pettyy, kun se ei toteudu. Esimerkiksi ihminen toivoo saavansa lottovoiton tai jotain materiaalista hyvää kuten uuden kodin tai auton ja pettyy, kun hän ei saa.

Ihmiset ja varsinkin lapset pettyvät, kun heille luvataan asioita, joita he sitten eivät saa. Materiaalisten asioiden lisäksi voidaan luvata tehdä yhdessä jotain tai mennä yhdessä jonnekin. Mitä suuremmasta asiasta on kyse, sitä suurempi on pettymyskin.

Joskus ihminen pettyy, kun joku tekee tai sanoo jotain, mikä loukkaa tai jopa vahingoittaa itseä tai toisia. Ehkä pahimmat pettymykset liittyvätkin perheeseen, sukulaisiin, ystäviin, tuttuihin tai työkavereihin.

Ihminen voi pettyä myös yhteiskuntaan. Poliitikot yleensä lupaavat paljon tullakseen valituksi eivätkä voi tai halua pitää lupauksiaan. Joku voi pettyä yhteiskunnan lupaamiin tai tarjoamiin palveluihin, mitkä eivät täytä odotuksia.

Jokaisen on hyvä miettiä, mitä pettymys on ja millaisia pettymyksiä itse tai läheiset ovat kohdanneet. Henkisellä polulla tajuaa, että me luomme itse elämämme ja siksi pettymys ja liiallinen toivo ovat turhia.

viikko 34, aihe 2   **68. PÄÄTTÄMINEN (m)**

Mitä ymmärretään päättämisellä? Mitkä seikat auttavat päättämään?
Millaiset ovat hyviä ja huonoja päätöksiä? Omat kysymyksesi
päättämisestä?
Milloin viimeksi olet tehnyt ison päätöksen? Mitä päätit silloin? Oliko
sinulla vaihtoehtoja? Miksi päätit niin kuin päätit? Oliko se onnistunut
päätös? Miten voit oppia päättämisen taitoja?

Ihmisen jokainen päivä on täynnä valintoja ja päätöksiä. Heti aamusta
ihminen päättää, mitä hän syö, pukee päälleen ja tekee päivän mittaan.
Lähes kaikessa, mitä ihminen tekee, on mukana päätöksiä. Jopa
toisten kanssa puhuminen, tekeminen tai jopa ajatteleminen ovat
täynnä päätöksiä.

Lapsen puolesta vanhemmat päättävät monesta asiasta. Nuorena ja
aikuisena ihminen voi päättää esimerkiksi, mihin ammattiin haluaa.
Muut isot päätökset liittyvät ihmissuhteisiin, avioliittoon, lasten
hankkimiseen, työhön ja harrastuksiin.

Usein ihminen luulee, että tunteita ei voi päättää, mutta tietyssä
määrin niitäkin voi valita ja päättää. Tosin ihmiset eroavat tässä
suhteessa toisistaan. Toiset hallitsevat tunteensa paremmin kuin toiset.
Henkisellä polulla ihmisen on opittava hallitsemaan tunteensa ja
valitsemaan, mitä tunteita tuntee.

Ihan kaikkea ei voi omassakaan elämässä itse päättää. On
olosuhteita kuten asuinpaikka, sukulaiset tai kotimaa, jotka rajaavat
päätöstä.

*Jokaisen on hyvä kiinnittää huomiota kaikkiin päätöksiin, joita on
tehnyt menneisyydessä ja tekee joka päivä, jotta oppisi päättämään
viisaammin.*

viikko 35, aihe 1   **69. RAKKAUS (m)**

Mitä on rakkaus? Millaista erilaista rakkautta on olemassa? Keitä ihmisiä,
mitä asioita ja millaisia paikkoja ihmiset rakastavat? Mikä on rakkauden
vastakohta? Omat kysymyksesi rakkaudesta?
Keitä sinä olet rakastanut? Ketkä ovat rakastaneet sinua? Rakkaus
elämässäsi juuri nyt? Miten voit lisätä rakkautta omaan ja toisten elämään?

Rakkaus on ihmisen perustunteista kaikista tärkein. Raamatussakin
kehotetaan rakastamaan toisia niin kuin itseä.

Rakkautta on hyvin erilaista. Yleensä katsotaan, että äidin rakkaus
on kaikista puhtainta ja epäitsekkäintä varsinkin lapsen syntymän
jälkeen. Perheen muutkin jäsenet tuntevat toisiaan kohtaan rakkautta.
Se ei kuitenkaan ole aina itsestään selvää ja voi muuttua vihaksikin.

Rakkautta on myös puolisoiden välillä, omia vanhempia, ystäviä ja lemmikkieläimiä kohtaan. Jotkut osoittavat rakkautta ihmisille, joita ihailevat, mutta jotka ovat täysin ventovieraita. Tällaisia ovat esimerkiksi uskontojen ja valtioiden johtohahmot sekä taiteen ja tieteen kuuluisuudet.

Rakkautta voi kohdistaa hyvin materiaalisiin asioihin ja paikkoihin. Jokin hyvin kaunis tai itselle tärkeä ja tuttu paikka voi muodostua rakkaaksi. Jotkut rakastavat sitä, mitä tekevät kuten työtä, harrastusta, elokuvia, ruoanlaittoa, matkustamista, autoilua yms.

Jokaisen on hyvä pohtia rakkautta niin tunteena, ajatuksena kuin tekonakin sekä sitä, millainen suhde itsellä on siihen. Paljonko olet saanut ja antanut rakkautta, voisiko sitä lisätä?

viikko 35, aihe 2   70. RANKAISEMINEN (h)

Mitä on rankaiseminen? Mistä asioista voidaan rankaista? Kuka rankaisee ja ketä? Onko rankaisu aina oikein vain voiko se olla väärin? Mitä rankaisu aiheuttaa saajalle? Omat kysymyksesi rankaisemisesta?
Onko sinua rangaistu tai oletko sinä rankaissut jotakuta? Kuka rankaisi? Ketä ja miksi rangaistiin? Oliko se ansaittu rankaisu? Olisiko sen voinut tehdä toisin? Mitä voi tehdä rankaisemisen sijaan?

Kun ihminen tekee väärin, niin häntä saatetaan rangaista. Rankaiseminen on kuulunut ihmisen elämään kautta aikojen. Se on yhteisön ja lähimmäisten tapa kertoa, että näin ei saa toimia. Väärintekijöitä on rankaistu mitä kummallisimmilla ja julmimmilla tavoilla.

Lapsiakin on aina rangaistu. Nykyään lapsia ei saa rangaista fyysisesti, vaan sen sijaan käytetään muita keinoja kuten puhumista tai esimerkkiä. TV:stä on tullut tutuksi tapa opettaa lasta. Ensin varotetaan ja sitten, jos puhe ei mene perille, niin viedään häpeänurkkaan tai -tuoliin. Lopuksi kerrotaan, että rakastetaan, ja halataan.

Rankaisukeinot vaihtelevat eri aikoina. Vieläkin on jossain maissa käytössä kuolemanrangaistus. Vankilat ovat täynnä ja oikeuteen on pitkät jonot.

Jotkut ihmiset rankaisevat itseäänkin, kun tekevät asioita, mitkä omasta mielestä on väärin. Ehkä ihminen kieltää itseltään jotain tai määrää itselleen epämieluisan tekemisen.

Kannattaa pohtia, miten omassa tai ympäristön elämässä rankaiseminen näkyy. Rankaiseminen ei ole oikein. Sen sijaan on pyrittävä pysyvään muutokseen, jossa ei rankaisua tarvita.

viikko 36, aihe 1   71. RASISMI (h)

Mitä on rasismi? Millaisia erilaisia rasismin muotoja tai kohteita on? Miksi rasismia on olemassa? Onko rasismi oikein? Miltä rasismin kohteelta tuntuu? Miten rasismi näyttäytyy henkisen kehityksen kannalta? Omat kysymyksesi rasismista?
Oletko huomannut itse olevasi rasistinen? Oletko ollut tilanteessa, että joku on rasistinen? Mitä tapahtui? Koitko, että se oli väärin? Miksi? Onko sinua kohdeltu rasistisesti? Miten voi oppia olemaan ilman rasismia?

Rasismilla tarkoitetaan rotuerottelua ja rotusyrjintää, ennakkoluuloja ja oman rodun suosimista. Nykyään käsite voi tarkoittaa mitä tahansa erottelua, syrjintää, kiihkoilua jonkun puolesta toisia vastaan tai oman porukan tai ystävien suosimista.

Puhutaan ikärasismista, mikä tarkoittaa, että suositaan nuorempia. Työssä esimies voi suosia "omia" ja antaa heille etuisuuksia. Päättäviin elimiin valitaan omien puolueiden jäseniä. Jopa harrastuspiireissä ja koulussa syrjitään tosia ja suositaan toisia.

Esimerkkejä löytyy paljon. Kyse ei siis ole vain rotuerottelusta, mikä kuitenkin on myös huomioitava matkailun, kansainvälistymisen ja pakolaisten lisääntymisen myötä.

Valitettavasti rasismia käytetään myös väärin. Jos jotain tapahtuu, syytetään helposti rasismista.

Jokaisen on hyvä miettiä rasismia ja sitä, onko itse käyttäytynyt rasistisesti tai onko joutunut rasismin uhriksi. On hyvä katsoa omaan sieluun ja tunnustaa rehellisesti, onko rasismia lähipiirissä. On myös opeteltava havainnoimaan muiden käytöstä ja mietittävä, miten siihen suhtautua ja voi puuttua. Henkisesti katsoen olemme kaikki ihmisiä.

viikko 36, aihe 2   **72. RAUHA (m)**

Mitä on rauha? Olisiko rauhaa tarpeen lisätä? Jos on, niin miksi? Mitä hyötyä siitä on? Miten rauhan voi saavuttaa? Mitä esteitä on rauhalle? Omat kysymyksesi rauhasta?
Mitä rauha merkitsee sinulle? Miten voit lisätä omaa rauhaasi? Millaisissa tilanteissa olet kaivannut rauhaa? Milloin olet kokenut rauhaa? Miten se onnistui? Miten voit lisätä rauhaa?

Rauha on sisäinen tunne, johon liittyy hiljaisuus ja äänettömyys. Tuntuu kuin koko keho, tunteet ja ajatuksetkin olisivat rauhassa ja lepäisivät. Parhaiten sitä voi kokea yksin, vaikka yhdessäkin voidaan juhlistaa rauhaa.

Rauhaa voi olla tavallisessa arjessakin, mutta erityisesti sen kokee tilanteiden jälkeen, kun rauhaa ei ole ollut eli on ollut hässäkkää, melua, riitoja, tapahtumia tms. Erityisesti rauha liitetään sodan lopettamiseen, jolloin tehdään rauha. Mitä pidemmästä rauhattomasta ajasta on kyse, sitä suurempana rauhana se koetaan.

Ihminen tarvitsee rauhaa ja rauhallisia hetkiä. Jotkut tarvitsevat sitä työssään tai jotain luovaa tehdessään. Toiset tarvitsevat rauhaa enemmän kuin toiset. Valitettavasti nykyajan ihmiset täyttävät arkensa kaikenlaisella tekemisellä ja kiireellä, jolloin ei voi kokea rauhaa.

Jokaisen on hyvä pohtia, mitä rauha on yleensä ja mitä se tarkoittaa itselle. Milloin itse on kokenut rauhaa ja miltä se tuntui? Miten rauhan voi saavuttaa arjessa joka päivä, mikä estää sitä ja mikä merkitys sillä on? Ihminen voi tehdä paljon saavuttaakseen itse rauhan ja luodakseen myös toisille rauhaa. Mieti, millaisin keinoin voit edistää rauhaa.

viikko 37, aihe 1   **73. REHELLISYYS (m)**

Mitä on rehellisyys? Mikä merkitys rehellisyydellä on yleensä ja henkisen kehityksen kannalta? Mitä ongelmia voi tulla, jos on aina rehellinen? Mikä on rehellisyyden vastakohta? Omat kysymyksesi rehellisyydestä? Kuinka rehellinen olet asteikolla 1–10? Milloin olet ollut epärehellinen? Hyväksytkö valkoisen valheen? Jos hyväksyt, niin missä tilanteessa? Miten voit kehittää rehellisyyttä osana henkistä kehitystä?

Rehellisyydellä tarkoitetaan, että ihminen puhuu totta, ei valehtele eikä varasta. Jotkut hyväksyvät valkoisen valheen, jos rehellisyys aiheuttaa ongelmia itselle tai muille. Yleensä tällaiset valheet ovat pieniä ja ehkä tilanteesta johtuvia hätävalheita.

Kaikki eivät ole rehellisiä. Näin on, kun ihminen tekee salaa ja kiinni jäämättä tekoja, jotka eivät ole hyväksyttäviä ja aiheuttavat taloudellisia menetyksiä tai henkisiä kärsimyksiä toisille. Jopa joidenkin asioiden salailu ja varkaudet voidaan katsoa epärehellisyydeksi.

Rehellisyys kuuluu ihmisyyteen ja edustaa eettisesti katsoen korkeaa moraalia. Se on myös yleisesti yhteiskunnassa hyväksytty arvo. Jo lapsille opetetaan rehellisyyttä, ja mitä siitä seuraa, jos on epärehellinen. Huono omatunto "kolkuttaa", jos olemme epärehellisiä.

Henkisellä polulla ja monissa uskonnoissa on ajatus, että kaiken, mitä sanomme ja teemme, näkee jokin Korkeampi taho tai Jumala. Kaikki myös kirjautuu omaan elämänkirjaan ja kaikkeuden tietopankkiin (Akasha). Siksi kannattaa olla rehellinen kaikessa, mitä tekee. Se lähtee jo siitä, että on itselle rehellinen.

Jokaisen on hyvä pohtia rehellisyyttä, niin omaa kuin toisten. Mitä siitä on seurannut ja seuraa, jos ei ole rehellinen. Kannattaako olla rehellinen? Miten voit lisätä rehellisyyttä?

viikko 37, aihe 2   74. RIIPPUVUUS (addikti) (h)

Mitä riippuvuus on? Mistä ihmiset ovat riippuvaisia? Onko erilaista riippuvuutta? Miten riippuvuus syntyy? Miten riippuvuuden voi tunnistaa? Omat kysymyksesi riippuvuudesta?
Oletko riippuvainen jostain? Mistä? Miten se on syntynyt? Mikä merkitys sillä on elämässäsi? Mitä riippuvuudesta voi päästä eroon?

Riippuvaisuus tarkoittaa, jos ihminen ei voi olla ilman sitä, mistä on riippuvainen. Pahimmillaan koko elämä pyörii sen ympärillä.

Kehollisia riippuvuuksia aiheuttavat esimerkiksi tupakka, nuuska, huumeet, jotkin lääkkeet ja alkoholi. Pienemmässä mittakaavassa riippuvuutta voivat aiheuttaa myös kahvi ja tee, koska keho reagoi, jos niitä ei saa. Jossain määrin ihmiset ovat myös henkisesti niistä riippuvaisia ja juovat niitä tavan vuoksi.

Ihmiset eivät aina tunnista, kuinka paljon heillä on erilaisia riippuvuutta aiheuttavia asioita. Ehkä niitä voi kutsua tavoiksi tai rituaaleiksi, jotka kuuluvat päivään ja jotka helpottavat elämää, mutta joita ilman ei osata olla tai mennä nukkumaan. Tällaisia rituaaleja on esimerkiksi puhtauteen liittyvät kuten suihkussa käynti, hampaiden, kasvojen tai jalkojen pesut.

Jokaisen on hyvä pohtia omaa elämäänsä ja miettiä, millaisia fyysisiä tai henkisiä riippuvaisuuksia, tapoja ja rituaaleja on. Miten ne ovat syntyneet ja millainen "valta" niillä on? Ovatko ne aikansa eläneitä tapoja ja miten niistä pääsee eroon? Millaisia tunteita ja ajatuksia tai merkityksiä niihin liittyy?

viikko 38, aihe 1   **75. ROHKEUS (m)**

Mitä on rohkeus? Millainen teko on rohkea? Kuka on rohkea? Miten voi rohkaista toista? Mikä merkitys rohkeudella on yleensä ja henkisen kehityksen kannalta? Mikä on rohkeuden vastakohta? Omat kysymyksesi rohkeudesta?
Kuinka rohkea olet? Milloin olet ollut rohkea? Miltä rohkeus tuntui? Mikä tekee teosta rohkean? Miten voit kehittää rohkeutta lisää?

Rohkeutta on, kun ihminen ylittää omat rajansa tehdä jotain, mitä aiemmin ei ole uskaltanut. Useimmiten rohkeus on itsensä ylittämistä, mutta sitä on myös teoissa, joissa koetaan varaa tai joissa elämä on uhattuna.

Tällaisina rohkeina tekoina pidetään yleensä esimerkiksi benji hyppyä, kalliokiipeilyä tai laskuvarjolla hyppäämistä. Joskus joku pelastaa vaarasta välittämättä toisen hengen, mitä pidetään rohkeana tekona.

Rohkeus ylittää omat rajansa on hyvin yksilöllinen. Hyvin aralle ihmiselle voi olla rohkeaa soittaa puhelu viranomaiselle, käydä kaupassa, pitää esitelmä, matkustaa yksin tai ottaa puheenvuoro kokouksessa.

Rohkeuden rajat voi löytää sen kautta, kun katsoo, mitä pelkää. Toiset pelkäävät hiiriä, käärmeitä, lepakkoja, korkeita paikkoja, lentämistä, bakteereja, sairauksia jne. Toisille rohkeus tarkoittaa kiipeämistä vuorille, ajamista ralliautolla tai osallistumalla Grönlannin vaellukseen.

Jokaisen on hyvä pohtia ja mietiskellä rohkeutta, mutta myös pelkoa. Rohkeus on henkisen kehityksen kannalta tavoiteltava ominaisuus. Ihminen voi opetella kohtaamaan pelot ja lisäämään rohkeutta. Tuntuu hienolta, kun on ollut rohkea asioissa, joissa on aiemmin pelännyt. Näin voi ymmärtää ja jopa tukea heitä, jotka pelkäävät.

viikko 38, aihe 2   **76. RUKOUS (m)**

Mitä on rukous? Millaiset ihmiset rukoilevat? Mitä yleensä rukoillaan? Kenelle tai mihin rukous osoitetaan? Omat kysymyksesi rukouksesta? Rukoiletko? Jos rukoilet, miksi rukoilet? Miten rukoilet? Kenelle sinä osoitat rukouksen? Millainen on rukoustesi sisältö? Jos et rukoile, miksi et? Voiko rukouksen avulla muuttua jollain tavalla ja jos voi, niin miten?

Useimmille ihmisille rukous on puhetta Korkeimmalle, joka kristityillä on Jumala, islaminuskoisilla Allah ja joillekin nykyisin myös Alkulähteeksi sanottu taho. Ihminen uskoo, että on joku henkinen olento tai taho, joka on luonut kaiken ja joka auttaa ja kuulee, kun rukoilee.

Joidenkin on vaikea rukoilla Korkeinta suoraan. He kohdistavat rukouksensa jollekulle, jonka ajattelevat oleva pyhä tai edustavan Korkeinta. Näin monet kristityt kohdistavat rukouksensa Jeesukselle, Marialle tai jollekin pyhimykselle. Luonnon uskonnoissa rukous kohdistetaan luontokohteelle tai luonnonolennoille.

Tavallisimmin rukouksen sisältönä ovat erilaiset pyynnöt tai kiitos, mitä on saatu. Se voi olla myös jokin pyhistä kirjoista oleva lause kuten jokin psalmi tai Isä meidän-rukous. Se voi myös olla mantran kaltainen lause tai sana, jota toistetaan.

Jokaisen on hyvä miettiä rukousta, sekä miksi, miten ja ketä itse rukoilee. Rukous, jossa ei ole tunnetta ja ajatusta mukana, on ns. "rukousta huulilta", joka yleensä tehdään tavan vuoksi. Sitä ei aina edes kohdisteta mihinkään. Oikea rukous on sellainen, missä ihminen on mukana koko sielullaan. Se tehdään sydämestä ja siinä on vilpitön ajatus mukana.

viikko 39, aihe 1   77. SURU (h)

Mitä on suru? Millaisissa tilanteissa koetaan surua? Miltä suru tuntuu? Miten surusta selviää? Omat kysymyksesi surusta? Milloin olet ollut viimeksi surullinen? Millainen tilanne se oli? Kauanko surua kesti? Milloin ja miten olet lohduttanut jotakuta, joka suree. Auttoiko se? Mikä auttaa selviytymään surusta? Miten siihen voi valmistautua?

Suru on yksi ihmisen perustunteista. Ihminen suree yleensä jotain, mitä on menettänyt. Tavallisimmin surraan, kun joku läheinen ihminen tai lemmikkieläin kuolee. Mitä läheisempi kuollut on, sitä suurempi on suru.

Surua voidaan tuntea myös materiaalisten esineiden menettämisestä tai kadottamisesta. Silloin esine on muodostunut ihmiselle tärkeäksi. Jo lapsi voi kokea surua, jos menettää rakkaan lelunsa. Aikuinen voi surra menetettyä omaisuutta kuten asuntoa, autoa, huonekalua tai korua.

Jokin muukin menetys voi aiheuttaa surua. Tällaisia ovat esimerkiksi työpaikan, terveyden tai ystävyyssuhteen menetys. Joskus ihminen on surullinen tietämättä, mikä sen aiheutti.

Suruaika on hyvin eri pituinen. Surua on myös hyvin erilaista ja eri tapoja johtuen siitä, mitä surraan ja kuinka tärkeä se oli. Se voi olla varsinkin alussa todella syvää, johon liittyy paljon itkemistä, ruokahaluttomuutta ja unettomuutta. Se voi olla hallitumpaakin eikä niin syvää.

Suru muuttuu ajan myötä ja ihminen oppii olemaan ilman sitä, mitä suree.

Jokaisen on hyvä pohtia surua, muistella omia surutilanteitaan ja miten niistä on selvinnyt. On myös tärkeää oppia tukemaan surevaa oikeilla tavoilla.

viikko 39, aihe 2   78. SYYTTÄMINEN (h)

Mitä on syyttäminen? Mistä asioista ihmiset yleensä syyttävät toisiaan? Miksi? Onko syyttäminen täysin turhaa? Miten sen voisi hoitaa toisin? Omat kysymyksesi syyttämisestä?

Oletko syyttänyt jotakuta toista? Oletko itse joutunut syyttelyn kohteeksi?
Mistä syytös johtui? Miltä se tuntui? Miten siitä selvittiin? Miten opit
suhtautumaan syytöksiin asiallisesti?

Kun ihminen tekee rikoksen tai muuten jotain, mikä ei ole oikein, niin
häntä voidaan syyttää. Tavallisimmin yhteiskunnassa asia viedään
oikeuteen. Tarvitaan todisteita, ja jos syytös todetaan oikeaksi,
syytetylle määrätään rangaistus, joka voi olla vankeutta tai
yhdyskuntapalvelua. Lisäksi kyseeseen tulevat korvaukset uhreille tai
heidän omaisilleen.

Tavallisessakin elämässä syytökset ovat tavallisia. Syytöksiä
esitetään perheissä, suvun jäsenten kesken, ystävyyssuhteissa,
naapureille, työpaikoilla, harrastuksissa ym.

Yleensä kyseessä on jokin pienempi asia tai erimielisyys jostain.
Asiaa ratkotaan usein keskustelemalla tai riitelemällä, mutta ei ole
harvinaista haastaa toinen osapuoli oikeuteen. Joskus riita voidaan
sopia sovittelussa.

Tilanteet, joissa syytetään toisia ja riidellään, ovat aina ikäviä.
Toiset ovat herkempiä kuin toiset riitelemään tai tekemään asioita,
joista aiheutuu riitoja. Toiset taas ovat valmiimpia sovittelemaan. On
kuitenkin tilanteita, joita ei selvitetä. Joko ihmiset eivät halua tai osaa.
Tällöin syytös jää ja pahimmillaan kaihertaa osallisten mieliä.

*Jokaisen on hyvä pohtia syyttämistä. Onko itse tai joku läheinen
joutunut syytetyksi tai saanut aiheen syyttää? On hyvä analysoida,
mitä tapahtui, kuka sanoi ja mitä teki tai mitä olisi pitänyt tehdä
toisin. Myös anteeksi pyytämistä ja antamista on hyvä miettiä.*

viikko 40, aihe 1   **79. TAHTO (m)**
Mitä on tahto? Mitä ihmiset tahtovat? Miksi? Onko tahtoa erilaista? Miten
tahto vie läpi harmaan kiven? Tahto henkisen kehityksen kannalta? Mikä on
tahdon vastakohta? Omat kysymyksesi tahdosta?
Oletko tahtoihminen, sen vastakohta vai siltä väliltä? Millaisia asioita
tahdot? Miksi? Miten voit oppia hyödyntämään tahdon voimaa?

Tahto on ihmisen perusominaisuus ja hänen korkeamman
olemuspuolensa eli Minän ominaisuus, mikä ilmenee hänen sielunsa
kautta.

Tahto alkaa ilmetä lapsessa n. 3-vuotiaana ja erityisesti ihminen
harjaantuu tahdon käyttämiseen murrosiässä. Tahto liittyy ihmisen
persoonallisuuteen ja muokkaantuu elämänkokemusten myötä
erilaiseksi. Näin on vahvan tahdon omaavia ja heikkotahtoisia ihmisiä
ja paljon siltä väliltä.

Yleensä tahtoa käytetään välineenä ihmisten välisissä suhteissa, mutta myös siihen, mitä ihminen itse tahtoo. Se on eteenpäin vievä voima, joka auttaa tekemään ja ratkaisemaan asioita. Se tuo myös riitoja ja erimielisyyksiä.

Henkisellä polulla ihmisten tulisi opetella tuntemaan itsensä, hallitsemaan sitä kautta tahtoa ja käyttämään sitä kaikkien hyväksi.

Moni tahtoo asioita, jotka ovat hyvin itsekkäitä. He ohittavat toisten tahdon ja vahingoittavat heitä, jotta saavat tahtonsa läpi.

Oikein käytettynä tahto auttaa meitä luomaan asioita, ylittämään itsemme ja kehittämään maailmaa paremmaksi, mutta väärin käytettynä voimme sen voimalla myös tuhota ja aiheuttaa vahinkoa. *Jokaisen on hyvä pohtia tahtoa. Miten itse käytät tahtoa ja miten olet huomannut, että toiset käyttävät sitä.*

viikko 40, aihe 2   **80. TASAPAINO (m)**
Mitä on tasapaino? Millainen on tasapainoinen ihminen? Milloin ihminen menettää tasapainonsa? Miten silloin saavutetaan tasapaino? Miten tärkeää on pitää tasapaino? Omat kysymyksesi tasapainosta?
Oletko yleensä tasapainoinen? Menetätkö helposti tasapainon? Pystytkö palauttamaan tasapainon, jos olet sen menettänyt? Miten opit pitämään tasapainon ja palauttamaan sen nopeasti?

Tasapaino tarkoittaa, että on kaksi, yleensä vastakkaista asiaa, joiden välillä vallitsee tasapaino. Kumpikaan ei nouse toisen yli.

Ihminen voi kokea olevansa tasapainoinen, kun hänellä on kaikki hyvin. Mitkään asiat eivät nouse erityisesti esiin, ei hyvät eikä pahat.

Tasapainon huomaa ehkä parhaiten ja vasta, kun tapahtuu jotain, mikä suistaa ihmisen tasapainosta. Se voi joskus olla ihan pieni asia kuten sairastuminen. Yleensä se on kuitenkin jokin suurempi asia kuten työttömäksi joutuminen, vakava sairastuminen, avioero, läheisen kuolema, onnettomuus, tulipalo tms.

Tasapainon menettäminen aiheuttaa usein shokin ja stressitilan. Ihminen pyrkii kaikin tavoin tasapainoon, mutta se on vaikeaa eikä onnistu aina heti. Usein vain aika auttaa. Nykyään on tällaisiin tilanteisiin kriisiauttajia, mutta jokaisen on viime kädessä löydettävä tasapaino itse.

Jokaisen on hyvä miettiä tasapainoa. Mitä se itselle tarkoittaa ja millaista on, kun on tasapainossa tai epätasapainossa? Mitä ihminen voi tehdä itse saavuttaakseen ja ylläpitääkseen tasapainon elämässään?

viikko 41, aihe 1 **81. TERVEYS (m)**

Mitä on terveys? Mistä asioista fyysinen terveys muodostuu? Entä psyykkinen, henkinen tai sosiaalinen terveys? Miksi terveys voi muuttua? Mikä merkitys terveydellä on henkisen kehityksen kannalta? Mikä on terveyden vastakohta? Omat kysymyksesi terveydestä? Millainen on fyysinen, sosiaalinen ja henkinen terveytesi ollut ja on juuri nyt? Mitä olet tehnyt terveytesi hyväksi? Miten paljon arvostat terveyttäsi? Miten pidät fyysistä, psyykkistä, henkistä ja sosiaalista terveyttä yllä?

Terveydellä yleensä tarkoitetaan fyysistä, psyykkistä, sosiaalista ja henkistä hyvinvointia. Vastakohtana on sairaus, mikä on yleensä todettu lääketieteellisin mittarein, mutta se voi olla myös koettu sairaus.

Joillekin terveys on sairauden puuttumista, mutta on ihmisiä, jotka ovat sairaita ja silti kokevat olevansa terveitä. Terveys on siis hyvin yksilöllinen, koettu asia.

Terveys koetaan sitä uhatumpana, mitä enemmän haittaa siitä on jokapäiväisessä elämässä tai mitä enemmän se uhkaa olemassaoloa. Varsikin kova kipu tai todella vakavat sairaudet antavat tunteen sairaudesta.

Kun ihminen on terve ja hyvinvoiva, hän ei aina osaa arvostaa sitä. Vasta kun terveyttä ei ole, niin ymmärretään sen arvo.

Terveenä ihminen jaksaa tehdä työtä, harrastaa, tehdä asioita terveyden edistämiseksi, seurustella ihmisten kanssa, matkustaa ja suunnitella tulevaisuutta jne.

Jokaisen on hyvä miettiä, mitä ovat fyysinen, psyykkinen, sosiaalinen ja henkinen terveys ja mikä merkitys niillä on itselle. Terveyden eteen kannattaa tehdä asioita ja ottaa selvää, mikä sitä edesauttaa. Henkisellä polulla on tärkeää pitää huolta terveydestä.

viikko 41, aihe 2 **82. TOIVO (m)**

Mitä ymmärrät toivolla? Mitä ihmiset tavallisesti toivovat? Miksi? Mikä merkitys toivolla on yleensä ja henkisen kehityksen kannalta? Miten toivon voi menettää? Miksi? Omat kysymyksesi toivosta? Mitä toivot nyt? Oletko joskus menettänyt toivon? Mitä silloin tapahtui? Miten sait toivon takaisin? Miten voit lisätä toivoa?

Toivo kuuluu ihmiselämään ja on yksi perustunteista. Usein kuulee sanottavan, että aina on toivoa ja aina kannattaa toivoa.

Jo lapselta kysytään, mitä hän toivoo ja näin hän oppii, mitä toivolla tarkoitetaan. Hän saa toivoa syntymäpäivä- tai joululahjoja sekä mitä ruokaa laitetaan tai ostetaan. Aikuisena toivotaan esimerkiksi terveyttä, onnea, aviopuolisoa, lapsia, ammattia, työtä jne. Toiveita on todella paljon ja erilaisia. Ne myös vaihtelevat elämän eri vaiheissa.

Jotkut toiveet voi saada tekemällä itse ja jotkut pyytämällä toiselta esimerkiksi vanhemmilta, puolisolta tai ystäviltä. Mutta on toiveita, joita ei saa, vaikka pyytää. Silloin ihmiset usein kääntyvät Jumalan tai jonkun Korkeamman puoleen.

Jokaisen on hyvä miettiä, millaisia toiveita on elämässään esittänyt ja mitkä toiveet ovat toteutuneet ja mitkä ei. Kannattaa myös miettiä, mitä toivoo tulevaisuudelta, tehdä niistä lista ja miettiä sen jälkeen, mitkä niistä ovat realistisia ja toteutettavissa. Voi myös miettiä, mitkä toiveet voi itse toteuttaa tai toisten avulla. Ne kannattaa lausua ääneen, kirjoittaa tai tehdä niistä aarrekartta. Kun toiveet vielä esittää Korkeimmalle, niin mahdollisuudet toteutua paranevat.

viikko 42, aihe 1   **83. TOTUUS (m)**

Mitä ymmärretään totuudella? Mitkä asiat yleensä tiedetään todeksi ja mitä voi epäillä? Mikä merkitys totuudella on yleensä ja henkisen kehityksen kannalta? Totuuden vastakohta? Omat kysymyksesi totuudesta? Mitä sinä ymmärrät totuudella? Miten voit oppia ymmärtämään paremmin, mikä on totta ja mikä ei?

On paljon asioita, jotka tiedetään tai ymmärretään todeksi. Tällaisia ovat fyysisen maailman materiaaliset asiat, jotka voidaan nähdä ja todeta fyysisin aistein tai erilaisten apuvälineiden avulla.

Ongelma tulee asioissa, joita ei voi aistein tai mittarienkaan avulla todeta. Monet asiat on yhdessä sovittu kuten aikaan liittyvät asiat. On sovittu kellon-, vuorokauden- ja vuodenajat tai erilaiset mitta-asteikot kuten pituus- ja painomitat. Niitä ei voi kiistää tai väittää valheeksi.

On paljon asioita, joista kiistellään, ovatko ne totta, tai ne on vain yhdessä sovittu todeksi. Tällaisia ovat uskontoon, politiikkaan tai talouteen liittyvät asiat. Tieteessä on paljon asioita, jotka on tieteellisesti todistettu, mutta jotka kuitenkin on vain sovittu olevan tietynlaisia.

Jokaisen kannattaa pohtia, mitä totuudella tarkoitetaan ja mikä omasta mielestä on totta. Vaikka jotkin asiat eivät todistettavasti olisikaan totta, niin niiden todeksi uskominen tuo turvallisuuden tunteen ja tyydyttää uteliaisuuden tarpeen. Tärkeitä ovat kuitenkin kokemukset elämässä, ei se mikä on loppujen lopuksi totta tai ei. Siksi ei kannata kiistellä toisten kanssa totuudesta.

viikko 42, aihe 2   84. TUOMITSEMINEN (h)

Mitä on tuomitseminen? Millaisia tekoja tuomitaan? Ketkä tuomitsevat?
Ketä tuomitaan? Miksi? Tuomitsemisen merkitys elämässä yleensä ja
henkisen kehityksen kannalta? Omat kysymyksesi tuomitsemisesta?
Millaisia asioita ja tekoja sinä tuomitset? Oletko tuominnut omia tekojasi?
Millaisia ja miksi? Miten voit oppia välttämään tuomitsemista?

Tuomitseminen tarkoittaa, että joku on tehnyt tai hänen oletetaan
tehneen väärin yleisiä ja yhteisiä lakeja tai sopimuksia vastaan. Häntä
syytetään ja hänet tuomitaan eli rangaistaan.

Yhteiskunnassa voidaan tuomita rikoksista sen mukaan kuin laissa
sanotaan. On paljon yhteisiä kirjoitettuja ja kirjoittamattomia lakeja,
joiden rikkomisesta seuraa sovittu rangaistus. Pienimmillään se on
puhuttelu, sovittelu, jonkinlainen hyvitys tai erottaminen.

On kuitenkin paljon sellaista, mitä ihmiset tuomitsevat, koska se on
vastoin heidän omaa käsitystään. Tällaista tapahtuu usein perheissä,
suvun kesken, naapurustossa, harrastuksissa tai työssä. Aina ei riitä,
että siitä keskustellaan, vaan siihen liitetään usein jotain mielivaltaista,
mikä kertoo, ettei asiaa ole hyväksytty. Kiusaamiseksi se kääntyy, kun
toinen erotetaan yhteisöstä eikä hänelle puhuta. Ehkä se osoitetaan
myös jollain fyysisellä tavalla.

*Jokaisen on hyvä pohtia tuomitsemista, jotta ei tuomitsisi ja
rankaisisi syyttä ja perusteetta. Kannattaa myös miettiä, miten
tuomitsemisen sijaan asian voisi sopia kaikkia osapuolia
tyydyttävällä tavalla ja niin, että siitä opitaan. Ei tarvitse hyväksyä
mitä tahansa, ja on oikein tuomita, kun siihen on aihetta.*

viikko 43, aihe 1   85. TYHMYYS (h)

Mitä on tyhmyys? Millainen ihminen, teko tai toiminta on tyhmä? Mitä
tyhmyydestä voi oppia ja seurata? Mikä on tyhmyyden vastakohta? Omat
kysymyksesi tyhmyydestä?
Oletko ollut joskus tyhmä? Milloin? Millainen tyhmyys oli kysymyksessä?
Mitä siitä seurasi, miten siitä selvisit ja opitko jotain? Miten voit välttää
tyhmiä ajatuksia, tekoja ja ihmisiä?

Ihminen on tyhmä, kun hän ei tiedä jotain, ei ota edes selvää tai tekee
teon, josta on ikäviä seurauksia.

Tyhmyys koetaan haukkumasanana ja sillä myös haukutaan toista,
kun halutaan loukata tai ollaan kiukkuisia. Kukaan ei halua olla
tyhmä.

Joskus tyhmyyttä mitataan sillä, mitä ihminen tietää tai osaa. Silloin häntä verrataan muihin tietävämpiin tai osaavampiin. Tyhmyys on kuitenkin suhteellinen käsite ja riippuu siitä, kuka sitä katsoo.

On monenlaista tyhmyyttä kuten sen vastakohtaa viisauttakin. Vaikka joku ei tiedä tai osaa jotain, niin hän saattaa tietää ja osata jotain muuta ja paremminkin kuin muut.

Jokaisella on omat vahvuutensa eikä ketään pitäisi haukkua tyhmäksi. Kyse on joskus laiskuudesta tai siitä, että ei oteta selvää eikä opiskella. Ehkä joku vain haluaa olla sellainen kuin on, vaikka hän jonkun mielestä on tyhmä.

Jokaisen on hyvä miettiä, mitä tyhmyys on, ja onko oikein sanoa toista tyhmäksi. Jokainen tekee joskus jotain, mikä on omastakin mielestä tyhmää. Sitä ei kannata jäädä suremaan, vaan päättää tehdä seuraavan kerran toisin ja paremmin. Juuri tällaiset asiat ovat niitä, mistä opimme elämässä.

viikko 43, aihe 2   86. TYYTYMÄTTÖMYYS (h)

Mitä ymmärrät tyytymättömyydellä? Mihin ihmiset ovat tyytymättömiä? Miksi? Mikä merkitys tyytymättömyydellä on henkisen kehityksen kannalta? Mikä on tyytymättömyyden vastakohta? Omat kysymyksesi tyytymättömyydestä?

Milloin olet viimeksi ollut tyytymätön? Miksi? Miten selvisit siitä vai onko se jäänyt elämääsi? Miten voit vähentää tyytymättömyyttä ja selvitä siitä?

Tyytymättömyyden tunne syntyy, kun asiat eivät suju niin kuin itse haluaa tai kun ei saa sitä, mitä haluaa. Usein ihminen on tyytymätön, kun toiset eivät toimi niin, kuin on sovittu tai haluttu.

Joku on tyytymätön aviopuolisoonsa, lapsiinsa, sukulaisiinsa, ystäviinsä tai jopa tuttuihin. Myös työpaikoilla, harrastusryhmissä tai yhdistyksissä on paljon tyytymättömyyttä, kun asiat eivät ole niin kuin toivotaan, on ollut ennen tai nyt on ongelmia.

Arjessakin tapahtuu kaikenlaista, mihin ihmiset ovat tyytymättömiä. Paljon sitä kohdistuu mihin tahansa elämänalueelle kuten politiikkaan, sosiaali- ja terveydenhuoltoon, teiden kuntoon, toisiin autoilijoihin jne.

Tyytymättömyys ilmenee yleensä keskusteluissa, puheina, tekoina, kirjoituksina ja nykyään some-kirjoitteluna. Siinä helposti loukataan toisia, jos ei pidä varaansa.

Jokaisen on hyvä miettiä, mitä tyytymättömyys on yleensä sekä miten ja mihin tyytymätön itse on. Miten oma tyytymättömyys ilmenee ja voiko asialle tehdä jotain. Joskus ihminen on tyytymätön ihan

turhaan ja kuluttaa energiaansa siihen. Kannattaisi sen sijaan
miettiä kiitollisuuden aiheita ja olla kiitollinen siitä, mitä on.

viikko 44, aihe 1   **87. TYYTYVÄISYYS (m)**

Mitä ymmärrät tyytyväisyydellä? Mistä ihmiset ovat tyytyväisiä? Mikä lisää ja vähentää tyytyväisyyttä? Mikä merkitys tyytyväisyydellä on? Omat kysymyksesi tyytyväisyydestä?
Kuinka tyytyväinen olet? Milloin viimeksi olet ollut tosi tyytyväinen? Mikä sen aiheutti ja miltä se tuntui? Miten voit lisätä tyytyväisyyttä omaan ja toisten elämään?

Tyytyväisyys on jokin hieno ihmisen sisällä oleva tunne. Usein siihen liittyy tilanteen takia muitakin tunteita kuten iloa ja onnellisuutta. Sanotaan, että joskus ihminen hykertelee tyytyväisyyttään.

Ihminen on tyytyväinen, kun kaikki on hyvin, onnistuu hienosti tai paremminkin kuin on odottanut. Tunne voi tulla siitäkin, kun ihminen saa sellaista, mitä toivoo tai on aina halunnut.

Usein tyytyväisyys tulee elämän suurissa tapahtumissa, onnistumisissa ja saavutuksissa kuten koulun loppuessa ja hyvä todistuksen saatua. Myös ammattiin valmistuminen tai hyvän työpaikan saaminen koetaan hienona.

Joskus ihminen on tyytyväinen hyvin pienistä asioista kuten, että on onnistunut tekemään jotain, mitä ei aiemmin ole tehnyt. Joskus toisen ihmisen kehut tai positiivinen palaute antaa aiheen tyytyväisyydelle.

Jokaisen on hyvä pohtia, mitä tyytyväisyys on, mikä merkitys sillä on ja miten sitä voi lisätä. Kannattaa myös miettiä, mikä vähentää tyytyväisyyttä ja miten niitä esteitä voi poistaa. Tyytyväisyys on positiivinen ja kannustava tunne, jota kannattaa tietoisesti lisätä niin omaan kuin toisten elämään.

viikko 44, aihe 2   **88. USKO (m)**

Mitä on usko? Mihin usko yleensä liitetään? Tarvitaanko uskoa? Jos tarvitaan tai ei tarvita, niin miksi? Mikä on uskon vastakohta? Omat kysymyksesi uskosta?
Onko sinulla uskoa? Mihin uskot? Miksi? Mikä merkitys sillä on sinulle? Miten voit lisätä vielä uskoa siihen, mihin uskot?

Lutherin mukaan, usko on luja luottamus siihen, mitä ei voi tietää.

Jokaisella ihmisellä on monia asioita, joihin hän vain uskoo. Joko niitä ei voi tietää tai hän ei jostain syystä ole ottanut selvää.

Monet uskonasiat perustuvat siihen, että koko yhteisö uskoo ja siitä on tullut yhteisön tietoa. Varsinkin uskonnoissa on paljon tällaista tietoa. Tieteen tehtävä on selvittää, mikä on totta ja mikä ei. Niin kauan kuin ei tiedetä, usko voi elää.

Uskoa on paljon muuallakin kuin uskonnoissa. Sitä löytyy jopa ihan tavallisesta arjesta. Ongelmaksi se voi muodostua, jos siitä tulee harhaluulo tai uskomus, mitkä saavat ihmiset tekemään vääriä tai jopa pakonomaisesti asioita.

Usko auttaa joskus tekemään sellaista, joita ei muuten tekisi. Sanotaan, että usko siirtää vuoria. Joskus se auttaa saavuttamaan tavoitteita ja tuo toivoa.

Jokaisen on hyvä miettiä, mihin uskoo, mikä merkitys sillä on ja miten se on auttanut omassa elämässä. Uskoa voi käyttää apuna omassa elämässä ja valaa uskoa myös toisille heidän tilanteessaan. Kuitenkin kannattaa miettiä tarkkaan, mihin uskoo, sillä se voi viedä harhapoluillekin.

viikko 45, aihe 1   **89. UTELIAISUUS (m)**

Mitä on uteliaisuus? Milloin uteliaisuus on hyvä ja milloin huono asia? Mikä merkitys uteliaisuudella on elämässä? Miten lapsen ja aikuisen uteliaisuus eroavat? Entä tiedemiehen uteliaisuus? Omat kysymyksesi uteliaisuudesta? Oletko utelias? Pitäisikö uteliaisuutta lisätä vai ehkä jopa vähentää? Miten voit lisätä uteliaisuutta omaan elämääsi?

Ihmisen elämään kuuluu uteliaisuus. Lapsella se auttaa häntä kehittymään ja löytämään rajoja. Valitettavasti jossain vaiheessa uteliaisuus jää muun elämän, perheen, koulun, harrastusten tai töiden jalkoihin niin, että se näkyy vain pieninä tai tietoisina pilkahduksina silloin tällöin.

Positiivisen uteliaisuuden säilyttävät parhaiten ihmiset, jotka tekevät tiedettä, taidetta, musiikkia tai muuta kulttuuria. Jotkut ihmiset ovat uteliaampia kuin toiset. He ovat oppineet uteliaisuuden luovan ja positiivisen merkityksen.

Uteliaisuus on auttanut suurimpiin keksintöihin ja avartanut tietämystämme maailmasta ja kaikesta, mitä siihen kuuluu.

Uteliaisuus voi olla myös negatiivista, jos se johdattaa hankkimaan toisista ihmisistä tietoja, joiden avulla hän voi vahingoittaa näitä, aiheuttaa mielipahaa, perättömiä juoruja tai jotain vielä pahempaa.

Jokaisen on hyvä miettiä uteliaisuutta, miten se on rikastuttanut omaa elämää ja miten se näkyy arjessa ja kaikessa, mitä ympärillämme on. Kannattaa ottaa uteliaisuus arkeen ja kehittää positiivista uteliaisuutta elämästä ja ihmisistä, sillä se tuo paljon iloa elämään.

viikko 45, aihe 2   **90. VAATIMATTOMUUS (m)**

Mitä ymmärrät vaatimattomuudella? Millainen on vaatimaton ihminen?
Milloin vaatimattomuus on hyvä ja milloin huono asia? Mikä merkitys
vaatimattomuudella on henkisen kehityksen kannalta? Omat kysymyksesi
vaatimattomuudesta?
Oletko vaatimaton? Haluaisitko olla vaatimattomampi? Koetko sen
tavoiteltavana? Miten voisit oppia olemaan sopivasti vaatimaton?

Vaatimaton ihminen ei pidä ääntä itsestään. Hän haluaa olla niin
huomaamaton kuin mahdollista. Hän ei halua kiitosta eikä hän halua,
että hänet nostetaan esille. Hänelle tärkeimmät ihmiset ovat läheiset,
oma perhe ja ehkä työ- ja harrastusyhteisö. Hänelle riittää, kun he
huomioivat hänet.

Usein vaatimaton on ujo ja arka, mutta voi silti olla kaunis sielu,
jolle muut ovat tärkeitä. Hän on introvertti ja nauttii yksintekemisestä
ja -olosta. Usein hänellä on rikas sisäinen elämä, jonka hän paljastaa
vain harvoille. Vaatimattomuus voi näkyä myös pukeutumisessa,
asumisessa ja muussakin tekemisessä.

Vaatimattomuus voi olla ongelma, jos se rajaa elämästä asioita
liiaksi. Se voi olla seurausta peloista, jotka estävät täysipainoisen
elämän ja hyvät ihmissuhteet. Ihminen ei edes yritä tavoitella asioita,
jotka olisivat hänelle tai hänen läheisilleen hyväksi.

*Jokaisen on hyvä pohtia, millaista on oikeanlainen vaatimattomuus,
joka kaunistaa ja auttaa ihmistä kehittymään. Kun ihminen kehittyy,
hänestä tulee luonnollisen vaatimaton. Hänen tarpeensa vähenevät
ja hänen rikas sisäinen elämänsä korvaa ulkoiset asiat. Hän osaa
nauttia siitä, mitä on.*

viikko 46, aihe 1   **91. VAATIMUS (m)**

Mitä ymmärrät vaatimuksella? Kenellä on oikeus vaatia muilta jotain?
Millaiset vaatimukset ovat oikeutettuja? Onko vaatimuksia, jotka eivät ole
oikein? Omat kysymyksesi vaatimuksesta?
Millaisiin vaatimuksiin sinä suostut helposti ja mistä kieltäydyt? Oletko
joutunut suostumaan vaatimuksiin, joista et ole pitänyt? Miten voit vahvistua
niin, että voit itse valita, mihin suostut?

Ihmiseen kohdistuu paljon vaatimuksia. Usein ne ovat odotuksia,
millainen ihmisen tulee olla tai miten tulee käyttäytyä sekä mitä saa
tai ei saa tehdä ja puhua.

Vaatimukset tulevat usein ulkopuolelta, mutta joskus asetamme
myös itse itsellemme niitä. Ulkopuoliset vaatimukset tulevat

yhteiskunnasta, työpaikoilta, harrastuksista, perheeltä, suvulta tai aviopuolisolta.

Entistä enemmän ihmiset haluavat poiketa ulkopuolisista vaatimuksista. Halutaan erottua joukosta ja vapautta pukeutua, puhua ja käyttäytyä omalla tavalla. Erilaisuutta ei aina hyväksytä, vaan on vaatimuksia toimia tietyissä tilanteissa tietyllä tavalla. Harvoin ketään rangaistaan valtavirrasta poikkeamisesta, mutta siitä saa helposti arvostelua ja kritiikkiä. Ei ole helppo toimia vaatimuksia vastaan.

Jokaisen on hyvä miettiä, millaisia omia vaatimuksia olemme itsellemme asettaneet sekä millaisia ulkopuolisia vaatimuksia meille on asetettu ja miten olemme niihin suhtautuneet. Kannattaa myös miettiä, mitkä vaatimukset ovat turhia tässä elämäntilanteessa ja miten niistä pääsemme irti. Voi myös ajatella, mitkä vaatimukset ovat hyviä ja pitää niistä kiinni.

viikko 46, aihe 2   **92. VAHVUUS (henkinen vahvuus) (m)**
Mitä ymmärrät henkisellä vahvuudella? Millainen ihminen on vahva? Miten vahvuus näkyy? Mitä hyötyä siitä on? Tunnetko tai tiedätkö vahvan ihmisen? Miten se näkyy? Mikä on vahvuuden vastakohta? Omat kysymyksesi vahvuudesta?
Kuinka vahva olet? Missä asioissa olet vahva? Miten se näkyy? Missä asioissa tarvitset vielä vahvuutta lisää? Miten voit lisätä vahvuutta?

Henkisesti vahva ihminen kestää elämän paineita kaikissa olosuhteissa ja kykenee myös toiminaan. Heikko ihminen lamaantuu herkästi ja lopettaa kesken tai ei edes yritä.

Henkistä vahvuutta tarvitaan erityisesti, kun ihminen kohtaa ongelmia. Ne voivat olla esimerkiksi terveydellisiä, taloudellisia tai ihmissuhdeongelmia. Joskus ongelmat liittyvät politiikkaan, luonnonkatastrofeihin tai jopa sotaan. Jotkut kärsivät syrjinnästä, rasismista tai työttömyydestä.

Vahva ihminen ottaa ongelmat vastaan haasteina ja yrittää keksiä niihin ratkaisuja. Hän ei myöskään pelkää menetyksiä sekä hakee tarvittaessa apua ja on valmis muuttamaan elämäänsä, tapahtui mitä tahansa. Hän auttaa mielellään myös muita, joilla on ongelmia.

Joskus vahva ihminen on liiankin innokas ja tekee turhaan asioita. Hän saattaa myös puuttua toisten elämään, vaikka he eivät halua tai tarvitse. Joskus vahva ihminen ei arvosta muita ja varsinkaan heikompia ja ilmaiseekin sen loukaten siten toisia.

Jokaisen on hyvä pohtia, mitä oikeanlainen henkinen vahvuus on. Se on hyvä asia, mutta sitä tulee kuitenkin käyttää harkiten. Vahva ihminen voi olla taidoillaan avuksi monille.

viikko 47, aihe 1   **93. VAIKENEMINEN (m)**

Mitä ymmärrät vaikenemisella? Mitä hyötyä on osata vaieta? Mistä asioista pitää vaieta? Mistä asioista ei saa vaieta? Voiko vaikeneminen olla haitta? Mikä on vaikenemisen vastakohta? Omat kysymyksesi vaikenemisesta? Miten hyvin osaat vaieta? Mistä asioista olet vaiennut? Olisiko pitänyt vaieta jostain? Miten voisit oppia oikeanlaista vaikenemista?

Vaikeneminen tarkoittaa, että ihminen tietoisesti ei puhu jostain asiasta. Joskus on kyse siitä, että ihminen on ujo tai arka eikä uskalla tai halua puhua.

Tavallisimmin vaietaan asioista, jotka voivat vahingoittaa itseä tai toisia. Joskus on sovittu tai jopa vannottu, että asiasta ei puhuta. On myös asioita, jotka kuuluvat vaitiolovelvollisuuden piiriin eikä niistä siksi voi puhua.

On myös salaisuuksia, joista ei voi tai saa puhua. Usein tällaisia ovat perhesalaisuudet ja yrityksen tai julkishallinnon salassa pidettävät asiat.

On lapsia tai aikuisiakin, jotka jonkin trauman jälkeen tai sairauden vuoksi ovat puhumattomia. Vapaaehtoinen hiljaisuus kuuluu joidenkin uskontojen hengellisiin harjoituksiin.

Vaikenemisesta voi olla haittaakin silloin, kun pitäisi selvittää asioita. Joskus sillä on oikeuden kannalta ratkaiseva merkitys.

Jokaisen on hyvä miettiä, mitä on oikeanlainen vaikeneminen.
Nykyisin puhutaan liikaa, tuomitaan toisia syyttä ja jopa kiusataan.
Sanonta: "puhuminen on hopeaa, vaikeneminen kultaa" lienee hyvä periaate.

viikko 47, aihe 2   **94. VAKAUMUS (m)**

Mitä on vakaumus? Millaisia vakaumuksia ihmisillä on? Pitäisikö jokaisella olla vakaumus? Mitä hyötyä tai haittaa on vakaumuksesta? Omat kysymyksesi vakaumuksesta? Onko sinulla jokin vakaumus? Jos on, niin millainen ja miksi? Jos ei ole, niin miksi ei? Miten vakaumus ohjaa elämääsi? Voisitko vahvistaa sitä jotenkin?

Vakaumuksella tarkoitetaan, että henkilöllä on varma ja vakaa käsitys jostakin perusluonteisesta mutta vaikeasti yleispäteväksi todistettavasta asioista. Tällaisia ovat esimerkiksi uskonnollinen, eettinen tai poliittinen vakaumus. Myös isänmaallisuus voi olla vakaumuksena. Joskus sanotaan, että joku taisteli tai kaatui vakaumuksensa puolesta. Joku voi puhua vakaumuksen syvällä rintaäänellä asiastaan vakuuttuneena.

Kun ihmisellä on vakaumus, niin hän haluaa toimia vakaumuksensa mukaisesti ja olla sille uskollinen. On myös hyvää käytöstä kunnioittaa toisen vakaumusta.

Monet vakaumukset saadaan "perintönä" perheeltä, suvulta tai yhteiskunnasta. Niihin liittyy paljon tunteita, tapoja ja asenteita, joita on vaikea muuttaa. Vasta ihmisen muuttunut elämänkatsomus, kääntyminen johonkin uskontoon tai uusi tieto voivat muuttaa vakaumuksen toiseksi.

Jokaisen on hyvä pohtia, mikä on oma vakaumus ja mihin se perustuu. Mitä hyviä ja huonoja puolia sillä on ja miten se ohjaa käyttäytymistä? Vakaumusta tulee aika ajoin tarkastella, miten pätevä se on tässä elämäntilanteessa ja olisiko aika muuttaa sitä.

viikko 48, aihe 1   95. VALHE (h)

Mitä ymmärrät valheella? Onko valkoinen valhe oikein? Millaisista asioista ihmiset valehtelevat? Miksi? Mitä valhe voi aiheuttaa toisille? Omat kysymyksesi valheesta?
Valehteletko? Jos valehtelet, niin millaisissa asioissa tai tilanteissa? Koetko, että valehtelu on oikein? Jos koet, niin miksi? Miten voit lakata valehtelemasta ja pysyä aina totuudessa?

Valhetta on kaikki sellainen, mikä ei ole totta. Yleensä valhe puhutaan, mutta se voi olla myös teoksi naamioitu asia.

Valhe on lähes aina tarkoituksellinen, mutta joskus ihminen voi valehdella tietämättään luullen, että se on totta.

Ihmiset valehtelevat usein suojellakseen itseään tai läheisiään. Aika paljon sanotaan tässä tarkoituksessa ns. valkoisia valheita, jotka katsotaan harmittomiksi ja itseä suojeleviksi. Joskus ihminen valehtelee itselleen ja uskoo todeksi asian, joka ei ole tosi. Joko hän haluaa, että se on totta tai hän ajattelee sen olevan kaikille parhaaksi.

Valhe voi aiheuttaa toisille todella vakavia seurauksia ja ongelmia. Joskus ne ovat petoksia, jotka on tehty ahneudesta, harhautustarkoituksessa tai itsepuolustukseksi.

Joskus valheeksi katsotaan myös se, että vaietaan ja yritetään sillä peittää totuus. Joskus se voi olla oikeutettua, mutta näin on harvoin.

Jokaisen on hyvä pohtia, mikä on valhetta ja mikä on totta sekä mitä seurauksia tulee, jos valehtelee tai puhuu totta. Henkisellä polulla ihmisen tulisi aina puhua totta riippumatta seurauksista. Hänen tulee olla rehellinen itselleen ja muille.

viikko 48, aihe 2   96. VALTA, VALLANHIMO (h)

Mitä ymmärrät vallalla? Kuka historiasta tuttu henkilö on ollut todellinen vallankäyttäjä? Millainen? Miten valtaa käytetään? Milloin valta ja vallankäyttö on hyvä asia? Millainen valta on tuhoisaa ja mitä se aiheuttaa muissa? Omat kysymyksesi vallasta?
Mikä on sinun suhteesi valtaan? Käytätkö itse valtaa? Oletko joutunut vallankäyttäjän uhriksi? Miten voit käyttää valtaa hyödyksi ja henkisen kasvusi tukena?

Valta yleisesti tarkoittaa jonkun tai joidenkin oikeutta tai mahdollisuutta hallita jotakuta tai joitakuita, määrätä tai päättää jostakin. Valta tarkoittaa usein toisen henkilön riippuvuutta toisesta. Se on myös kykyä vaikuttaa toisten ihmisten käyttäytymiseen.

Usein valtaa käyttävät erityisesti hallitsijat ja hallitsevat perheet tai henkilöt. Työpaikoilla johtoasemassa olevat käyttävät valtaa alaisiinsa. Vallankäyttöä löytyy myös perheissä vanhempien toimesta tai suvussa suvun vanhimpien taholta.

Vallankäyttö voi olla hyvää tai huonoa. Hyvää se on, kun sillä autetaan yhteiskuntaa, työntekijöitä, perheitä, sukulaisia tai lapsia toimimaan oikein ja hyvin. Vallan väärinkäyttöä tapahtuu kuitenkin edelleen. Maailmassa on joitakin hallitsijoita, diktaattoreita, jotka käyttävä asemaansa väärin. Maailmassa on kuitenkin maita, joissa on demokratian puutteita. Jopa erilaisissa yhdistyksissä jotkut ottavat määräävän aseman eivätkä suostu kuulemaan toisia tai väistymään sivuun.

Jokaisen on hyvä pohtia valtaa, ja miten se näyttäytyy ja on näyttäytynyt omassa ympäristössä ja maailmalla. Joskus jopa itse syyllistyy käyttämään valtaa omassa elämässä. Se voi olla hyvinkin huomaamatonta.

viikko 49, aihe 1   97. VANNOMINEN (h)

Mitä vannominen on? Onko vannominen kielletty? Voiko vannomisesta olla joskus hyötyä vai haittaa? Kuka on vannonut jotain ja mitä siitä seurasi? Omat kysymyksesi vannomisesta?
Oletko itse vannonut jotain? Miten onnistuit? Miten voit oppia käyttämään vannomista hyödyksi ja henkisen kasvusi tukena?

Vannominen tarkoittaa, että luvataan pyhästi jotain tai että jokin asia tulee tapahtumaan.

Jotkut vannovat Jumalan nimeen. Näin vannotaan esimerkiksi virkavakuutuksessa: "Minä N.N. lupaan ja vannon kaikkivaltiaan ja kaikkitietävän Jumalan edessä, että minä virassani noudatan perustuslakeja ja muita lakeja sekä toimin oikeudenmukaisesti ja puolueettomasti kansalaisten ja yhteiskunnan parhaaksi." Myös oikeudessa annetaan lupaus puhua totta.

Edelleenkin annetaan vannomisen kaltaisia valoja ja vakuutuksia. Sellaisia ovat lääkärien Hippokrateen vala, sairaanhoitajien vakuutus ja sotilasvala. Näissä vakuutetaan, että tuleva tehtävä hoidetaan kunnolla ja ammatin edellyttämää etiikkaa noudattaen.

Raamatussa kielletään vannominen, koska sitä tehtiin siihen aikaan kevytmielisesti ja hätiköidysti. Ihmiset tietoisesti antoivat väärän valan.

Jokaisen on hyvä pohtia, mitä vannomisella tarkoitetaan ja luvataan.
On mietittävä, milloin ja miksi itse on vannonut ja mitä siitä on
seurannut. Vannomista ei kannata tehdä kevyesti tai ollenkaan, sillä
se velvoittaa vannojaa ja sillä on seurauksensa.

viikko 49, aihe 2   **98. VAPAUS (m)**
Mitä ymmärrät vapaudella? Millaista vapautta on olemassa? Kuka on oikein
vapaa? Miksi? Onko vapaus hyvä asia? Milloin vapaus on huono asia?
Miksi? Omat kysymyksesi vapaudesta?
Koetko olevasi vapaa? Jos olet vapaa, niin millaisissa asioissa ja miksi?
Haluaisitko olla vapaampi? Miten löydät vapauden, joka sopii elämääsi ja
tukee sinua henkisessä kehityksessä?

Vapaus tarkoittaa mahdollisuutta tehdä tai saavuttaa jotain ilman rajoitteita, jotka estäisivät sen. Vapaus on mahdollisuuksia toimia ja elää omalla tavalla kenenkään tai minkään estämättä. Vapaus on myös vapautta pakottamisesta ja esteiden poissaoloa. Edes valtiolla ei ole oikeutta rajoittaa kenenkään vapautta muuten kuin lain puitteissa ja estääkseen tätä loukkaamasta itseä tai toisten vapautta.

Tavallisimmin puhutaan ajatuksen-, sanan-, mielipiteenilmaisun-, yksilön-, kokoontumis- ja lehdistönvapaudesta sekä poliittisesta vapaudesta. Vapauden rajoitteet voivat olla esimerkiksi pakkoja, juridisista tai terveydellisistä syistä johtuvia rajoituksia tai muiden toimijoiden väliintuloja.

On monia tilanteita, joissa vapautta on rajoitettu. Usein sitä tapahtuu lasten ja nuorten kohdalla tai jopa perheissä puolisoiden välillä. Myös mielenterveyden vuoksi voidaan ihmisiä rajoittaa sulkemalla laitoksiin. Joskus jo tavallinen arki ja työ velvollisuuksineen ja sitoumuksineen rajoittaa mahdollisuuksia toimia ja elää vapaasti.

Jokaisen on hyvä miettiä, mitä vapaus on omasta mielestä ja kuinka
vapaa on itse elämässään ollut. Mielenkiintoista on havainnoida,
miten voi lisätä omaa vapauttaan vain ajattelemalla asiat uudestaan.

viikko 50, aihe 1   99. VASTOINKÄYMINEN (h)
Mitä ymmärrät vastoinkäymisellä? Millaisia vastoinkäymisiä olet nähnyt?
Mitä niissä tapahtui? Miksi ne olivat vastoinkäymisiä? Olisiko ne voitu
estää? Omat kysymyksesi vastoinkäymisestä?
Millaisia vastoinkäymisiä sinä olet kokenut? Mitä ne opettivat? Ovatko ne
muuttaneet elämääsi? Miten voit valmistautua vastoinkäymisiin niin, että
koet ne oppeina ja elämääsi rikastuttavina?

Vastoinkäyminen on jokin epäsuotuisa, ei toivottu tapahtuma, epäonni
tai vaikeus elämässä. Vastoinkäyminen voi olla pieni kuten haavan
saaminen, sakko, bussista myöhästyminen, lempimukin
rikkoutuminen tai kaatuminen.

Se voi olla myös isompi kuten autokolari, vakava sairaus, avioero,
työttömäksi jääminen tai rakkaan ihmisen kuolema. Se voi tulla
yllättäen tai se voi liittyä johonkin, mitä ihminen on toivonut tai
olettanut saavansa.

Joku kokee vastoinkäymisen iskuna vasten kasvoja, takaiskuna,
koettelemuksena tai elämää muuten hankaloittavana asiana. Siihen
liittyy aina tunteita. Usein ihminen on pettynyt ja kokee sen sokkina
tai muuten ikävänä olona.

Ihmiset selviävät vastoinkäymisestä hyvin eri tavoin. Mitä suurempi
vastoinkäyminen, sitä vaikeampi siitä on toipua. Asiaa auttaa, jos
ihmisellä on lähellään toisia, jotka tukevat, auttavat ja lohduttavat.
Paljon merkitystä on kulttuurilla, sieltä tulevilla asenteilla ja tavoilla
sekä persoonallisuudella.

*Jokaisen on hyvä muistella, millaisia vastoinkäymisiä itse on kokenut
tai jotkut läheiset ovat kokeneet sekä miten niistä on selvitty ja mitä
niistä on opittu.*

viikko 50, aihe 2   100. VIHA (h)
Mitä viha on? Miten se ilmenee? Onko olemassa erilaista vihaa? Millainen
tunne viha on? Muistatko ihmisiä, asioita ja paikkoja, joissa on ollut vihaa?
Mikä on vihan vastakohta? Omat kysymyksesi vihasta?
Ketä olet vihannut? Kuka on vihannut sinua? Millaisia ihmisiä, asioita,
tilanteita, esineitä tai paikkoja vihaat? Miksi? Oletko päässyt niistä yli? Mitä
voit tehdä, jos huomaat vihaa itsessäsi?

Viha on yksi ihmisen perustunteista, jota jokainen tuntee joskus.
Koska viha on tunne, se valtaa ihmisen kokonaan. Vihaan voi liittyä
suuttumus, voimakas pahansuopuus, raivo, vastenmielisyys tai muu
senkaltainen tunne jotain asiaa tai henkilöä kohtaan. Viha voi perustua

pelkoon tai aiempiin kielteisiin kokemuksiin. Se toisaalta myös suojaa ja auttaa asettamaan rajoja.

Yleensä viha syntyäkseen tarvitsee jonkin yllykkeen tai ärsykkeen. Usein viha syntyy, kun ihminen kokee, että hänelle on tehty väärin tai häntä ja hänen läheisiään vastaan hyökätään. Hänelle tulee halu puolustautua.

Joskus viha on peräisin muilta, perheenjäseniltä, suvun ihmisiltä tai jopa yhteiskunnasta. Silloin ihminen kokee, että toiset ovat tehneet tekoja tai omaavat mielipiteitä, joiden vuoksi heitä voi vihata. Koska viha on voi purkautua fyysisesti, se voi tarvita purkautuakseen fyysistä toimintaa ja ääntä.

Jokaisen on kuitenkin hyvä pohtia vihaa, mikä sen aiheuttaa ja miten itse silloin toimii. Henkisen ihmisen on kuitenkin tärkeää oppia hallitsemaan vihaa ja tunteensa ja oppia kääntämään se positiiviseksi voimavaraksi.

viikko 51, aihe 1   **101. VIISAUS (m)**

Mitä ymmärrät viisaudella? Miten viisaus näkyy? Kuka on viisas? Miten tullaan viisaaksi? Onko viisaus tavoiteltava asia? Mitä ongelmia viisaalla voi olla? Mikä on viisauden vastakohta? Omat kysymyksesi viisaudesta? Koetko olevasi viisas? Jos koet, niin miten se näkyy? Haluaisitko olla viisaampi? Miten voit lisätä omaa viisauttasi? Kadehditko viisaita?

Viisaus on kykyä käyttää tietoa ja kokemusta hyvien päätösten ja arviointien tekemiseksi. Yleensä se on arvostettua ja syvällistä tietämystä, jota katsotaan olevan vain harvoilla ja joka pitkällä aikavälillä tuottaa kaikille hyvää. Viisauteen liitetään monia hyviä ominaisuuksia tietämisen lisäksi kuten oikeudenmukaisuus, elämäntuntemus, kokemus, itseymmärrys, tilannesidonnaisuus ja myötätunto.

Viisaus muodostuu usein elämänkokemusten myötä. Yleensä viisaus liitetään kokemukseen ja siten vanhoihin ihmisiin. Nuorempikin ihminen voi omata persoonallista viisautta, kun hän on älykäs, osaa yhdistää asioita ja hankkii tietoa ja taitoa. Kirjaviisaus voi joskus olla yhtä arvokasta kuin elämänkokemusviisaus.

Viisasta ihmistä kunnioitetaan juuri sen vuoksi, että hän tietää ja osaa auttaa toisia, kun heillä on ongelmia. Heiltä kysytään neuvoa ja niitä myös noudatetaan.

Jokaisen on hyvä pohtia viisautta, sillä ihminen voi lisätä omaa viisauttaan paitsi etsimällä tietoa niin myös pohtimalla asioita ja keskustelemalla niistä toisten kanssa.

viikko 51, aihe 2   102. VÄKIVALTA (h)

Mitä väkivalta on? Millaista erilaista väkivaltaa on? Mitä on väkivallan taustalla? Mitä väkivalta aiheuttaa uhrille? Mitä merkitys väkivallalla on henkisen kehityksen näkökulmasta? Mikä on väkivallan vastakohta? Omat kysymyksesi väkivallasta?
Oletko kokenut tai nähnyt väkivaltaa? Milloin? Mitä tapahtui? Millaisen jäljen se on jättänyt? Mitä voit tehdä, kun kohtaat väkivaltaa?

Väkivalta on toista ihmistä loukkaavaa fyysistä tai henkistä voimakeinojen käyttöä. Kaikki, mikä on tahallaan tehty toisen loukkaamiseksi, vahingoittamiseksi, satuttamiseksi, pelottamiseksi tai mielen pahoittamiseksi, on väkivaltaa.

Väkivalta on useimmiten fyysistä kuten toisen lyömistä tai potkimista, mutta se voi myös olla sanallisesta loukkaamista. Jo pelkkä toisen rajoittaminen jotenkin tai uhkailu on väkivaltaa. Se loukkaa aina toisen oikeuksia ja ruumiillista ja henkistä koskemattomuutta.

Väkivaltaa on perhe- ja ystäväpiirissä, mutta sitä esiintyy spontaanistikin varsinkin alkoholin tai huumeiden vaikutuksen alaisena. Jotkut henkilöt ovat luonteeltaan väkivaltaisia.

Henkistä väkivaltaa löytyy uskonnollisissa piireissä ja aina myös kiusaamistapauksissa. Väkivalta on tullut näkyväksi varsinkin internetissä ja some-keskusteluissa. Se on yleistynyt, kun ihmiset ottavat oppia näkemästään.

Väkivalta saattaa johtaa fyysiseen tai psyykkiseen vammaan, stressiin, kehityksen häiriytymiseen tai jopa kuolemaan.

Jokaisen on hyvä pohtia väkivaltaa ja miettiä, miten sitä voi itse ehkäistä. Jo pelkkä väkivallattomuus ajatuksena auttaa.

viikko 52, aihe 1   103. YKSINÄISYYS (h)

Mitä yksinäisyys on? Mitä syitä yksinäisyydelle on? Mitä ongelmia yksinäisyys tuo? Miten yksinäisyydestä voi oppia nauttimaan? Miten yksinäistä voi auttaa? Omat kysymyksesi yksinäisyydestä?
Oletko kokenut yksinäisyyttä? Milloin? Miltä se tuntui? Kärsitkö yksinäisyydestä? Mitä olet tehnyt poistaaksesi yksinäisyyden tunteen? Mitä voit tehdä, kun tulee tunne yksinäisyydestä?

Yksinäisyydellä on kaksi ääripäätä. Toisaalta ihminen haluaa olla yksin tai sitten on jäänyt yksin, vaikka ei halua.

Silloin kun ihminen haluaa olla yksin, niin yksinäisyys tuntuu hyvältä. Ihminen kokee rauhaa ja mielihyvää, kun voi tehdä asiat omalla tavalla ja silloin, kun haluaa. Hän on vastuussa vain itsestään ja vapaa tekemään päätökset itse. Jos tällaisella ihmisellä on kuitenkin sosiaalisia suhteita riittävässä määrin, niin elämä voi olla hienoa.

Yksinäisyys on vaikeaa silloin, kun on jäänyt tai jätetty yksin, vaikka ei halua. Ihminen kaipaa toisia ihmisiä, joiden kanssa voi tehdä asioita yhdessä ja joilta saa turvaa, hellyyttä, rakkautta ja hyväksyntää.

Ihminen kärsii yksinäisyydestä, jos hän kokee, että elämä ei ole arvokasta yksin. Usein hän silloin haluaa rinnalleen jonkun, jonka kanssa jakaa arkea ja sen asioita. Hän haluaa myös olla jollekulle arvokas ja tärkeä. Siihen kuuluu myös toisen ihmisen antama turva, hellyys, rakkaus ja hyväksytyksi tuleminen.

Jokaisen on hyvä kokea joskus yksinäisyyttä, oppia nauttimaan siitä ja rikastamaan omaa ja muiden elämää yksinäisyydestä huolimatta. On myös hyvä nähdä yksinäiset ja auttaa heitä.

viikko 52, aihe 2   **104. YLPEYS (m)**

Mitä ymmärrät ylpeydellä? Miten ylpeys näkyy? Kuka on ylpeä luonteeltaan? Missä tilanteessa saa olla ylpeä? Mitä ongelmia ylpeällä voi olla? Mikä on ylpeyden vastakohta? Omat kysymyksesi ylpeydestä? Oletko itse ollut ylpeä jostain? Jos olet, niin miltä se tuntui? Oletko luonteeltasi ylpeä? Miten voit vähentää itsessäsi vääränlaista ylpeyttä?

Ihminen voi tuntea sisäistä ylpeyttä jostain, mitä on tehnyt ja saavuttanut. Usein hän toivoo myös, että toiset huomaavat saavutuksen. Tunne kannustaa häntä ponnistelemaan lisää ja tuo tyydytystä.

On myös vääränlaista ylpeyttä. Se voi olla ansaittua tai ansaitsematonta. Silloin ihminen ylpeilee ja haluaa, että toiset huomaavat ja kehuvat häntä. Ehkä hän haluaa olla toisten yläpuolella.

Ansaitsematon ylpeys liittyy usein taloudelliseen tai sosiaaliseen asemaan. Se voi olla myös työhön tai uraan liittyvää ylpeyttä. Tällainen ylpeys näkyy ihmisen puheessa ja käyttäytymisessä. Ehkä se näkyy myös ulkoisissa olosuhteissa, asumisessa tai jopa pukeutumisessa. Ylpeä kohtelee toisia alentavasti ja odottaa, että häntä kohdellaan hänen asemansa mukaan. Hän kokee myös, että hänellä on valtaa ja että hän voi käyttää sitä silloin, kun haluaa tai huomaa, että toiset eivät arvosta häntä.

Jokaisen on hyvä pohtia, mitä on oikeanlainen ja vääränlainen ylpeys. Kannattaa muistella, milloin itse on ollut ylpeä, mistä syystä, miltä se on tuntunut ja mitä siitä on seurannut.

KIRJALLISUUTTA

Björkman, Hannu-Pekka (2022) Haastattelu. Voi Hyvin-lehti 10/2022, 30.

Ego 2022. Wikipedia, luettu 23.7.2022.

Gnostilainen seura (2023) Gnosis – sisäinen tietoisuus. https://www.gnosis.fi/gnostilaisuus/gnosis, luettu 23.7.2022.

Kassara, Heidi (2018) Henkinen Kehitys – Materiaalia henkisen kehityksen kursseille ja henkisestä kehityksestä kiinnostuneille. BoD.
  Uudistettu painos: Palvelu henkisillä kyvyillä. BoD (2022)

Kassara, Heidi (2018) Mietiskely – Tie henkisyyteen ja itsensä tuntemiseen. Kustannus HD.

Kassara, Heidi (2023) Henkisellä polulla kohti valaistumista. Basam Books Oy.

Kielitoimiston sanakirja (2022) Helsinki: Kotimaisten kielten keskus.
  https://www.kielitoimistonsanakirja.fi/#/tajunta. Luettu 19.1.2023.

Kuosma, Tapio (2016) Fjodor Dostojevski (11.11.1821 – 9.2.1881).
  https://vastavalkea.fi/2016/11/11/fjodor-dostojevski/ Luettu 19.1.2023.

Leadbeater C. W. (1909/1994) Astraalitaso. 3 p. Biokustannus Oy, Blavatsky-looshi ry.

Leadbeater C. W. (1924) Älytaso. Suomen Teosofinen Seura.

Lehtiranta, Erkki (2017) Todellisuuden lukutaito. Vinkkejä valaistumisen varalta. Viisas elämä.

MielenIhmeet (2023) Kuusi tietoisuuden tyyppiä.
  https://mielenihmeet.fi/tietoisuuden-tyyppia/ Luettu 19.1.2023.

Muhonen, Jaakko (2020) Ykseyden oppikirja. Sydäntietoisuus.

Redfield, James (1995) Yhdeksän oivalluksen tie. WSOY.

Redfield, James (1996) Kymmenes oivallus. WSOY.

Redfield, James (1999) Oivaltava tietoisuus. WSOY.

Nurmi, T., Rekiaho, I. & Rekiaho, P. (1998) Sivistyssanakirja. Gummerus.

Suomisanakirja (2022)
  https://www.suomisanakirja.fi/metamorfoosi, luettu 23.7.2022.

Uusi tietosanakirja a-ö.1995. Gummerus.

Zahara Helen (2002) Mielen tyyni järvi. Kirjassa: Hanson, V. Näkökulmia mietiskelyyn. Teosofinen Seura ry, 76–84.

Heidi Kassara 2025   **LIITE 1**

Ihmisen seitsemän päächakraa (pääenergiakeskusta)

1. **Peruskeskus** lähtee selkärangan kohdasta, jossa lannenikamat vaihtuvat ristiluuksi ja johon selkäydin päättyy, etenee häntäluun kautta peräaukon ja sukupuolielinten väliin ja avautuu alaspäin. Sen vastuualueella ovat sukuelimet, jalat, peräaukko ja -suoli, virtsarakko ja -putki ja näiden toiminta. Peruskeskukselle ovat tärkeitä ihmisen perustavaa laatua olevat perustarpeet: erittäminen, liikunta ja seksuaalisuus.

Kun ihminen voi fyysisesti hyvin, niin useimmiten hän voi henkisestikin hyvin. Ihminen huomaa peruschakran energian vähyyden yleisenä väsymisenä, jaksamattomuutena ja jopa masentumisena ja erittämiseen liittyvinä ongelmina. Erityisesti ravitsemuksen ongelmat heijastuvat tänne ja verenkierron kautta koko kehoon ja elimistön puolustuskykyyn. Jos energiaa on liikaa, niin ihminen ei pysty keskittymään tai hänellä voi olla univaikeuksia. Ihminen on saattanut keskittyä liikaa fyysisiin asioihin, seksuaalisuuteen, liikuntaan tai syömiseen.

Erittämisen kautta tulee mukaan koko ravintoketju alkaen syömisestä ja juomisesta, jatkuen ravinnon imeytymiseen ruuansulatuselimistössä ja siirtymiseen vereen ja päätyen lopulta kuona-aineiden poistumiseen suoliston ja virtsa-elimistön kautta, osin myös iholta. Kun tulee ongelma missä kohden tahansa ravintoketjua, se heijastuu aina peruskeskukseen. Jos haluat kehon kautta edistää kehon terveyttä ja energiakeskusten tasapainoa, tulee kiinnittää huomio koko ravintoketjuun.

Usein seksuaalisuus liitetään napachakraan, mutta sukuelinten vuoksi **fyysinen seksuaalisuus** ja suvun jatkaminen kuuluu peruschakraan. Peruskeskuksen seksuaa-lisuus on hyvin fyysistä ja liittyy lähinnä sukuelimiin. Sukuelinten toiminta vaikuttaa koko fyysiseen kehoon verenkierron ja hormonien välittäminä. Jotkut liittävät seksuaalisuuden vasta seuraavaan eli napakeskukseen, mutta pelkkä seksi toimintona ja sukuelimet kuuluvat peruskeskukseen. Seksuaalisuus on elämän jatkumisen edellytys ja siten hyvin tärkeässä roolissa. Seksuaalisuuteen kuuluvat myös toinen ihminen ja sitä kautta sosiaaliset ihmissuhteet, joskin peruskeskuksen kannalta siihen kuuluu lähinnä fyysinen yhtyminen

Liikunnan kannalta jalat ovat keskeisessä roolissa. Liikkumisen vastapainona ovat lepo ja nukkuminen, mitkä ovat energiatasapainon kannalta olennaisia ja peruskeskukseen vaikuttavia. Keskus on nimensä mukaan peruskeskus, koska se on lähinnä maata ja yhdistää jalkojen kautta ihmisen "äiti" - maahan, fyysisen kehon aineeseen ja maan magneettiseen voimaan. Maadoittumisella tarkoitetaan fyysiseen maailmaan ja asioihin kiinnittymistä. Sillä on merkitystä erityisesti silloin, kun ihminen "liitelee" pää pilvissä tai tekee liikaa henkisiä harjoituksia. Erityisen hyödyllinen se on niille, joille tulee ongelmia henkisten asioiden parissa.

Me itse valitsemme, mitä ravintoa ja hoivaa annamme kehollemme. Peruschakran tasapainosta voi huolehtia hyvällä ravitsemuksella, pitämällä huolta kuona-aineiden poistumisesta, lepäämällä ja nukkumalla riittävästi sekä liikunnalla. Myös terveellä seksuaali-suudella ja suhtautumisella siihen on roolinsa kokonaisuuden kannalta.

2. **Napachakra** (myös: perna-, sielu- tai sakraalichakra) lähtee ensimmäisen lannenikaman kohdalta ja avautuu eteenpäin navan lähellä ja aika lailla keskellä vatsaa. Sen vastuualueella on koko lantion alue, sisäelimet: mahalaukku, suolisto, maksa, haima, perna, munuaiset, kohtu ja munasarjat. Sisäelimet ovat osa **ravintoketjua** ja ne työstävät pilkkomalla ravintoa. Ravinteet imeytyvät suolistosta vereen ja näin keho saa tarvitsemansa ravintoaineet. Osa ravinteista etenee elimiin ja osa poistuu kehosta suoliston, virtsaelimistön ja ihon kautta.

Vatsan alueella on naisella myös kohtu ja munasarjat, mitkä kannattaa pitää mielessä energiatasapainoa arvioitaessa.

Sisäelimet ottavat osaa **ruuansulatukseen** erittämällä ruuansula-tuksessa tarvittavia entsyymejä ja nesteitä. Tärkeimmät ovat mahalaukun, suoliston, haiman nesteet. Maksan sapella ja haiman erittämällä insuliinilla on tärkeä osa. Munuaisten toiminta kehon nesteiden ja kemiallisten aineiden analysoijana ja poistajana on tärkeä osa kokonaisuutta. Napachakra liittyy myös **verenkiertoon**, sillä lantion sisällä ja pernassa muodostuu verisoluja ja pernassa myös ihmisen puolustuskyvyn kannalta tärkeitä imusoluja. Vatsan alueella on isoja ja tärkeitä verisuonia, joiden tehtävä on kuljettaa ravinteita suolistosta eteenpäin. Naisen kuukautiskierto ilmentää napachakraa hyvin, sillä se puhdistaa verta. Monilla naisilla koko vatsa reagoi kuukautisiin kivulla tai suolisto-oireilla.

Kun kaikki on hyvin, ruuansulatusprosessia ei edes huomaa. Jos ruuansulatuksen jossain vaiheessa tulee ongelma, niin elimistöllä on keinonsa kertoa siitä esimerkiksi kivun, ripulin, ummetuksen tai verenvuodon muodossa. Napachakran toiminnan vajauksen huomaa vatsan toiminnan hitaudessa esimerkiksi ummetuksena, ravintoaineiden imeytymis-ongelmissa tai anemiasta. Liikatoiminnan huomaa mm. vatsan toiminnan ylivilkkaudesta, ripulista, herkästä reagoinnista ja laihtumisesta.

Napachakra on hyvin vahvasti yhteydessä ihmisen **perustunteisiin**: ilo, suru, pelko, rakkaus, viha ja häpeä. Näiden liittymisen vatsanalueelle huomaa esimerkiksi pelkotilanteessa. Pelko saa vatsan reagoimaan ja silloin joutuu käymään vessassa useamman kerran. Kun pelkoa yrittää paikallistaa, niin se tuntuu vatsassa. Usein myös tyypilliset lohtusyöjät hellivät itseään ja vatsaansa syömällä hyvin. Koska ihminen on kokonaisuus ja erityisesti tunteet valtaavat koko ihmisen, niin tunteita ei voi sijoittaa yksinomaan napachakraan, mutta keskeinen rooli sillä siinä on. Erityisesti tuo näkyy tilanteissa, joissa tunteet ilmenevät myös fyysisessä kehossa. Pelon lisäksi ilo ja varsinkin huumorin aikaansaama nauru tuntuu koko kehossa, mutta erityisesti vatsassa. Kannattaa tarkkailla, kun seuraavan kerran naurattaa, kokee iloa tai pelkoa.

Seksuaalisuus voi olla hyvin fyysistä ja liittyy ensisijaisesti peruschakraan, mutta kun siihen otetaan tunteet mukaan ja kun ne kohdistuvat erityisesti toiseen ihmiseen, niin myös napachakra aktivoituu ja lantion alue kokonaisuudessaan reagoi.

Napachakran keskeinen toiminta on **ravintoketjun** ruuansulatuksessa ja **perustunteiden** ilmentäjänä fyysisessä kehossa. Kun ihmisellä on ongelmia tunneasioissa, niin napachakra reagoi ja sen kautta tulee jossain vaiheessa ongelmia kehoon. Keho voi reagoida hyvinkin nopeasti kuten pelästymistapauksessa, mutta usein tunneongelmat syntyvät pitemmän ajan kuluessa. Esimerkkinä on stressi, josta seurauksena on ruuansulatusnesteiden liikaeritys ja vatsahaava. Vatsanalueen ongelmat voivat syntyä myös ulkoisista olosuhteista, josta esimerkkinä ruokamyrkytys. Jos napakeskus on terve ja tasapainossa, elimistö kykenee hoitamaan tilanteen ilman sairastumista.

3. Palleachakra (myös: aurinkopunos eli solar plexus) lähtee kahdeksannen rintanikaman kohdalta ja avautuu eteenpäin pallean kohdalla. Anatomisesti katsottuna chakraan liittyy pallea ja sitä kautta myös keuhkot. Sen paikan voi jokainen testata hengittämällä tietoisesti sisään ja ulos ja kokeilemalla palleahengitystä. Toiminnallisesti siihen kuuluu hengitys, veren hapettaminen ja hiilidioksidin poisto, ja sitä kautta palleachakra liittyy koko kehon energiatasapainoon. Jo muutaman minuutin hapettomuus aiheuttaa ensin vaurioita kaikille elimille ja johtaa lopuksi fyysisen kehon kuolemaan. Kaikki keuhkojen ja veren hapettumiseen liittyvät sairaudet ovat merkkejä palleachakran epätasapainosta.

Henkisellä puolella palleachakra ilmentää ihmisen **tahtovoimaa**, minkä voi todeta hyvin konkreettisesti sanomalla: "tahdon" ja havainnoimalla, miten jo sanan voimakas sanominen liittyy palleaan ja hengitykseen. Chakraa nimitetään myös aurinkopunokseksi, mikä viittaa sen yhteyttä "isäaurinkoon" ja sieltä tulevaan säteilyyn ja energiaan (praana). Energia tulee suoraan palleachakraan, mutta myös hengitettynä keuhkojen kautta. Keskus ilmentää "isäauringon" puhdasta **viisautta ja ymmärrystä**, jota ei järki sumenna eikä ohjaa.

Jos keuhkot tai hengitys eivät toimi kunnolla, niin ihminen ei saa tärkeää auringon säteilyä ja energiaa. Se ilmenee voimien vähäisyytenä, uupumisena ja heikkoutena. Harvoin ihminen saa tuota energiaa liikaa, paitsi hengittämällä nopeasti ja syvään, jolloin hiilidioksidia poistuu liian nopeasti ja happea tulee elimistöön liikaa. Näin voi usein lyhytaikaisesti käydä, kun ihminen pelästyy tai pelkää. Apuna siihen on pussiin hengittäminen, jolloin uloshengitetty hiilidioksidi palautuu takaisin ja hapen määrä laskee normaaliksi.

Tahtotoiminta perustuu paljolti ihmisen luonteeseen, persoonallisuuteen ja itsetuntoon. Joku voi olla luonnostaan vahva tahtoihminen ja siten vahvistaa palleachakraa. Hänen itsetuntonsa on hyvä. Ongelmia voi tulla sosiaalisessa mielessä, jos vahva ihminen alistaa toiset oman tahtonsa alle. Luonnostaan heikolla ihmisellä keskus ei toimi hyvin, ja usein itsetunto on myös heikko. Hän voi jopa mielellään alistua toisten valtaan tai on liian arka ja ujo tehdäkseen tai päättääkseen elämässään tärkeitä asioita.

4. Sydänchakra lähtee kahdeksannen kaulanikaman kohdalta ja avautuu eteenpäin rintalastan ja sydämen kohdalla keskellä rintaa. Anatomisesti katsottuna chakraan liittyy sydän ja pääosa verisuonistosta, joiden tehtävänä on huolehtia kehon verenkierrosta ja hapetuksesta sekä nesteen, ravinnon ja kuona-aineiden kuljettamisesta. Sydän pitää elimistön toiminnassa niin verenkierron kuin immuunijärjestelmän kautta ja on siten yhteydessä koko kehoon. Kateenkorva rintalastan takana säätelee kasvua, ohjaa kehon imusuoniston toimintaa ja immuniteettia.

Sydän on ihmisen keskus niin henkisesti kuin fyysisesti. Jos palleachakra tuo "isäauringon" viisautta, niin sydänchakra tuo siihen mukaan **sydämen viisautta eli rakkauden** toisiin ihmisiin ja ympäristöön (luonto ja eläimet). Erityisesti se näkyy **teoissa**, joita ihminen tekee käsillään. Ei ole sattumaa, että rakkautta kuvataan sydämen muodolla. Kun ihminen rakastaa, niin sen paikan voi kohdistaa keskelle rintaa. Rakkaus leviää sieltä koko kehoon verenkierron mukana ja henkisen olemuspuolen kautta kaikkiin chakroihin ja käsien kautta ympäristöön. Chakrojen toimintaan kuuluvat myös ns. **korkeammat tunteet** ja napachakran perustunteiden henkisemmät ilmentymät. Rakkauden lisäksi niitä ovat mm. ilo, suru ja myötätunto.

Sydänchakra kärsii, jos ihminen ei saa yhteyttä toisiin ihmisiin tai ympäristöön tai hänellä on muulla tavalla ongelmia sydämen tunnetasolla. Ihminen voi myös antaa ja uhrata itsestään liikaa unohtaen oman itsensä rakastamisen ja hoivaamisen tai toisaalta itsekkäästi keskittyä pelkästään itseensä ja omiin asioihinsa. On tärkeää huolehtia sydänchakran tasapainosta, tehdä hyviä tekoja, rakastaa toisia ja ympäristöä unohtamatta itsensä rakastamista. Itsensä rakastamista on myös kehosta huolehtiminen. Terveellinen ravitsemus ja sopiva liikunta ovat niin sydämelle kuin verenkierrolle tärkeitä.

5. Kurkkuchakra lähtee kolmannen kaulanikaman kohdalta ja avautuu eteenpäin kaulakuopan ja kurkunpään välissä. Anatomisesti katsottuna kurkkuchkraan liittyy kilpirauhanen, kaula ja alaleuka aina suuta ja korvia myöden. Kilpirauhanen on tärkeä ihmisen hormonituotannon kannalta ja toimintansa kautta se sitoo kurkkuchakran muuhun kehoon. Kilpirauhasen vajaatoiminta hidastaa kaikkea kehon toimintaa, tuo väsymystä, lihomista ja aineenvaihdunnan hitautta. Vastaavasti liika toiminta lisää aineenvaihduntaa, ihminen on levoton ja laihtuu.

Luonnollisina toimintoina kurkkuun liittyy sekä **puhe että kuulo**. Ihmisten välinen toiminta perustuu hyvin paljon puhumiseen ja kuulemiseen. Liiallinen puhuminen voi estää toisen kuulemisen ja puheella voi vahingoittaa lähimmäisiä. Puhumisen kautta voidaan tehdä paljon hyvää, antaa neuvoja ja apua. Kuuntelemisen taito kuuluu myös sosiaalisiin suhteisiin. Ihminen voi "sulkea" korvansa ja olla kuulematta. Tasapainoiseen kurkkuchakran toimintaan kuuluu puhuminen ja kuunteleminen sopivassa suhteessa.

Kurkkuchakraan kuuluu myös ns. **selväkuuloisuus**, millä tarkoitetaan henkisillä tasoilla olevien olentojen puheen kuulemista ja puheen toisille välittämistä puhumalla.

6. Otsachakra lähtee 1. kaulanikaman kohdalta ja sijaitsee kulmakarvojen välissä, noin 2 cm nenän juuren yläpuolella ja avautuu eteenpäin. Anatomisesti katsottuna chakraan liittyy silmät, aivolisäke (hypofyysi) ja osa aivoista (pikkuaivot, keskiaivot ja ydinjatke). Aivot ovat monimutkainen kokonaisuus, mutta aivoissa otsachakran toiminnan kannalta ehkä keskeisimmät ovat näkökyky ja aivolisäke. Aivot kokonaisuutena ohjaavat lähes kaikkea elimistömme toimintaa.

Silmät liittyvät luonnollisesti näkemiseen. On selvää, että otsachakran toiminta vaikuttaa näkemisen kautta monin tavoin myös sosiaalisiin suhteisiin ja toimintaan ympäristön kanssa. Jo pelkästään näkö on hyvin keskeisessä roolissa. Näön kautta saamme paljon elämyksiä ja kokemuksia, joilla on merkitystä kehityksellemme.

Otsachakran toimintaan kuuluu **selvänäkeminen** eli henkisin silmin voimme nähdä henkisille tasoille ja olla siten yhteydessä sinne. Myös intuitio ja mielikuvitus ovat osa otsachakran toimintaa ja osana näkemisessä ja henkisessä tietämisessä.

Jos otsachakra on tukkeutunut tai toimii vajaasti, niin ihmisellä on ongelmia kaikessa, mitä aivot ohjaavat, koska myös ylempää tulevat viestit kulkevat tätä kautta. Se vaikuttaa paitsi näkemiseen, niin liikkumiseen ja koko kehon hermostoon. Aivolisäke (hypofyysi) katsotaan olevan erittäin keskeisessä osassa ohjaamassa umpieritystoimintaa ja sitä kautta koko fyysisen kehon toimintaa.

7. Päälakichakra (kruunuchakra) sijaitsee päälaella ja avautuu ylöspäin. Anatomisesti katsottuna chakraan liittyy osa aivoista (isot aivot, aivokuori) ja käpylisäkerauhanen (epifyysi). Väliaivojen yläpuolella sijaitseva käpylisäke eli käpyrauhanen on umpieritysrauhanen, jonka fysiologista toimintaa ei tarkkaan tiedetä, mutta sillä on vaikutusta ainakin sukukypsyyteen ja vuorokausivaihteluihin.

Aivot ovat ihmeellinen kokonaisuus ja niiden toiminta vaikuttaa paitsi koko ihmisen kehoon niin myös psyykkiseen ja henkiseen olemuspuoleen. Aivoista on paikannettu ainakin liikuntaan, aisteihin ja muistiin liittyvät alueet. Erilaisten sairauksien ja onnettomuuksien takia tiedetään, että myös psyyke ja henkiset toiminnot ovat riippuvaisia aivojen toiminnasta.

Kun ajatellaan ihmisen kokonaisuutta, niin tunteet voidaan paikallistaa kehon muihin chakroihin, josta ne leviävät kokonaisvaltaisesti koko olemukseen. Sen sijaan **ajattelu, tajunta, tietoisuus, psyyke, persoonallisuus** jne. voidaan paikallistaa nimenomaan pään sisälle. Ne eivät ole aivojen toimintaa, mutta ne ovat riippuvaisia aivoista ja yhteydessä siihen.

Jos jostain fyysisen kehon sisältä pitää etsiä sielun paikkaa ja yhteyttä ihmisen henkiseen Minään, niin yhteys löytyy pään sisältä ja siinä keskeinen rooli on päälakichakralla. Jos peruschakra on yhteydessä maahan jalkojen kautta, päälakichakra on yhteydessä "ylöspäin" ja henkisille tasoille. Sen kautta tulee myös pääosa ihmisen henkisen puolen energiasta, mistä se kulkeutuu toisiin chakroihin sekä niin elimistöön kuin henkiseen olemuspuoleen.

Mitä kehittyneempi ihminen on ja mitä paremmin päälakichakra toimii, sitä parempi yhteys ihmisellä on omaan itseen, henkisiin ulottuvuuksiin ja samalla myös muihin ihmisiin ja ympäristöön. Ihmisen henkinen kehittyminen kulkee pääsääntöisesti alhaalta ylöspäin pikkuhiljaa. Mikään ei kuitenkaan estä kehittämästä useampaa chakraa kerralla.

Ongelmia tulee, jos jokin chakra on epätasapainossa ja joko tukkeutunut tai toimii liikaa. Siksi itsensä tunteminen ja tasapainottaminen ovat tärkeitä. Jos muut chakrat ovat "alikehittyneitä" tai epätasapainossa, mutta päälakichakra toimii, niin ihminen "liitelee pilvissä", häneltä puuttuu todellisuudentajua ja hänellä voi ilmetä psyykkisiä häiriöitä. Jos chakra on tukkeutunut, niin ihmiseltä puuttuu yhteys omaan itseen ja fyysinen, materiaalinen elämä painottuu.